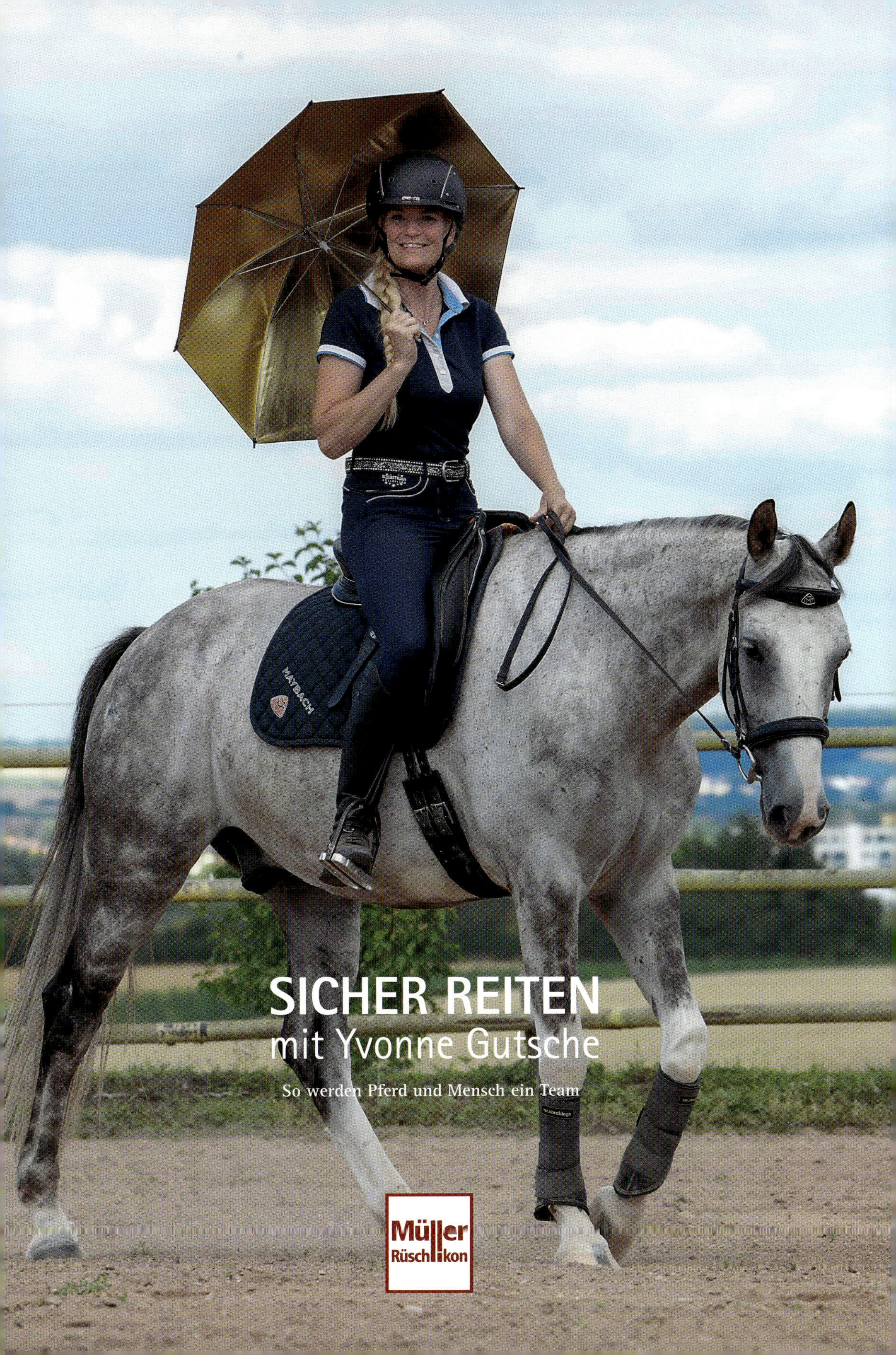

SICHER REITEN

mit Yvonne Gutsche

So werden Pferd und Mensch ein Team

Müller Rüschlikon

Impressum

Einbandgestaltung: www.ravenstein2.de
Titelbild: Lisa Rädlein

Bildnachweis:
CAVALLO: S. 16, 24, 28, 89, 90 und 164
Florian Schmid: S. 11, 13 und 171
Fotoagentur Dill: S. 12
Julia Endrejat Photography: S. 23
Alle übrigen Fotos stammen von Lisa Rädlein

ISBN 978-3-275-02219-9

Postfach 103743, 70032 Stuttgart
Ein Unternehmen der Paul Pietsch Verlage GmbH & Co. KG

2. Auflage 2022

Sie finden uns im Internet unter
www.mueller-rueschlikon-verlag.de

Lektorat: Claudia König
Innengestaltung: www.ravenstein2.de
Druck und Bindung: Graspo CZ, 76302 Zlin
Printed in Czech Republic

Inhalt

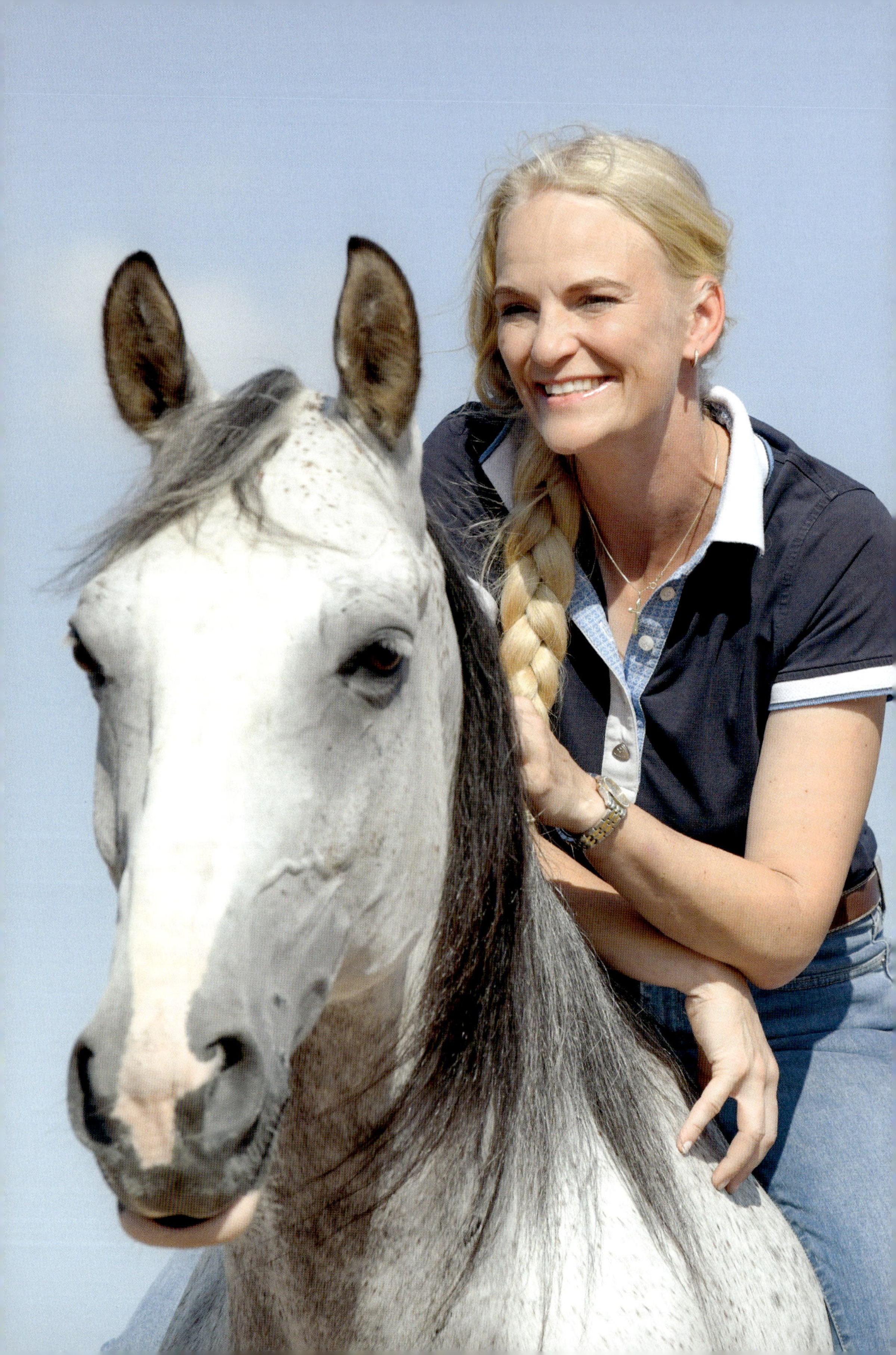

Inhalt

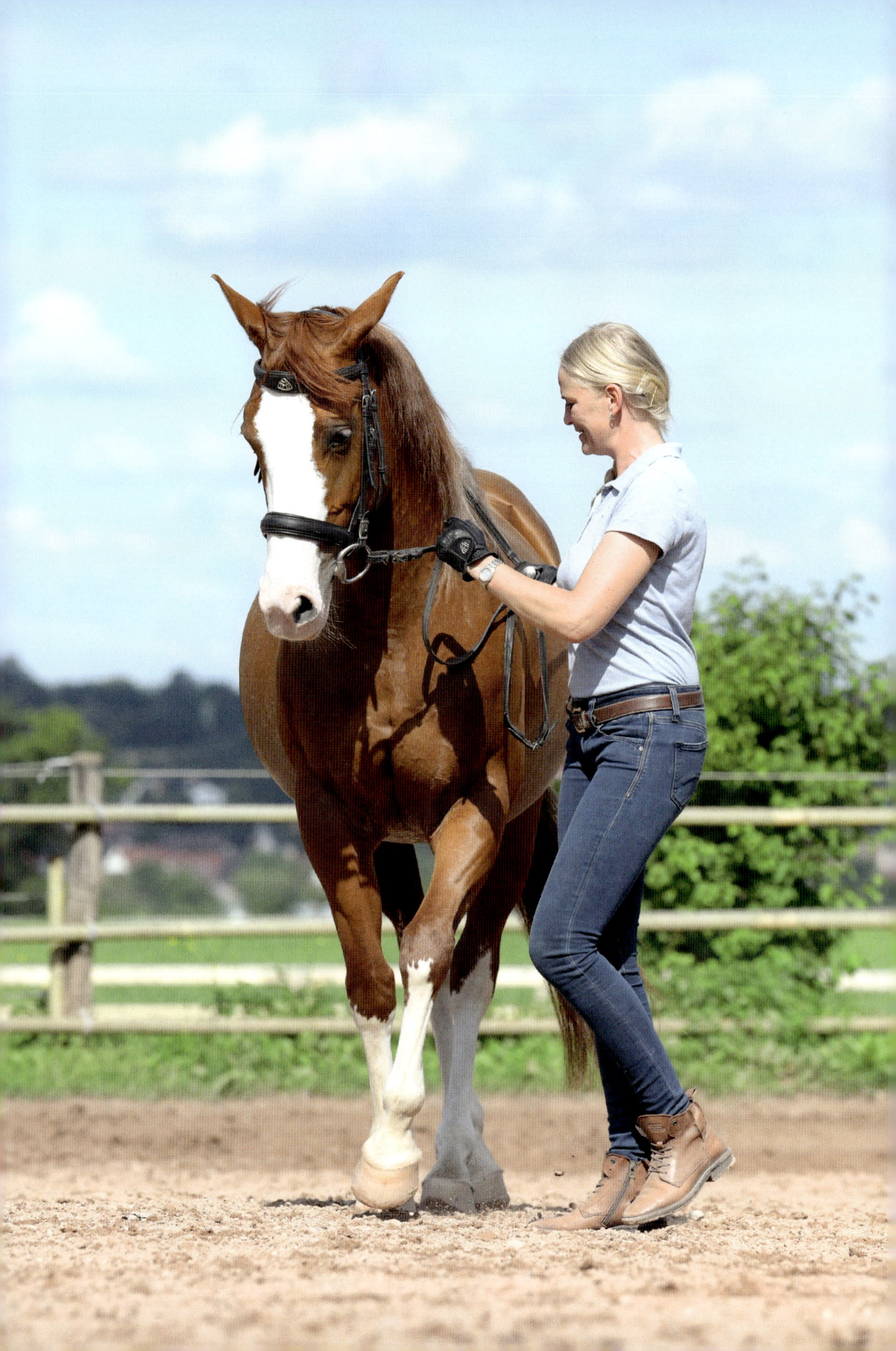

Inhalt

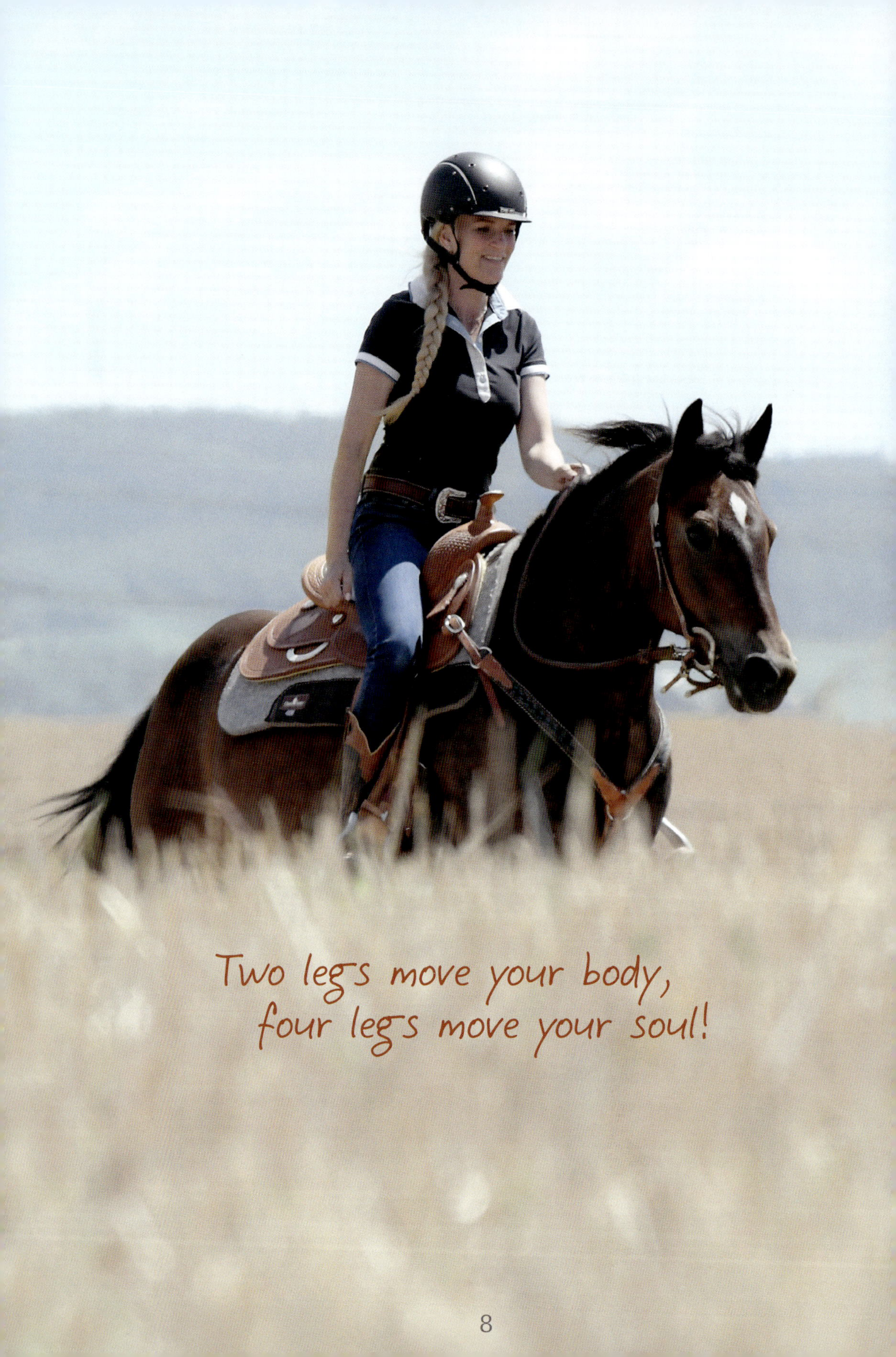

Two legs move your body,
four legs move your soul!

1. Einleitung

Pferd wirft Reiterin ab – Frau stirbt an Verletzungen
16.09.2019, RP Online

Frau erleidet bei Reitunfall schwerste Kopfverletzungen
30.04.2020, mdr.de

Mädchen (10) stirbt nach Reitunfall bei Dornbirn
25.10.2020, all-in.de

Jeder dieser Schlagzeilen ruft die Gefahr wieder ins Bewusstsein: Reiten ist gefährlich.
Ich möchte mit dieser Aussage keinesfalls Panik schüren, den Reitsport verteufeln oder jemanden vom Reiten abhalten. Im Gegenteil: **Reiten ist für mich das Allerschönste auf der Welt und wenn es nach mir ginge, sollte jedes Kind und jeder Erwachsene so viel Zeit wie möglich mit Pferden verbringen.** Ich kann nur jeden bestärken, Reiten zu lernen. Pferde schenken uns so viel und es gibt kein schöneres Gefühl, als mit einem Pferd durchs Gelände zu reiten und den Alltag hinter sich zu lassen. Pferde erden uns und tun der Seele einfach total gut.

Nichtsdestotrotz birgt das Reiten – und ebenso der Umgang mit dem Pferd am Boden – gewisse Risiken, derer wir uns bewusst sein sollten. **Pferde sind nun einmal keine Maschinen, sondern große, schnelle und kräftige Tiere mit Fluchtreflexen** und damit ein potenziell unkontrollierbarer Faktor. Hierfür gibt es unzählige Beispiele. Ich erzähle Dir zur Veranschaulichung an dieser Stelle nur drei kleine Geschichten:
Da ist zum einen die Reiterin, die mit ihrem bereits seit Jahren gerittenen Pferd ins Gelände geht. Plötzlich kommt ein Traktor angefahren. Das Pferd sieht das Gefährt und bleibt wie angewurzelt stehen. Die Reiterin versucht das Pferd mit Zügel-, Schenkel- und Stimmhilfen zum Weitergehen zu animieren, doch das Pferd ignoriert die Hilfen, macht auf der Stelle kehrt und nimmt Reißaus. Die Reiterin hat keine Chance, das kopflos davonstürmende Pferd sofort wieder anzuhalten. Das Verletzungsrisiko ist in dieser Situation für Pferd, Reiter und auch andere Verkehrsteilnehmer enorm hoch.
Andere Situation, auf einem Turnier: Die Zuschauertribüne wirft einen Schatten auf den Springplatz. Als das Pferd vom sonnigen auf den schattigen Boden galoppieren soll, haut es buchstäblich die Bremse rein und die Reiterin fällt vornüber.

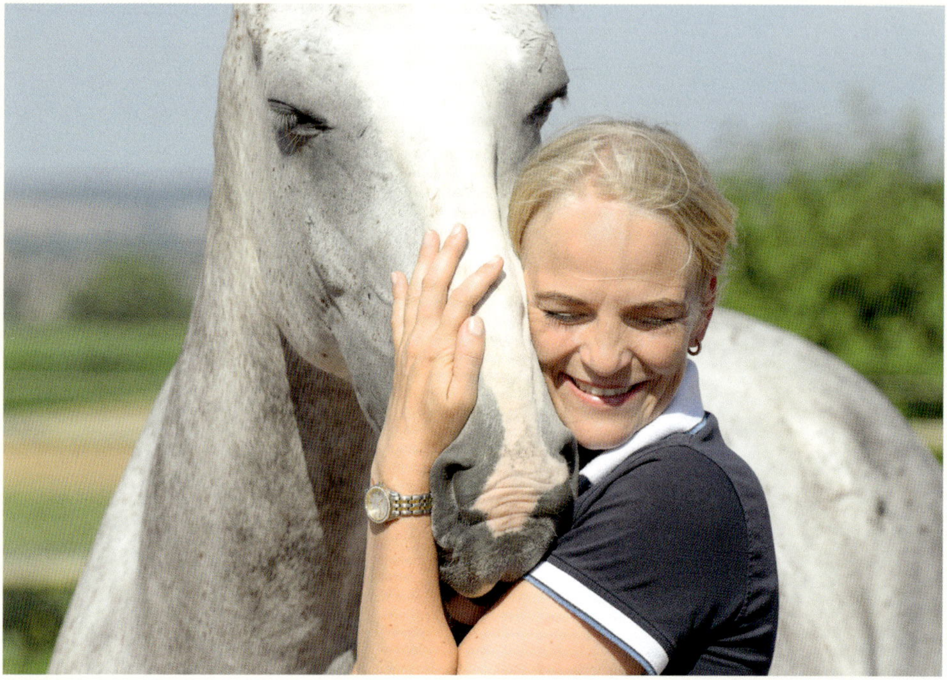

Ich liebe Dich einfach, Amour! Meine Pferde sind nicht nur meine Partner, sie sind vollwertige Familienmitglieder. Jedes Pferd wird geliebt und geschätzt, so wie es ist – mit allen Ecken, Kanten sowie »Special Effects«.

Oder am Stall: Der Reiter holt sein Pferd von der Weide. Das Pferd zieht zum Stall, rempelt dabei den Besitzer an und tritt ihm auf den Fuß.
Ich selbst nehme mich von Unfällen mit Pferden keinesfalls aus: **Mir selbst sind in meiner Reiter- und Trainerlaufbahn schon etliche kleinere und größere Unfälle passiert.** Früher, als ich noch ein Kind beziehungsweise Jugendliche war oder als junge Trainerin, habe ich mehr oder weniger durch Schmerz gelernt: von Schürfwunden über Prellungen bis hin zu inneren Verletzungen und Knochenbrüchen. Diese Momente waren gewiss nicht schön, für mich und meine Familie Furcht einflößend und ich würde auch definitiv niemandem empfehlen, das nachzumachen.
Im Nachhinein waren diese Momente für mich jedoch sehr wichtig: **Ich habe daraus gelernt, wie sich die meisten**

Mein Pony Rocky und ich als kleines Mädchen. Was haben wir für Schabernack gemacht!

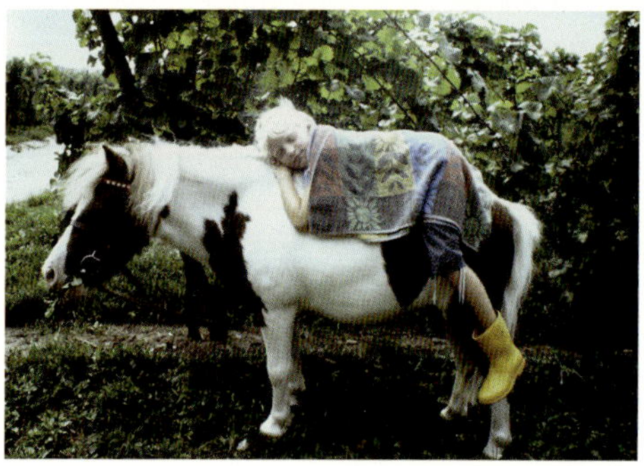

gefährlichen Situationen mit Pferden vermeiden lassen. Dieser Erfahrungsschatz ist für mich als Pferdetrainerin heute sehr wertvoll. Viele Reiter und Pferdebesitzer bringen ihre Pferde zum Training zu mir, weil sie mit ihrem Pferd gefährliche Situationen erlebt haben. Mit einem individuellen Training helfe ich heute vielen Pferden und Menschen, damit es nie wieder zu solchen kritischen Momenten kommt.

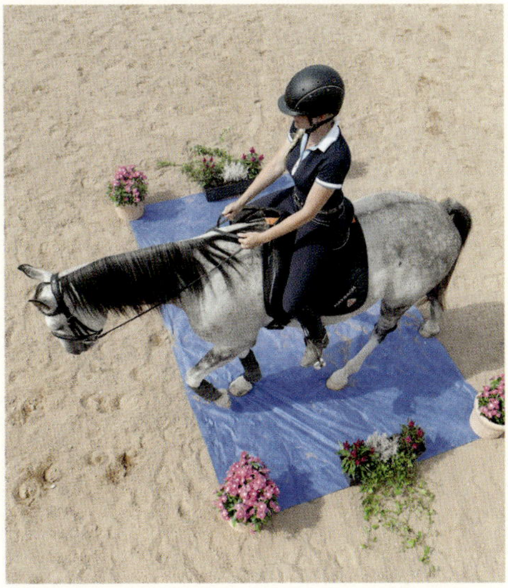

Ich finde es super wichtig, Pferde an potentielle Schreckgespenster zu gewöhnen und ihr Verhalten in solchen Situationen einschätzen zu lernen.

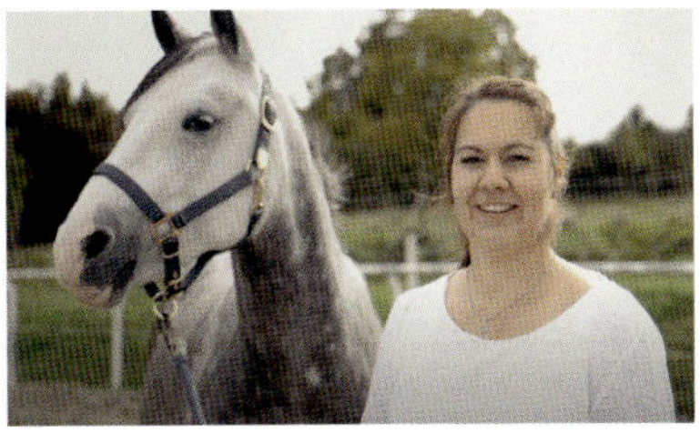

Sabrina und ihr Pferd Mo

»Mein Mo wurde mir als angeritten verkauft. Es hat sich dann aber herausgestellt, dass er ziemlich schnell Panikattacken bekommt, wenn sich etwas über ihm oder hinter ihm bewegt. Dadurch hatten wir es nicht geschafft, ihn zu einem reitbaren Pferd auszubilden. Die Trainer, die es probiert hatten, sind daran gescheitert. Yvonne war quasi meine letzte Hoffnung. Ich war erleichtert, dass ich jemanden gefunden hatte, der sich unserem Problem annahm. Yvonne hat Mo geholfen, sodass er jetzt ein toller, verlässlicher Freizeitpartner ist.«

Es ist so schön zu sehen, wie aus einem »Problempferd« ein richtig toller, sicherer Partner wird. Ich liebe es einfach, helfen zu können. **Glückliche Besitzer und zufriedene Pferde verschaffen mir meine persönlichen Glücksmomente.**
Nur wie wird ein Pferd ein sicherer Partner? Was kann der Reiter dafür tun? **Weil mir persönlich die Sicherheit von Mensch und Tier schon immer sehr am Herzen lag, habe ich mich vor einigen Jahren auf das Gelassenheitstraining für Pferde spezialisiert.** Ich finde es super wichtig, Pferde an potenzielle Schreckgespenster zu gewöhnen und ihr Verhalten in solchen Situationen einzuschätzen zu lernen. Aus eigener Erfahrung als langjährige Reiterin und Pferdeausbilderin kann ich sagen,

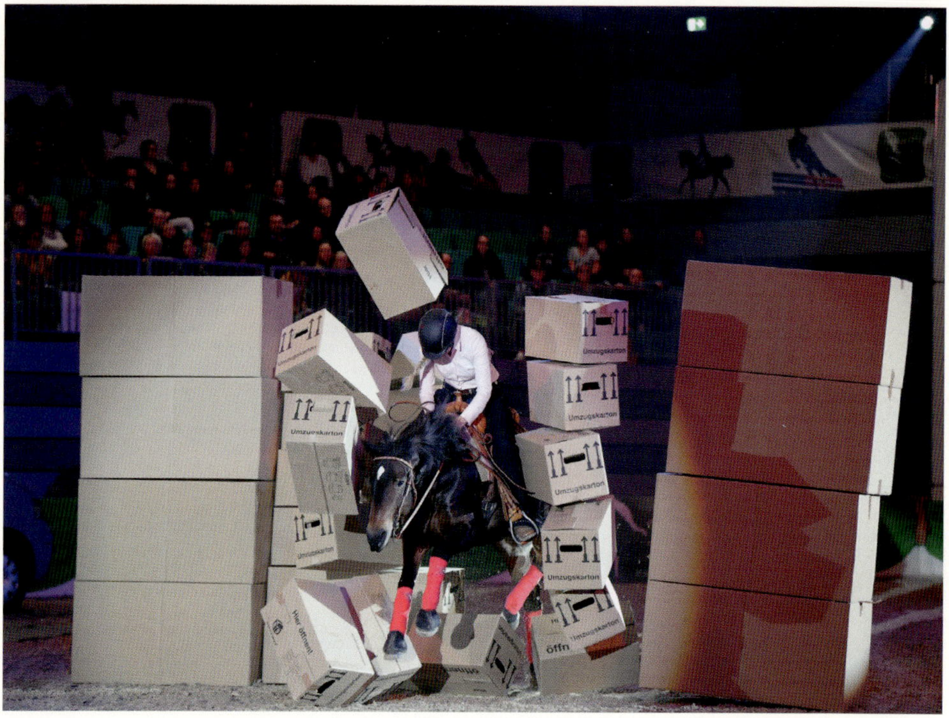

Bailey und ich bei unserer Stunt-Show. Total mutig wirft sie ihr Herz für mich über Bord und springt durch die Kartonagenwand. Ich bin so stolz auf die kleine Maus!

dass es einen riesengroßen Unterschied macht, ob man ein mutiges oder ein ängstliches Pferd unterm Sattel hat.
Irgendwann in den vergangenen Jahren bin ich jedoch an einen Punkt gekommen, der mir gezeigt hat, dass es mit dem Gelassenheitstraining alleine nicht getan ist. **Die sichersten Pferde waren stets die, die nicht nur durch mein individuelles Gelassenheitstraining gegangen sind, sondern die auch gut erzogen und gut geritten waren.** Denn selbst ein Pferd, das mein Gelassenheitstraining mit Bravour meistert und grundsätzlich mutig ist, kann mal auf ein Schreckgespenst treffen und sich davor gruseln, wie beispielsweise meine Stunt-Ponystute Bailey, mit der ich auf vielen Veranstaltungen unterwegs bin und die die Gelassenheits-Königin schlechthin ist. Ohne mit der Wimper zu zucken galoppiert sie unter lautem Beifall von Tausenden Zuschauern auf einen fahrenden Anhänger oder geht über die weltweit höchste Wippe für Pferde. Was dem Zuschauer verborgen bleibt: Natürlich gibt es auch immer mal wieder Situationen, in denen Bailey in der Show etwas gruselig findet, wie zum Beispiel eine animierte LED-Bandenwerbung. Weil ich Bailey aber sowohl am Boden als auch vom Sattel aus schön an den Hilfen habe, passiert nichts. Ich kann

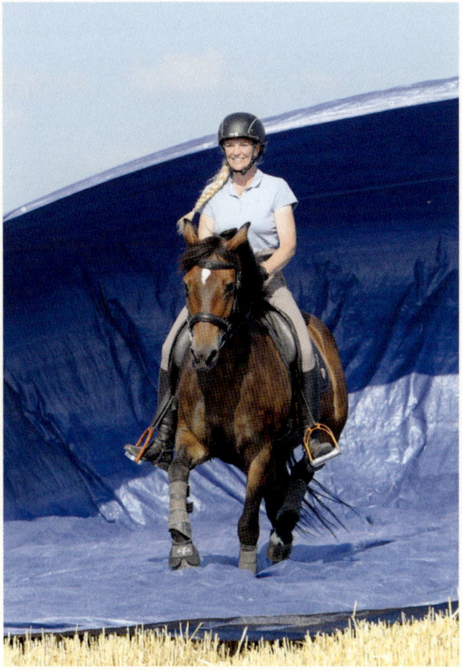

Proben für die nächste Gala-Show – Bailey macht das so toll!

Gut erzogen, gut gelassen, gut geritten – Sicher Reiten mit Yvonne Gutsche

Dieses Trainingssystem hilft Dir dabei, Dein Pferd Schritt für Schritt zu einem sicheren, gelassenen und zuverlässigen Partner am Boden sowie im Sattel machen.

sie einfach durch die Situation durchreiten und ihr über meine Hilfen mitteilen, dass das alles überhaupt nicht schlimm ist. Sie wiederum hört mir zu, vertraut mir, wirft ihr Herz für mich über Bord und absolviert ihre Stunts fehlerfrei. Der Zuschauer bekommt von all dem gar nichts mit. Deswegen bin ich mittlerweile der Überzeugung, dass die beste Sturzversicherung für Reiter nicht nur ein solides Gelassenheitstraining, sondern auch eine gute Bodenarbeit sowie fundierte Reitausbildung ist. **Mein ganzes Wissen darüber habe ich jetzt in einem neuen, reitweisenübergreifenden Trainingskonzept zusammengetragen. Das Konzept heißt:**

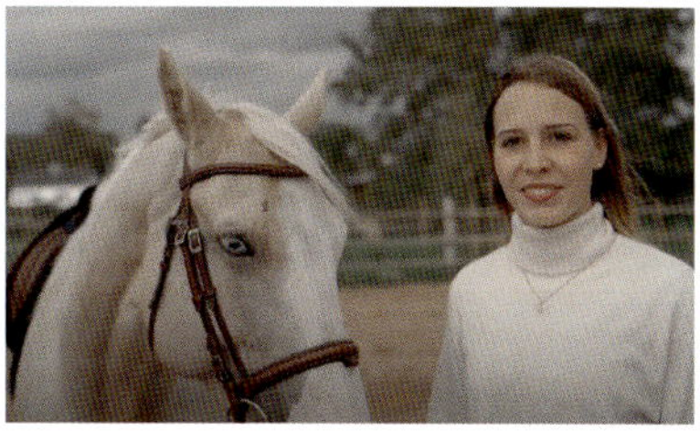

Pia und ihr Pferd Tesi

»Ich habe Tesi schon seit er ein Fohlen war. Als wir ihn selbst einreiten wollten, tauchten viele Probleme auf. Die Trainer, zu denen wir ihn gebracht hatten, konnten diese Probleme nicht lösen. Im Gegenteil: Durch die Trainer wurde es letztendlich immer nur noch schlimmer und Tesi wurde zum Durchgänger. Als wir dann zu Yvonne kamen, haben wir mit ihrem Konzept »Sicher Reiten« an der Rittigkeit gefeilt. Nun kann ich mit ihm wieder sicher durchs Gelände reiten, sicher auf dem Reitplatz reiten und er ist auch mein Herzenspferd geworden.«

Mein neues Trainingskonzept setzt sich aus drei Bausteinen zusammen:

1. **Gut erzogen:** Bodenarbeit für mehr Sicherheit
2. **Gut gelassen:** Gelassenheitstraining für mehr Sicherheit
3. **Gut geritten:** Rittigkeitsübungen für mehr Sicherheit

In diesem Buch stelle ich Dir mein neues Trainingskonzept vor. Ganz egal, ob Du ein Jungpferd, einen langjährigen Freizeitpartner oder ein erfahrenes Turnierpferd an Deiner Seite hast, dieses Training wird Euch beide noch mal auf ein ganz anderes Level bringen und dazu beitragen, dass Du nicht nur einen sicheren Partner an Deiner Seite hast, auf den in jeder Situation Verlass ist, sondern auch ein Pferd, das sich leicht führen und reiten lässt.

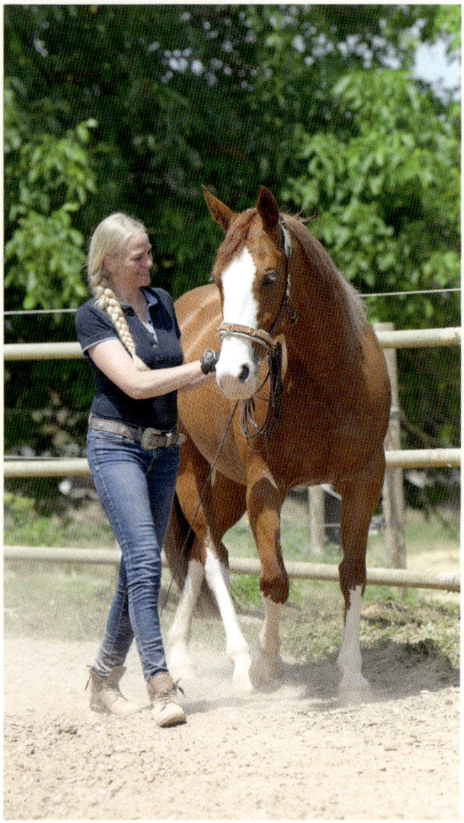

Trainingsbaustein Nr. 1: Gut erzogen – Bodenarbeit für mehr Sicherheit

Ich wünsche Dir ganz viel Freude mit diesem Buch.

Noch eine Anmerkung: Ich habe versucht, die Übungen sowie wichtiges Hintergrundwissen so einfach wie möglich und gleichzeitig so ausführlich wie nötig zu beschreiben – einfach so, wie ich es auch meinen Kunden im Reitunterricht erkläre, denn damit habe ich die besten Erfahrungen gesammelt. Dieses Buch erhebt keinen Anspruch auf Vollständigkeit und auch keinen Anspruch darauf, ein Fachbuch für Reitlehre, Anatomie oder Biomechanik zu sein.

Ich möchte mit einer einfachen Sprache vielmehr Verständnis schaffen, um möglichst vielen Reitern und ihren Pferden zu helfen.
Wenn Du Fragen hast, melde Dich gerne bei mir. Ich freue mich auf den Austausch und helfe Dir gerne weiter.
Du erreichst mich bei Facebook und Instagram, unter www.yvonne-gutsche.de, telefonisch unter 0172 480 7827 und per Mail unter info@yvonne-gutsche.de

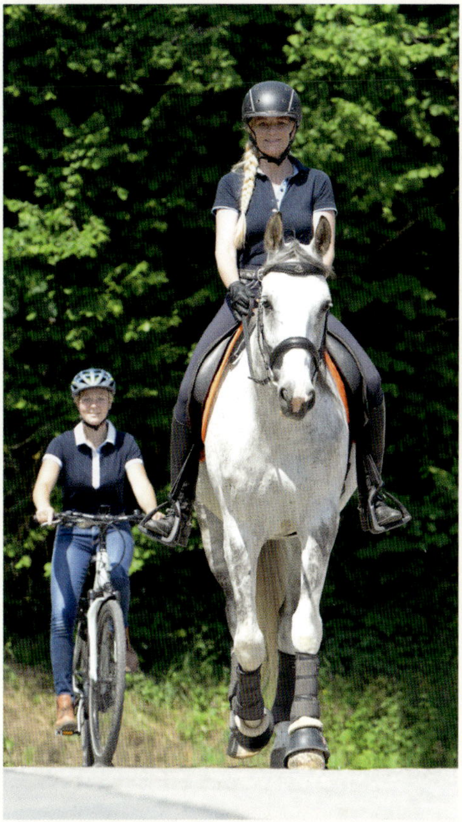

Trainingsbaustein Nr. 2: Gut gelassen – Gelassenheitstraining für mehr Sicherheit

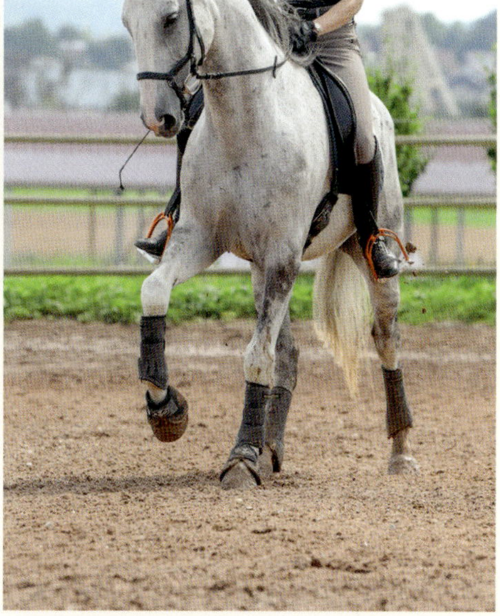

Trainingsbaustein Nr. 3: Gut geritten – Rittigkeitsübungen für mehr Sicherheit

Das Vertrauensband zwischen Xig und mir ist mittlerweile so stark, dass ich auch mal die Zügel loslassen kann und er bei mir bleibt.

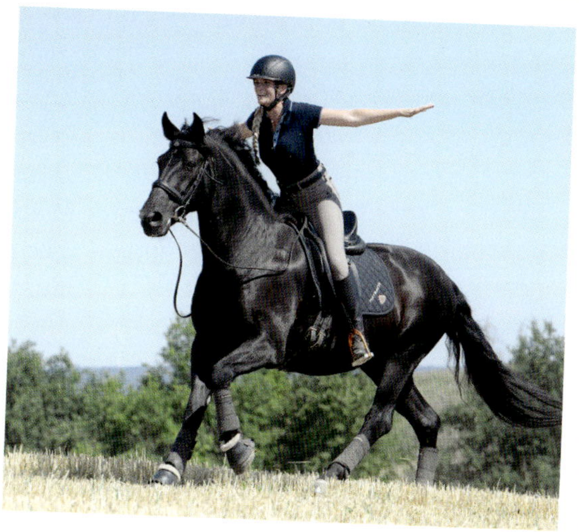

Ganz liebe Grüße,

Y. Gutsche

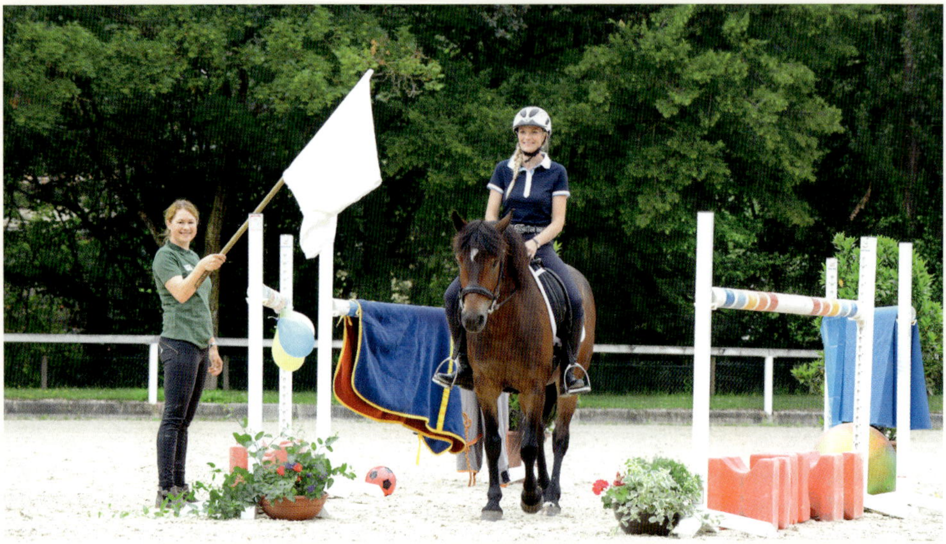

Beim Fotoshooting mit der FN und CAVALLO hatten wir sehr viel Spaß!

1.1 Wie gefährlich ist der Reitsport? Wie ich selbst auf Spurensuche ging ...

Vor einiger Zeit wurde ich gefragt, ob ich die Gelassenheitsprüfung (kurz: GHP) für das Pferdemagazin Cavallo und die Deutsche Reiterliche Vereinigung (FN) überarbeiten kann.
Die GHP richtet sich an alle Besitzer von Sport- und Freizeitpferden, an Reiter aller Stilrichtungen, an Züchter, Fahrer und andere Pferdefreunde. Sie schließt eine Lücke, weil sie ein Wettbewerb ist, bei dem nicht die sportlichen Leistungen, sondern der Charakter, das Vertrauen, die Aufmerksamkeit und die Erziehung des Pferdes – eben seine Gelassenheit – zählen. An der GHP kann jeder teilnehmen, gleichgültig welcher Rasse sein Pferd angehört.

Als ich anfing die Aufgaben zu überarbeiten, ist bei mir die Frage aufgekommen, wie gefährlich der Reitsport überhaupt ist. Meine Meinung zu diesem Thema beruhte bis dahin vor allem auf Erfahrungen, die ich selbst gemacht habe, Geschichten, die ich von anderen Reitern gehört habe, und Zeitungsartikeln. Als ich die Gelassenheitsprüfung überarbeiten sollte, war mir das jedoch zu wenig, zu schwammig und zu wenig repräsentativ.
Also startete ich eine Recherche. Sehr schnell musste ich feststellen, dass es über dieses Thema nur sehr wenige aussagekräftige Zahlen gibt, weil die Unfallursachen in Deutschland nicht systematisch erfasst werden. Immerhin habe ich mehrere Untersuchungen gefunden, die etwas Aufschluss geben, wie zum Beispiel diese Studie: **Laut der Gesellschaft für Orthopädisch-traumatologische Sportmedizin**

GOTS passieren in Deutschland jedes Jahr rund 40.000 Unfälle beim Reiten, die behandelt werden müssen, die meisten davon im Freizeitbereich. Rein statistisch stirbt einer von 10.000 Reitern im Jahr.
Sehr spannend für mich als Pferdetrainerin sind natürlich Studien über die Ursachen, also warum Unfälle passieren. Auch hierzu habe ich interessante Studien gefunden: In einer Untersuchung des Universitätsklinikums Hamburg-Eppendorf aus dem Jahr 2009 wurden 30 Todesfälle von Reitern ausgewertet.
Die häufigste Unfallursache war ein Scheuen des Pferdes.
Medizin-Studentin Victoria Christiane Ecker untersuchte 2012 für ihre Doktorarbeit an der Universität Hamburg die Unfälle von 283 Reitern und fand heraus: **Wichtige Unfallfaktoren sind der Ausbildungsstand des Reiters sowie Ausbildung, Temperament und Alter des Pferdes.** Reitanfänger verletzen sich bei Reitunfällen dreimal so häufig wie mittelmäßig erfahrene Reiter, fünfmal so häufig wie erfahrene Reiter und gar achtmal so häufig wie Profireiter. Bei älteren Pferden sinkt die Unfallhäufigkeit stark, vermutlich weil diese Pferde erfahrener, besser ausgebildet und damit sicherer sind.
Spannend war für mich auch noch dieser Aspekt: Laut Aussage eines Arztes der BG Klinik in Tübingen passieren 50 Prozent der Unfälle gar nicht beim Reiten, sondern im Stall bei der Pflege oder beim Führen. Die Pferde treten, beißen oder überrumpeln ihre Besitzer.

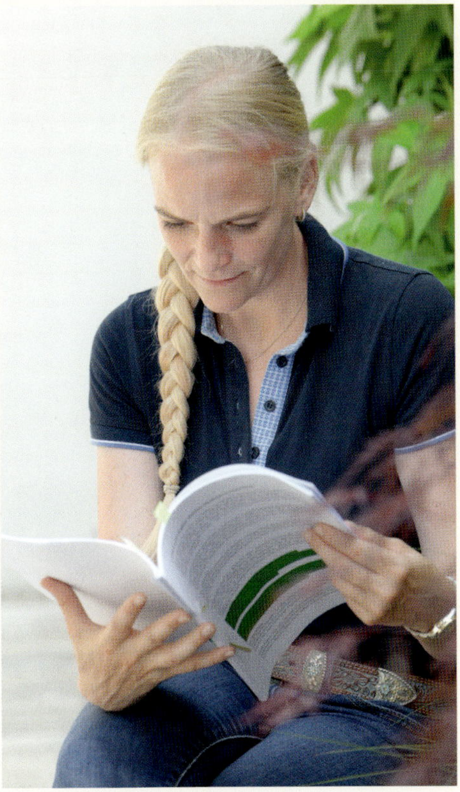

In den vergangenen Jahren habe ich viele Studien und Artikel über Reitunfälle sowie im Allgemeinen über Unfälle mit Pferden gelesen.

Diesen Erkenntnissen zufolge muss man ehrlicherweise sagen, dass die meisten Unfälle mit Pferden wahrscheinlich vermeidbar sind. Dementsprechend gibt es eine gute Nachricht: Wir sind nicht hilflos ausgeliefert. Wir können kleineren und größeren Unfällen aktiv vorbeugen – eine Erkenntnis, die Hoffnung macht und die mich dazu veranlasste, dieses neue Trainingskonzept zu entwickeln, das ich in diesem Buch vorstelle.
Ich hoffe sehr, dass ich damit dazu beitragen kann, dass die Unfallzahlen im Reitsport langfristig sinken.

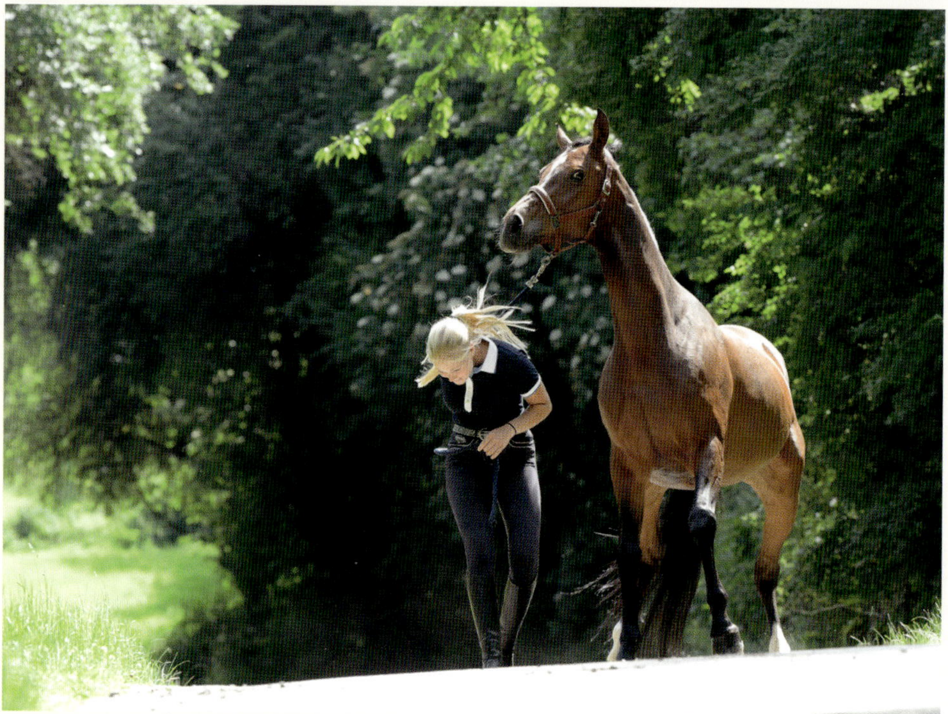

Viele Unfälle mit Pferden passieren nicht beim Reiten, sondern beispielsweise beim Führen im Alltag.

1.2 Die häufigsten Unfallursachen und wie man aktiv vorbeugen kann

Jeder Pferdebesitzer und jeder Reiter weiß: Pferde sind von Natur aus Fluchttiere und erschrecken leicht. Der Anlass kann uns Menschen völlig harmlos erscheinen, eine Plastiktüte am Boden kann beispielsweise schon ausreichen, dass sich das Tier erschrickt und zur Seite springt oder durchgeht. Das ist jedoch nur ein Grund, wie ich in den vergangenen Jahren beobachtet habe und mir auch bei meiner Recherche (siehe Kapitel 1.1) bestätigt wurde. In allen Studien, die ich zu dem Thema gefunden habe, tauchten diese drei Unfallursachen am häufigsten auf:

1. Fehlende Höflichkeit des Pferdes bei Unfällen am Boden

Gemeint sind damit rüpelhaftes Verhalten im Umgang mit dem Pferd wie beispielsweise Treten, Beißen, Losreißen und Anrempeln. Meiner Meinung nach kann dieses unerwünschte Verhalten diese beiden Kernursachen haben:

a) Dem Pferd geht es nicht gut – sei es körperlich oder geistig, beispielsweise weil es Schmerzen hat, die

Haltungsform nicht artgerecht ist, die Fütterung das Pferd stresst oder andere wichtige elementare Grundbedürfnisse wie Sozialkontakt und ausreichend Bewegung nicht erfüllt werden. Mit seinem gefährlichen Verhalten sagt das Pferd ganz deutlich NEIN zu diesen »Arbeitsbedingungen«. Auf diesen Punkt werde ich in diesem Buch nicht näher eingehen, weil es darüber schon sehr gute Literatur gibt. Empfehlen kann ich Dir beispielsweise das Buch »Handbuch Pferdeverhalten« von Verhaltensexpertin Dr. Margit Zeitler-Feicht. Das ist ein absolutes Standardwerk und meiner Meinung nach ein Muss für jeden, der sich darüber informieren möchte, wie Pferde artgerecht gehalten, gefüttert und trainiert werden, damit es ihnen gut geht.
Dass es Deinem Pferd gesundheitlich gut geht und seine Grundbedürfnisse gestillt sind, ist die absolute Basisvoraussetzung für ein sicheres Pferd und eine harmonische Beziehung mit dem Pferd. Ansonsten – und das sage ich Dir ganz offen und ehrlich – kannst Du noch so gut reiten oder Dir den besten Trainer suchen, die Chancen sind sehr gering, dass aus Deinem Pferd ein sicherer Partner an Deiner Seite wird. Eine Korrektur wäre dem Pferd gegenüber auch nicht fair. Es hat ein Recht darauf, so gehalten zu werden, dass es ihm körperlich und seelisch gut geht. Das ist unsere Pflicht!

Auch eine artgerechte Haltung ist wichtig für die Sicherheit und die Grundvoraussetzung für ein erfolgreiches Training.

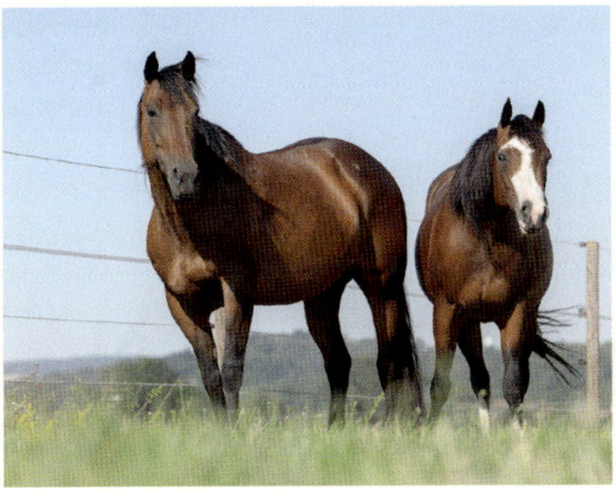

Zwei Beispiele, um zu verdeutlichen, was ich meine: Stell Dir vor, Dein Pferd steht 24 Stunden in einer voll vergitterten Box und hat somit kaum Bewegung, kaum Kontakt zu Artgenossen und kaum Frischluft. Jetzt kommst Du und holst das Pferd raus, sattelst es und los geht's ins Gelände. Das Pferd kann so gut erzogen, gelassen und geritten sein, aber wer würde da nicht auch Freudensprünge machen oder der überschüssigen Energie und dem angestauten Frust seinen Lauf lassen?
Anderes Beispiel: Der Sattel zwickt im Pferderücken. Das kann zu richtig fiesen Schmerzen führen, die so stark sind, dass das Pferd möglicherweise schon aus Angst vor Schmerzen beim Aufsteigen nicht still stehen bleibt und beim Herumhampeln dem Reiter auf den Fuß tritt.

b) Eine weitere Kernursache für Unerzogenheit am Boden: Das Pferd ist schlichtweg nicht gut erzogen und es hapert an der grundsätzlichen Beziehung zwischen Mensch und Pferd.
Eine gewisse Grunderziehung am Boden ist meiner Meinung nach das

A und O. Wenn man einem Pferd solche grundsätzlichen Dinge wie ruhiges Stehenbleiben, Weichen oder Rückwärtsgehen auf feine Signale sorgfältig beibringt, legt man eine richtig gute Basis für alles Weitere. Nebenbei stärkt man beim Üben solcher Basics die Partnerschaft zwischen Pferd und Mensch, was auch sehr wichtig ist unter dem Aspekt der Sicherheit. Das Pferd lernt, den Menschen als einen kompetenten und vertrauensvollen Anführer anzuerkennen und ihm einen gewissen Respekt entgegenzubringen. Ich sage dazu immer: »Aus Erziehung wird Beziehung.«

»Wer den ersten Knopf verfehlt, kommt mit dem Zuknöpfen nicht zu Rande«, schrieb einst der deutsche Dichter Johann Wolfgang von Goethe. Übertragen auf den Stall bedeutet das: Wenn Dein Pferd die einfachsten Dinge am Boden nicht beherrscht, brauchst Du streng genommen noch nicht einmal darüber nachdenken, in den Sattel zu steigen. Die Wahrscheinlichkeit, dass Du und Dein Pferd beim Reiten Mühe habt und in eine gefährliche Situation geratet, wenn das Fundament nicht stimmt, ist einfach sehr hoch. Man denke hier nur mal an ein Pferd, das beim Überkreuzen einer Straße nicht still am Rand stehen bleiben will und auf die Fahrbahn voller Autos tänzelt. Wie Du Deinem Pferd am Boden gute Manieren beibringst, erfährst Du in Kapitel 2 – Gut erzogen.

Eine gewisse Grunderziehung ist für mich das A und O unter dem Aspekt der Sicherheit, denn aus Erziehung wird Beziehung – und da gehört es auch mal dazu, aus Liebe »Nein« zu sagen.

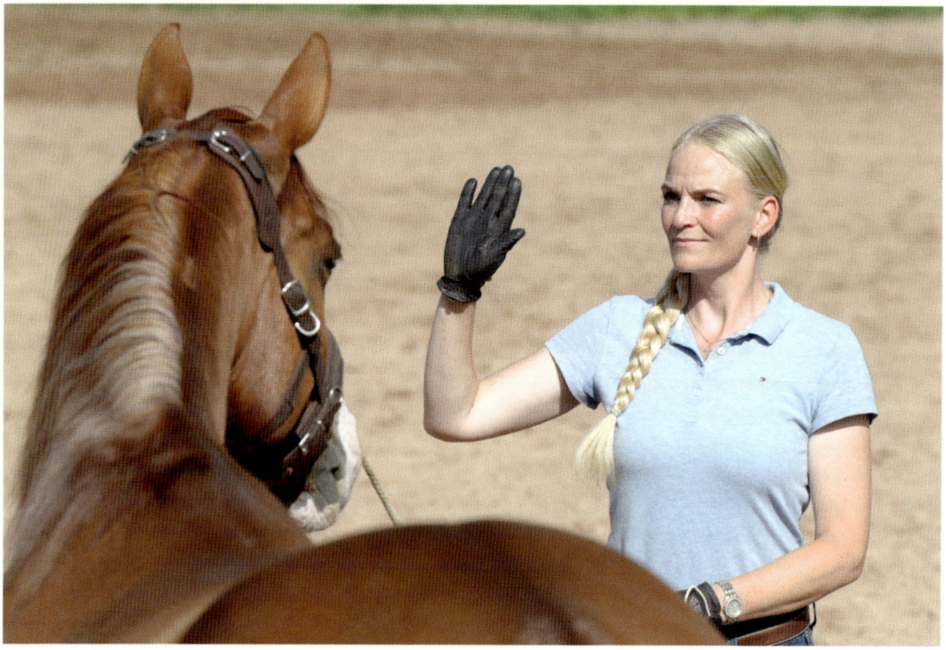

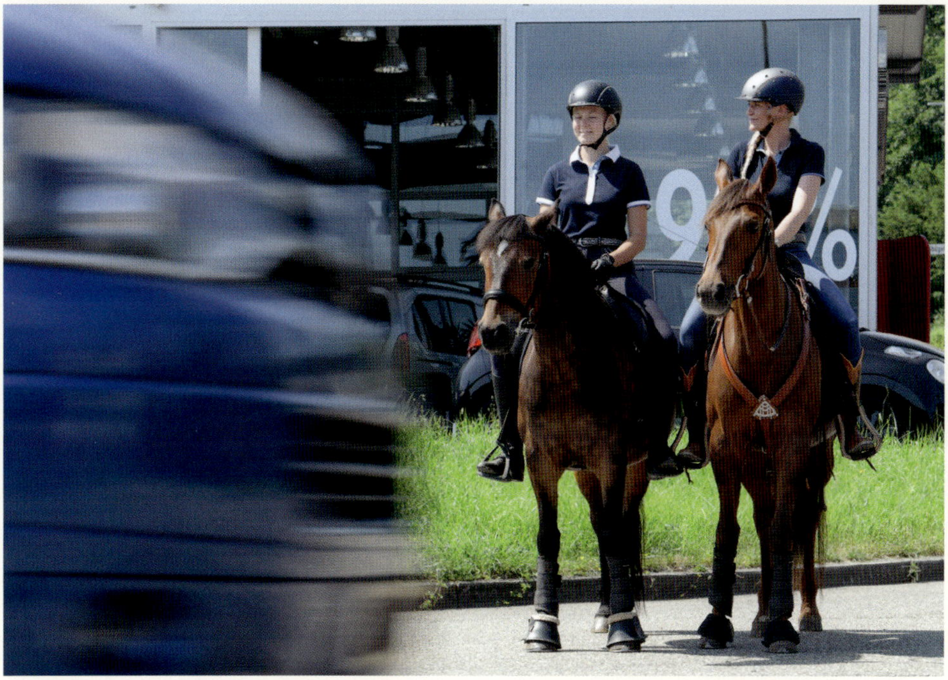

Brenzlige Situationen lassen sich vermeiden, wenn Pferde gelernt haben, artig am Straßenrand stehenzubleiben und zu warten.

2. Ein Scheuen des Pferdes

Eine weitere Hauptursache für Unfälle ist das Scheuen des Pferdes. Warum ist das so? Wie bereits zu Beginn dieses Kapitel geschrieben, sind Pferde sind von Natur aus Fluchttiere. Um den Fluchtinstinkt eines Pferdes zu kontrollieren, bin ich ein großer Fan von Gelassenheitstraining. Mir ist das als Basis sehr wichtig, denn ich finde, es ist es unsere Pflicht – nicht nur gegenüber uns selbst und unserem Pferd, sondern auch gegenüber allen anderen Menschen – zu wissen, wie ein Pferd in kritischen Situationen reagiert, um sein Verhalten in Schreckmomenten besser einschätzen zu können und um das Pferd an potenzielle Reizauslöser gewöhnen. Stell Dir nur vor, Du bist mit einem Pferd im Gelände unterwegs, es erschrickt und geht durch. Vielleicht rennt das Pferd dann vor ein Auto. Der Familienvater, der im Auto sitzt, weicht ihm aus, fährt gegen einen Baum ... und kommt nicht mehr nach Hause zu seiner Frau und zu seinen Kindern. Das könnte ich mir niemals verzeihen.

Gelassenheitstraining ist darüber hinaus auch super wichtig, weil es Pferde entspannt macht. Wiederum kann nur ein entspanntes Pferd ein stressfreies Leben führen und Neues lernen (dazu mehr in Kapitel 1.4).

Wie Du Dein Pferd mutig und gelassen machst, erkläre ich Dir Schritt für Schritt in Kapitel 3 – Gut gelassen.

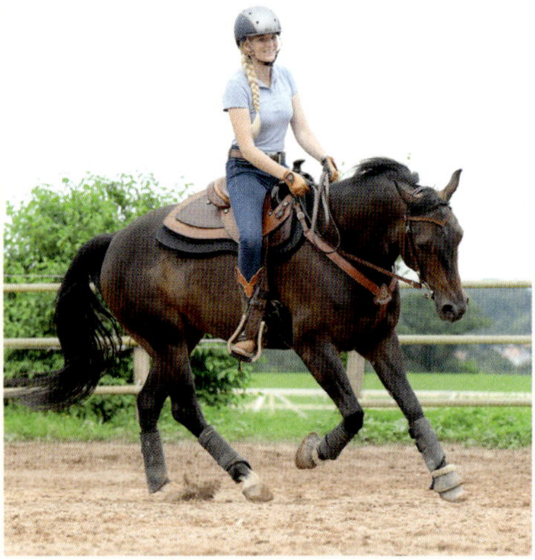

Ich lege sehr viel Wert auf die Rittigkeit und Gymnastizierung von Pferden, denn dadurch steigt auch der Sicherheitsfaktor für den Reiter.

3. Der Ausbildungsstand von Pferd und Reiter unterm Sattel

Der Ausbildungsstand von Pferd und Reiter entscheidet ebenfalls darüber, wie häufig kleinere oder größere Unfälle passieren. So können zum Beispiel mangelnde Balance vom Pferd, nicht richtig gelernte Hilfen und ein Unvermögen des Reiters richtig gefährlich werden. Man denke nur an ein unausbalanciertes Pferd, das vor Schreck auf dem Reitplatz lossprintet, seine Beine in der Kurve nicht richtig koordiniert bekommt, ins Straucheln gerät, stolpert und hinfällt.
Oder man stelle sich ein Pferd vor, das die Hilfen des Reiters ignoriert und auf Signal nicht stehen bleibt. Wenn das in der Halle oder auf dem Reitplatz schon nicht funktioniert, kann man davon ausgehen, dass das Pferd auf dieses Signal auch in fremder Umgebung nicht zuverlässig reagieren wird. Wenn sich hingegen ein grundsätzlich gut an den Hilfen stehendes, rittiges Pferd mit einem erfahrenen Reitern mal erschrickt (und ja, das kommt in den besten Familien vor – auch bei mir), lässt sich das Pferd meist ohne größere Probleme schnell wieder unter Kontrolle bringen. Wie trainiert man die Sicherheit unterm Sattel? Meine Lieblings-Rittigkeitsübungen stelle ich Dir in Kapitel 4 – Gut geritten vor.

1.3 Warum wir uns Sicherheit nicht erkaufen können

Rund um das Thema Sicherheit hat sich ein großer Markt in der Pferdebranche entwickelt: Pülverchen für starke Pferdenerven, Geräte, die das Pferdegemüt mithilfe akustischer Reize beruhigen sollen, Airbag-Westen für Reiter, Falltrainings und so weiter. **Mit der Angst der Reiter lässt sich gut Geld verdienen.**
Ich möchte all diese Angebote nicht schlecht reden. Sie können natürlich helfen – allen voran ein Reithelm. Der ist meiner Meinung nach ein absolutes Muss (siehe Kasten auf der nächsten Seite).
Wozu ich jedoch anregen möchte ist, sich immer vor dem Kauf von Beruhigungsmittelchen und Co. zu fragen: **Warum ist mein Pferd so, wie es ist?** Rüpelhaftes Verhalten bekomme ich mit großer Wahrscheinlichkeit nicht durch ein Pulver weggefüttert, feine Hilfen nicht allein durch das Tragen von einer Airbag-Weste antrainiert

und das schreckhafte Verhalten beim Ausreiten nicht durch Wellness-Klänge aus dem Handy in Griff. **Es gibt Gründe, warum unsere Pferde so handeln, wie sie handeln. Das muss ich als Reiter hinterfragen und aktiv gegensteuern. Deswegen bin ich der Überzeugung, dass wir uns Sicherheit grundsätzlich nicht erkaufen können.** Wir müssen sie uns erarbeiten und die beste Prävention ist erwiesenermaßen eine gute, fundierte Ausbildung von Pferd und Reiter, so wie ich sie Dir in diesem Buch näherbringen möchte.

Den Calimero-Style find ich einfach geil!

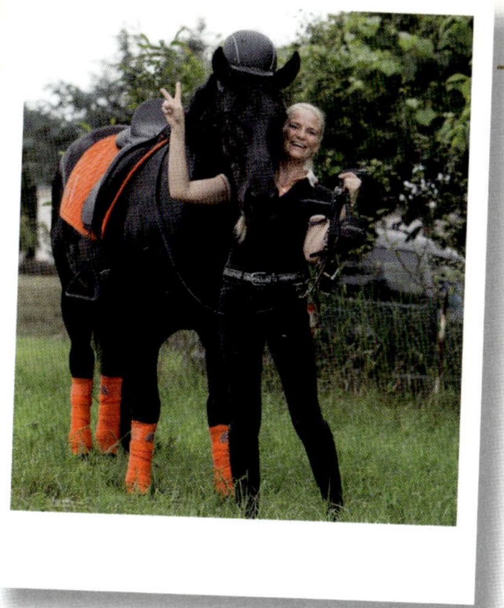

Also Xig und ich finden den Calimero-Style einfach geil!

Seit 2021 gilt für alle Reiter die Helmpflicht in Prüfungen und im Training auf FEI-Turnieren. Ausgenommen ist das Voltigieren. Ich war schockiert, welche Diskussionen das in den sozialen Medien ausgelöst hat, weil viele Reiter partout keinen Helm tragen wollen. Ich kann absolut nicht nachvollziehen, wie man die Optik und das Ego derart über die eigene Gesundheit stellen kann. Sorry, dafür fehlt mir jegliches Verständnis. Selbstverständlich kann ein Helm nicht bei allen Unfallarten schützen. Man hört und liest jedoch immer wieder, dass durch das Tragen eines Reithelms das Risiko schwerer Schädel- oder Hirnverletzungen deutlich verringert werden kann. Und es geht ja nicht nur um die eigene Gesundheit, sondern auch um eine Verantwortung, die wir unseren Familien und Freunden gegenüber haben. Wenn man ohne Helm vom Pferd fällt und danach schwere Schädel- oder Hirnverletzungen hat, ist man womöglich, ohne dass die Versicherungen einen finanziell unterstützen, lebenslang auf die Hilfe anderer angewiesen. Damit ruiniert man nicht nur sein eigenes Leben, sondern auch das seiner Liebsten – psychisch wie finanziell. Das könnte ich mir niemals verzeihen. Kurzum: Ich kann die Diskussion um die Helmpflicht nicht verstehen und muss auch ganz klar sagen, dass ich als Trainerin eine Vorbildfunktion habe. Wenn ich am Wochenende im Ring bei der Pferd & Jagd mit Helm auftrete und danach auch nur ein Kind sagt: »Cool, die reitet mit Helm. Das mache ich jetzt auch«, dann habe ich mein Ziel erreicht. Außerdem mag ich meine Helme und trage sie mit Stolz. In diesem Sinne: Den Calimero-Style find ich einfach geil! Wer ist noch dabei?

1.4 Welche weiteren Vorteile es hat, ein sicheres und entspanntes Pferd zu haben

Den Sicherheitsaspekt haben wir in diesem Buch bereits thematisiert. **Ein ruhiges, verlässliches Pferd hat aber noch weitere Vorteile, die wir alle mit meinem Trainingskonzept abdecken und so noch mehr Spaß mit unserem Pferd haben:**

1. Nur ein entspanntes Pferd kann Neues lernen

Pferde lernen umso besser, je entspannter sie sind. Das hat mit ihrer Herkunft als Fluchttier zu tun. Anspannung dient vor allem dazu, möglichst schnell fluchtbereit zu sein. Wenn der Wolf im Gebüsch lauert, entscheiden Sekundenbruchteile über Leben und Tod. Also sind alle Muskeln im Pferd aktiviert, damit es so schnell wie möglich reagieren kann. Dafür verwendet das Pferd die gesamte gerade verfügbare Energie. Für das Lernen neuer Bewegungen, Kunststücke oder Lektionen bleibt keine Energie übrig. Dementsprechend ist Training in diesem Zustand nutzlos.

Wie wichtig Eigenschaften wie Verlässlichkeit, Gehorsamkeit und Ruhe sind, betonten schon alte Rittmeister, die Reiter der Kavallerie, die diesen Aspekt in der berühmten Reitvorschrift H.Dv.12 verankerten, und bekannte Trainer wie Klaus Balkenhol, der bei der Polizei seine Pferde systematisch auf brenzlige Situationen im Dienst vorbereitete. Mittlerweile weisen sogar Osteopathen und Verhaltensforscher immer öfter darauf hin, wie wichtig es ist, ein ruhiges und gelassenes Pferd zu haben.

---

2. Losgelassenheit ist ein zentraler Punkt der Ausbildung

Laut der Skala der Ausbildung der Deutschen Reiterlichen Vereinigung (FN) sollte die Losgelassenheit als Basiselement zu jedem Moment und Stand der Ausbildung vorhanden sein. Damit gemeint ist zum einen die körperliche Losgelassenheit. Die hat nichts mit schlaffen Pferden zu tun,

Ich tausche mich super gerne mit Verhaltensforscherin Dr. Vivian Gabor über das Lernverhalten von Pferden aus.

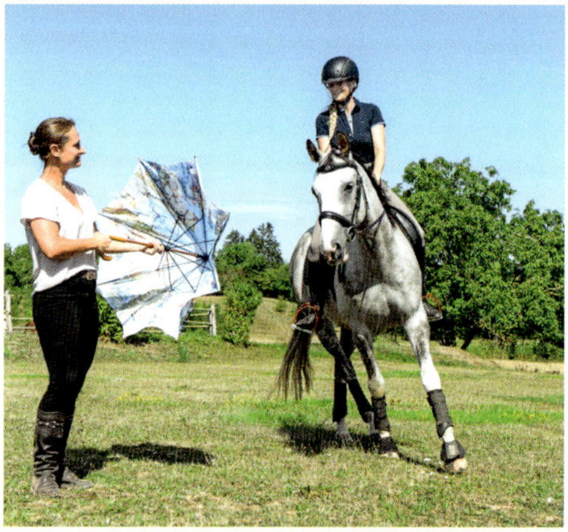

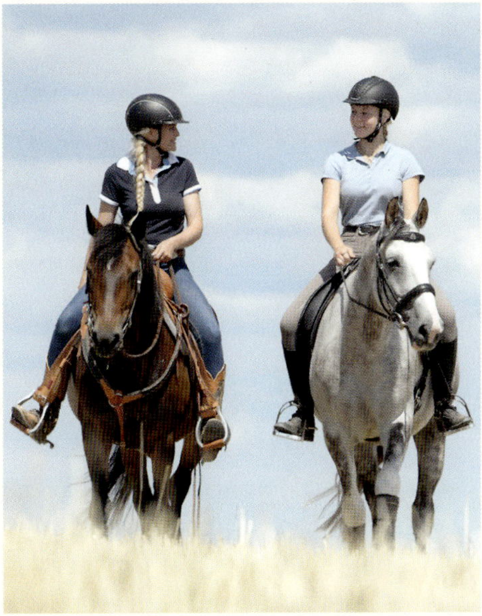

Nur mit einem grundsätzlich losgelassenen Pferd lässt es sich ganz entspannt eine Runde durchs Gelände drehen – so wie hier mit meiner Co-Trainerin Stephi. Solche Ausritte genießen Pferde und Reiter!

sondern viel mehr, dass die Tiere physisch so locker sind, dass sie beim Reiten raumgreifende Gänge entwickeln, der Rücken schwingt und die Hinterhand aktiv unter den Schwerpunkt fußen kann.
Die andere Komponente ist die Losgelassenheit vom Kopf her. Die Pferde sollten auch mental entspannt sein, sonst führt das zu Stress und Anspannung und letztlich zum nächsten Punkt. Nur ein Pferd, welches psychisch und physisch losgelassen ist, kann zu seiner vollen Leistungsbereitschaft und Leistungsfähigkeit kommen. So steht es übrigens auch in den FN-Richtlinien Band 1. Losgelassenheit ist die Voraussetzung für jegliche Art von Anforderung.

3. Stress ist ungesund

Ist das Pferd dauerhaft gestresst, wirkt sich das auch auf die Gesundheit des geliebten Vierbeiners aus. Dauerstress unterdrückt das Immunsystem (und begünstigt dadurch Infektionen, Pilzerkrankungen etc.), kann zu inneren Erkrankungen wie Magengeschwüren führen, lässt Muskeln schwinden, verursacht Gelenkblockaden, kompensatorische Schonhaltungen und Verschleiß, die wiederum zu Schmerzen und somit zu Stress führen. Klar ist, dass wir viele Stressoren in unserer Welt nicht vom Pferd fernhalten können. Ob zu Hause, beim Ausritt oder auf dem Turnier – überall sind Pferde den unterschiedlichsten Umwelteinwirkungen ausgesetzt. **Was aber in unserer Hand liegt, ist die Stresstoleranzgrenze des Pferdes so zu erhöhen, sodass neue, unbekannte Situationen das Pferd nicht überfordern.** Und wir müssen Pferde mutig machen. Denn nur ein selbstsicheres Pferd wird ein stressfreies und letztendlich auch gesundes Leben führen können.

1.5 Bevor es losgeht: Welcher Pferdetyp ist Dein Pferd?

Jedes Pferd ist ein Unikat. Aus diesem Grund gibt es bei mir auch kein Schema F oder den einen richtigen Weg im Training. Was für das eine Pferd der Königsweg ist, kann für ein anderes kontraproduktiv sein. Im Training ist für mich sehr viel wichtiger, dass die Pferde passend zu ihrem

Charakter, ihrem Lernverhalten und unter Berücksichtigung ihres Körperbaus ausgebildet werden. Der faire und feine Umgang mit den Tieren steht dabei immer an erster Stelle.

Um den Charakter eines Pferdes zu bestimmen, orientiere ich mich an der Charaktereinteilung der Traditionellen Chinesischen Medizin (kurz: TCM). An dieser Stelle möchte ich Dir gerne einen Überblick über die unterschiedlichen Charaktere nach TCM geben, denn bei den einzelnen Übungen verzichte ich weitgehend darauf, weil das einfach den Rahmen dieses Buches sprengen würde. Dafür bitte ich um Verständnis.

Der Lebertyp

Ein eher unerschrockenes, dominantes, mutiges Pferd, das zu Aggressivität neigt. Meistens ist das Leberpferd gut bemuskelt und hat einen hohen Muskeltonus. Stuten dieses Typs gelten als zickig. Generell sind Leberpferde gerne verspannt, wirken launisch und nutzen Reiterfehler aus. Lebertypen sind zwar dominant, aber deswegen keineswegs souverän oder mutig. An dem Punkt, wo der Lebertyp Stress hat, kann er auch aggressiv gegenüber Menschen werden. Hier ist es wichtig, auf dem schmalen Grat zu arbeiten, wo das Pferd noch gerne mitmacht ohne zu viel Stress zu bekommen. Besitzer von Leberpferden müssen daran arbeiten, ihr Pferd konsequent zu führen. Dazu gehören eine klare Körpersprache, Souveränität und Selbstsicherheit.

6 + 3 = 9 und das gilt auch für 5 + 4

Dieses einfache Beispiel zeigt, dass die Art und Weise, wie wir Dinge tun, nicht immer der einzige Weg ist. Für mich gibt es daher kein Schwarz-Weiß-Denken im Training. Umso wichtiger finde ich, die Denkweise und Wege anderer Reiter und Trainer zu respektieren und sich auch mal inspirieren zu lassen. Das Gleiche gilt im Übrigen, wenn wir vor Herausforderungen mit unserem Pferd stehen. Wenn man merkt, dass Lösung A nicht funktioniert, muss man sich davon lösen und einen anderen Lösungsweg ausprobieren. Ich finde es ausgesprochen wichtig, dass man einen gut gefüllten Werkzeug-

Warmblut-Stute Sally ist ein klassischer Lebertyp.

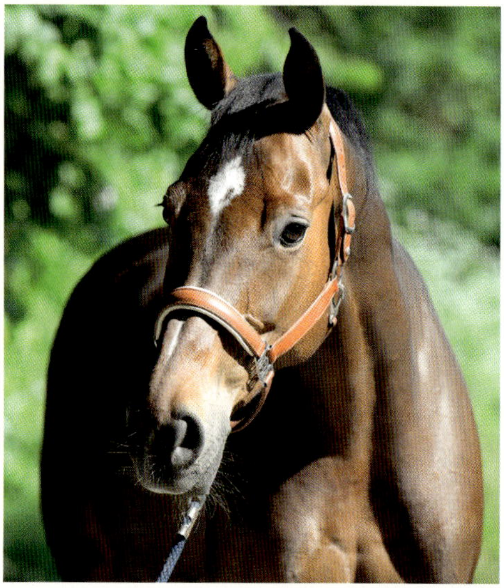

kasten hat, aus dem man je nach Situation schnell das richtige Tool herausziehen kann, um das Pferd richtig abzuholen und auf es einzugehen.

Der Nierentyp

Dieser Pferdecharakter ist sehr eifrig, lernbereit, aber auch ängstlich. Nierentypen kann man schnell überfordern und alles was neu ist, regt sie auf. Eigentlich lernen Nierenpferde schnell, können sich aber nicht lange konzentrieren und bringen Lektionen durcheinander.
Nierentypen sind sehr sensibel und brauchen ganz viel Zeit, um mit neuen Reizen (wie beim Gelassenheitstraining) klarzukommen. Diese Pferde müssen analysieren und sich neue Dinge anschauen dürfen. Neue Reize sollten Sie bei Nierenpferden nur langsam steigern, sonst reagieren sie sehr heftig und regen sich auf. Gerne bindet sich der Nierentyp an ein anderes Pferd; es hilft ihm, wenn ein erfahrenes Pferd vorgeht. Ohne Führpferd nimmt der Besitzer eine wesentliche Rolle beim Gelassenheitstraining ein, indem er bei den unterschiedlichen Hindernissen vorgeht. Erst danach verlange ich vom Nierenpferd, zusammen mit dem Besitzer und schließlich eigenverantwortlich an Übungen heranzugehen. Nierenpferde tun sich nämlich schwer, sich selbst zu managen. Das Voranschicken ist für Nierenpferde eine große Herausforderung.

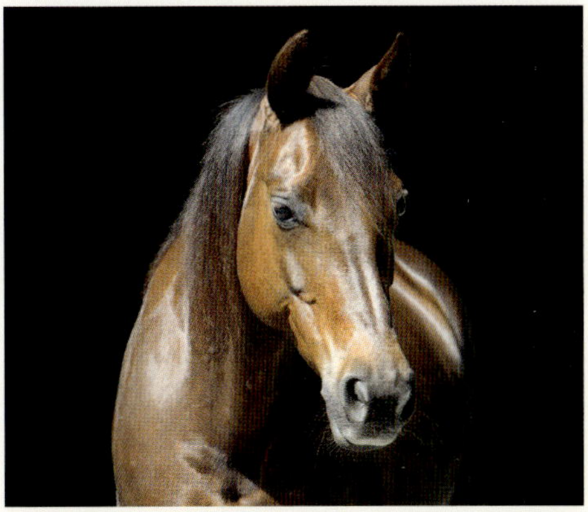

Quarter-Stute Chex me ist ein Nierentyp.

Nierenpferde brauchen sehr einfühlsame Besitzer, die sie an die Hand nehmen und vor allem erkennen, wenn sie unter Stress geraten. Manchmal sieht man dem Nierentyp den Stress nicht offensichtlich an und überfordert diese Pferde unabsichtlich mit zu viel Input, zu wenig Pausen, zu langem Training oder zu schnellen Abfolgen. Diese Pferde brauchen viel Zeit, um Dinge zu verarbeiten. Nierenpferde sind eher introvertiert und fressen Stress in sich hinein. Sie sind dadurch prädestiniert für Magenprobleme oder sogar Magengeschwüre. Achte daher im Training schon auf kleinste Stressanzeichen wie zum Beispiel zusammengekniffene Lippen, starre Augen oder hochgezogene Nüstern. Die deutlichen Stresszeichen wie geblähte Nüstern, aufgerissene Augen und vibrierende Lippen sieht man Nierenpferden nicht immer an.

Der Milztyp

Beim Milztyp handelt es sich um ein sehr ausgeglichenes Pferd, das dabei

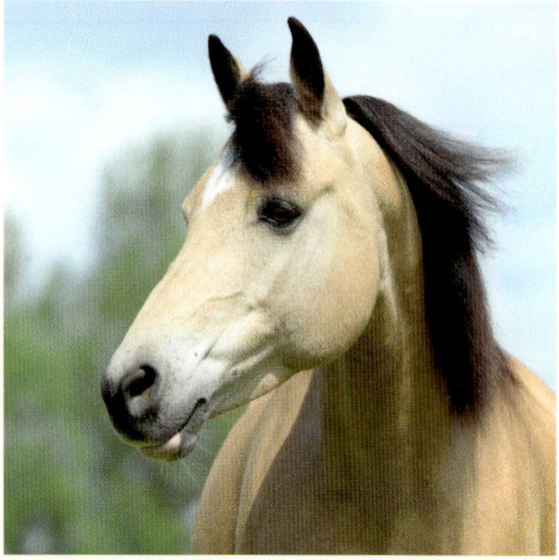

Kurgestütler-Stute Navajo ist ein Milztyp.

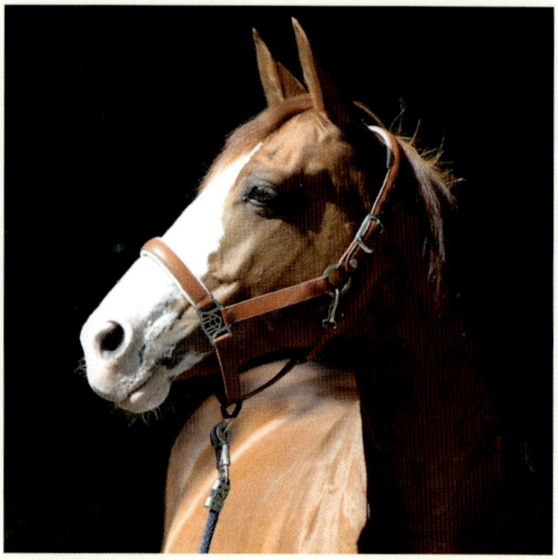

Quarter-Stute Twist ist ein Herztyp.

aber nicht ganz so leistungsbereit ist. Bei zu großem Druck zieht es sich zurück. Hat es etwas gelernt, ist es für immer gespeichert. Milzpferde sind gute Anfängerpferde, weil sie auch viel verzeihen und reiterliche Fehler nicht krummnehmen. Durch den niedrigeren Muskeltonus neigen Milztypen von Natur aus nicht so schnell unter Verspannungen und dösen oft mit hängender Unterlippe. Ich bezeichne den Milztyp gerne auch als »Balou, der Bär«.
Milztypen sind im Training eher unauffällig. Sie mögen es gemütlich, denken mit und es dauert sehr lange, bis solch ein Pferd heftig reagiert. Milzpferde steigern sich selten in etwas hinein. Schwierig wird es nur, wenn es dann doch mal beschließt, etwas nicht zu tun oder wenn es etwas nicht versteht. Dann ist der Milztyp sehr stur. Bevor er alle Schotten dicht macht, teile die Übung am besten in kleinere Schritte auf.

Der Herztyp

Diese Pferde können sich wegen jeder Kleinigkeit furchtbar aufregen. Ihr Temperament ist überschäumend, und ist der Herztyp einmal erregt, kommt er nur schlecht wieder runter. Im ruhigen Zustand sind Herzpferde aber eher coole Pferde und nicht grundsätzlich ängstlich.
Herztypen sind die Dramaqueens unter den Pferdecharakteren. Müssen sie ihre Komfortzone verlassen, steigern sie sich richtig rein und wirken kopflos. Beispiel: Plötzlich steht in der Reithalle ein Stuhl, der vorher nicht da war oder der Hund, der immer in der Reithalle rennt, wird an einem Tag zum Problem, obwohl er sonst keins ist. Herztypen muss man manchmal mit Respekt einfordernden Übungen wie Rückwärtsrichten aus ihrem Tunnel holen. Bei dieser Lektion ist es ganz wichtig, dass der Druck – sobald das Pferd rückwärts

tritt – sofort wieder gesenkt wird und dem Pferd Zeit zum Nachdenken gegeben wird. Herztypen profitieren besonders von einer guten Grunderziehung. Es ist wichtig, dass das Herzpferd sich schicken lässt sowie weichen und nachzugeben lernt. Das Seitwärtsweichen hilft Herzpferden in Stresssituationen besonders, weil sie dabei wieder ihren Kopf einschalten müssen, um die Beine richtig zu setzen. Generell hilft es Herzpferden, wenn sie bei Stress eine Aufgabe bekommen, die sie gut meistern können.

Der Lungentyp

Lungenpferde sind sehr ausgeglichen und zeigen große Freude bei der Arbeit. Sie sind Neuem gegenüber vorsichtig, reagieren aber nicht ängstlich. Lungenpferde sind außerdem selbstsicher, leistungsbereit und kontaktfreudig. Lungentypen sind sehr umgängliche Pferde, sehr freundlich, offen, neugierig, die sich im Training gut überreden lassen mitzuarbeiten. Sie machen prima mit, brauchen aber auch Zeit, wenn sie doch mal Angst haben. Lungenpferde haben ein gutes Selbstmanagement, können also gut eigenverantwortlich arbeiten. Sie brauchen weder den Menschen noch andere Pferde, um sich etwas zu trauen. In meinen vielen Kursen hat es sich gezeigt, dass Lungenpferde sehr offen für neue Dinge sind.

Die Mischtypen

Nicht alle Pferde lassen sich genau einem Typ zuordnen, daher gibt es auch Mischtypen. Meine Bailey zum Beispiel ist eine Mischung aus Lunge und Milz. Sie trägt einerseits Anfänger zuverlässig von A nach B und zeigt sich im Alltag völlig cool. Auf Messen oder bei Shows ist sie wach und leistungsbereit – dann kommt die Lunge zum Vorschein.

Quarter-Horse Otto ist ein Lungentyp.

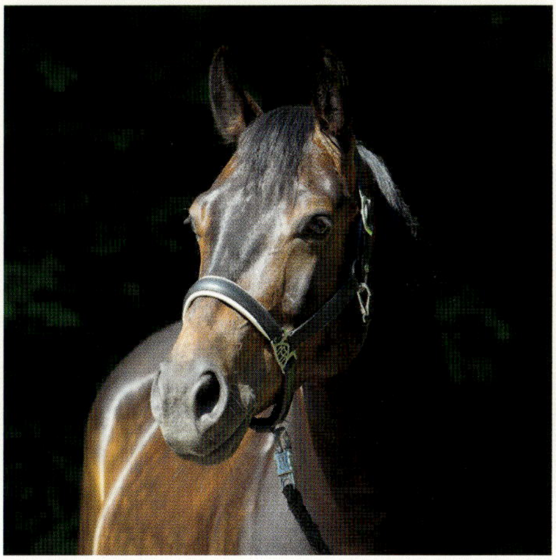

Meine Bailey ist ein sogenannter Mischtyp.

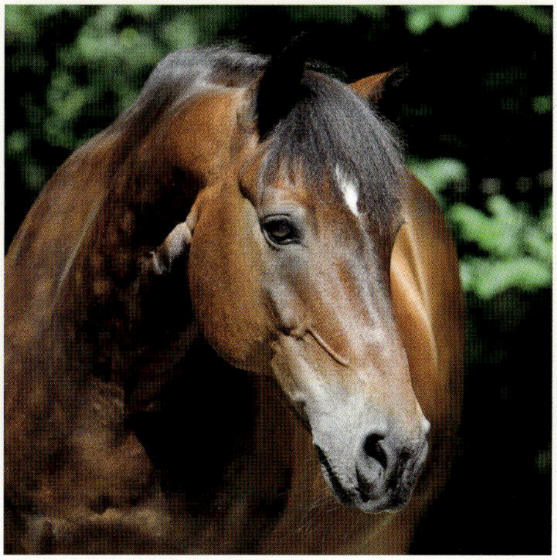

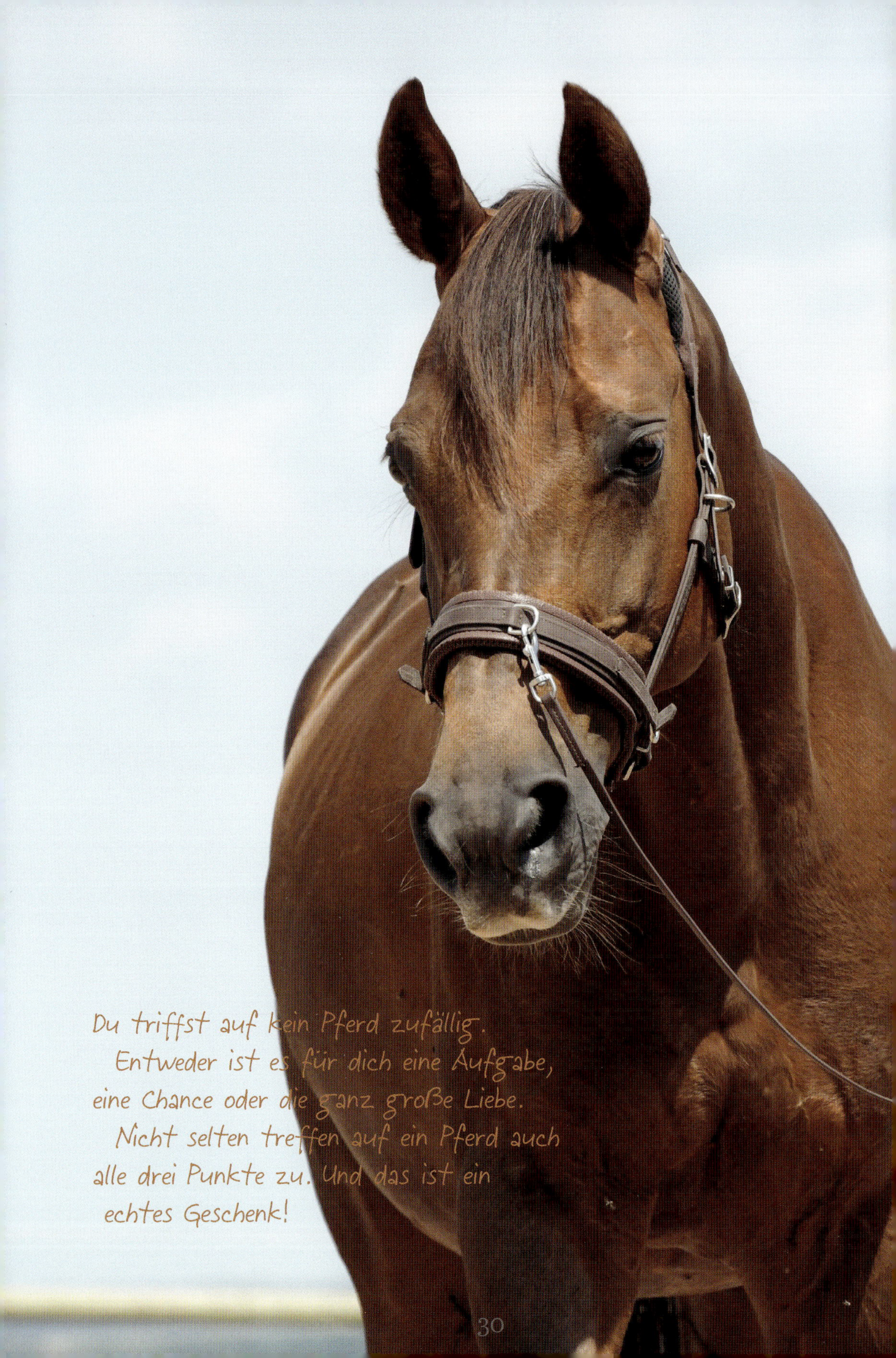

Du triffst auf kein Pferd zufällig.
Entweder ist es für dich eine Aufgabe,
eine Chance oder die ganz große Liebe.
Nicht selten treffen auf ein Pferd auch
alle drei Punkte zu. Und das ist ein
echtes Geschenk!

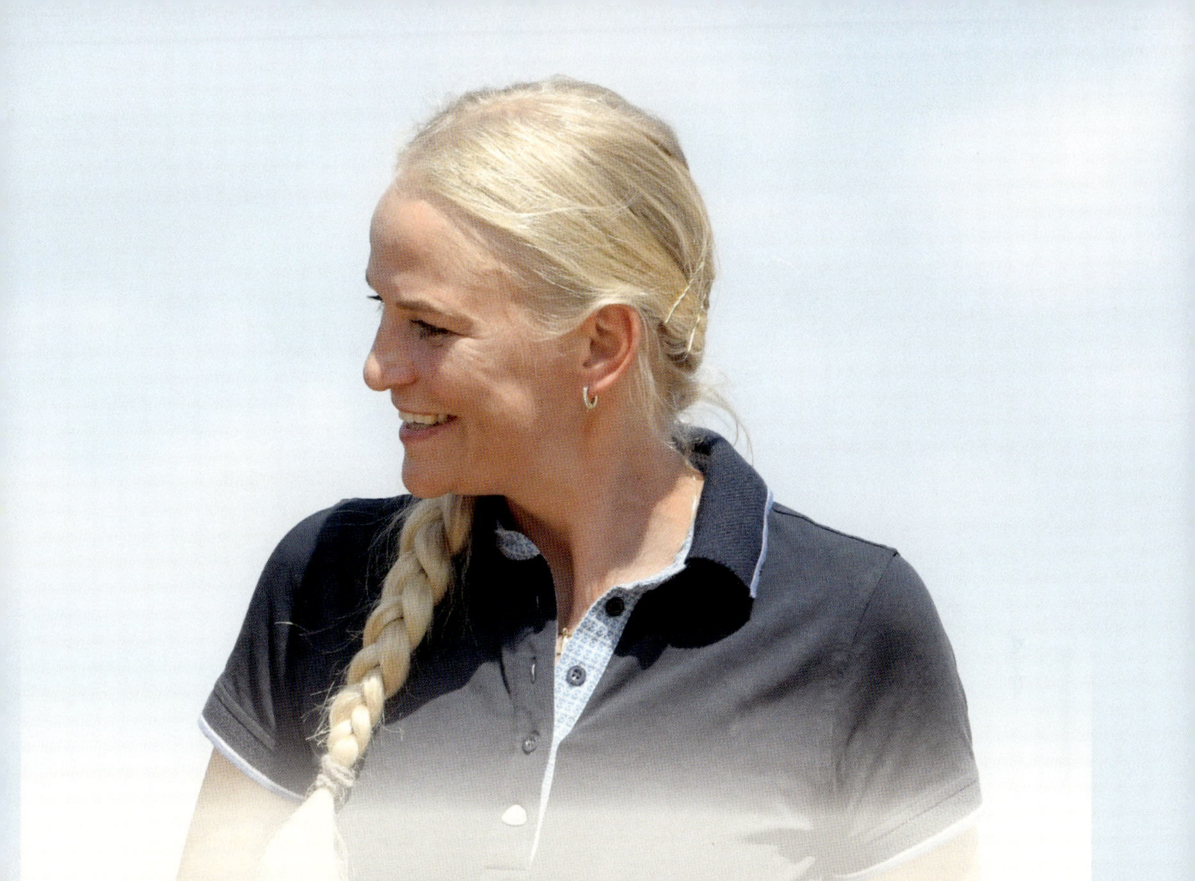

2. Gut erzogen – Bodenarbeit für mehr Sicherheit

Meine Oma hat immer gesagt, dass die Welt an Anstand, Höflichkeit, Stil und Etikette noch nicht zugrunde gegangen ist. Diesen Spruch finde ich einfach super! Auch ich finde, dass höfliche Umgangsformen einfach das A und O sind – im Wohnzimmer wie im Stall. Wie wichtig das ist, hat mir nicht nur meine Oma mit in die Wiege gelegt, sondern ebenso die Cowboys in den USA und in Kanada, wo ich früher gelernt habe. Für sie gehörte das ABC am Boden zum Training von Pferd und Reiter dazu wie das tägliche Heu in die Raufe. Erst wenn das Pferd am Boden höflich und anständig war, durfte man aufsteigen und reiten. **Ich finde es zum einen total angenehm, wenn sich Pferde am Boden gut arbeiten lassen, zum anderen hat es aber auch einen großen Sicherheitsvorteil, wenn solche Dinge im Großen und Ganzen reibungslos klappen.**

Im Laufe der Jahre habe ich mein ganz eigenes, persönliches Bodentraining entwickelt. Wie Du vielleicht weißt, bin ich jemand, der immer gerne über den sprichwörtlichen Tellerrand schaut und gerne auch in anderen Reitweisen stöbert, um gute Ideen zu bekommen. **Bei meiner Bodenarbeit kombiniere ich Basisübungen der Cowboys mit klassischer Handarbeit.** Klingt verrückt, ist aber super effektiv, um Unfällen vorzubeugen! Noch dazu bekommt man ein total aufmerksames, gut gymnastiziertes, balanciertes und rittiges Pferd!

Alle meine eigenen und auch die mir anvertrauten Pferde durchlaufen bei mir auf dem Hof zunächst mein Bodentraining. Dabei ist es ganz egal, ob es sich um ein Western-, Dressur- oder Springpferd handelt und es ist auch egal, wie alt es ist und auf welchem Ausbildungsniveau sich das Pferd befindet. Jedes Pferd kann davon profitieren.

Meine Lieblingsübungen am Boden, die uns helfen, Gefahren effektiv zu minimieren, findest Du in diesem Kapitel, in dem es um den ersten Baustein meines neuen Trainingskonzeptes geht: »**Gut erzogen**«. Ich wünsche Dir ganz viel Spaß beim Üben!

2.1 Gut vorbereitet – Equipment für die Basis-Bodenarbeit

Ich bin absolut kein Materialfetischist. Deswegen empfehle ich jedem Reiter und Pferdebesitzer grundsätzlich das Equipment zu nehmen, womit er am liebsten arbeitet und sich sicher beim Handling fühlt. Trotzdem möchte ich

Mein Bodentraining ist ein Mix aus Basis-Übungen der Cowboys und klassischer Handarbeit.

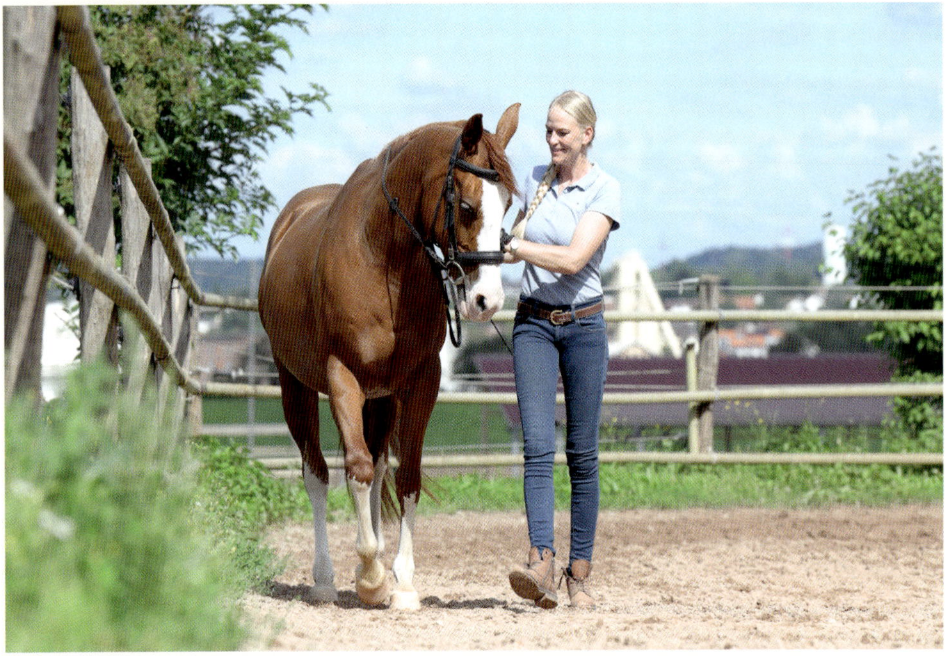

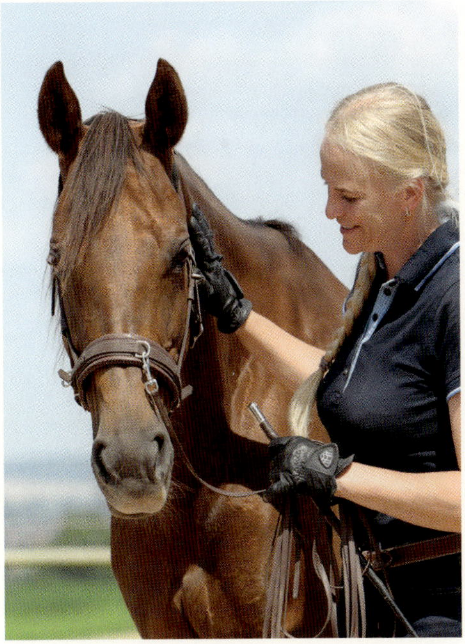

Meine Chex me arbeite ich am Boden gerne mit einem Kappzaum.

an dieser Stelle ein paar Gedanken zu diesem Thema festhalten, um Dich bei der Auswahl zu unterstützen:

Am Pferdekopf: Ob Du lieber mit einem normalen Stallhalfter, einem Knotenhalfter oder einem Kappzaum arbeitest, ist im Prinzip egal. Hier die Vor- und Nachteile, die ich zu den unterschiedlichen Ausrüstungsteilen am Kopf ausgemacht habe:

- Ein Stallhalfter hat eine große Auflagefläche, wirkt somit sehr sanft, aber man kann damit nicht gezielt einwirken.
- Ein Knotenhalfter ist dünner und wirkt gezielter auf Nase und Genick. Dadurch können feinere Signale durchkommen. Allerdings muss man berücksichtigen, dass ein Knotenhalfter dadurch auch sehr scharf sein kann, weshalb es unbedingt richtig verschnallt werden sollte.
- Mit einem Kappzaum kann man den Pferdekopf sehr gut kontrollieren und das Pferd schön stellen. Deswegen nutze ich einen Kappzaum beispielsweise fürs Longieren. Ganz wichtig ist, dass der Kappzaum dem Pferd gut passt.

Der Strick: Wie lang der Strick sein sollte, ist Geschmackssache. Ich empfehle Dir zunächst mit einem ganz normalen Führstrick zu üben, der gut zwei Meter lang ist. Später, wenn Du Dein Pferd auch aus einer etwas größeren Entfernung dirigieren willst, ist ein vier Meter langes Seil praktisch. Achtung beim Training mit Kappzaum: Benutze am Kappzaum stets kleine, feine Karabiner wie man sie oft an Longen findet oder ein Seil mit Zügel-Snaps aus dem Westernbedarf. Ein großer Panikhaken oder Bullsnap ist ungeeignet, weil er auf die empfindliche Pferdenase schlägt.

Für die Bodenarbeit bevorzuge ich eine lange Dressurgerte als Kommunikationshilfsmittel.

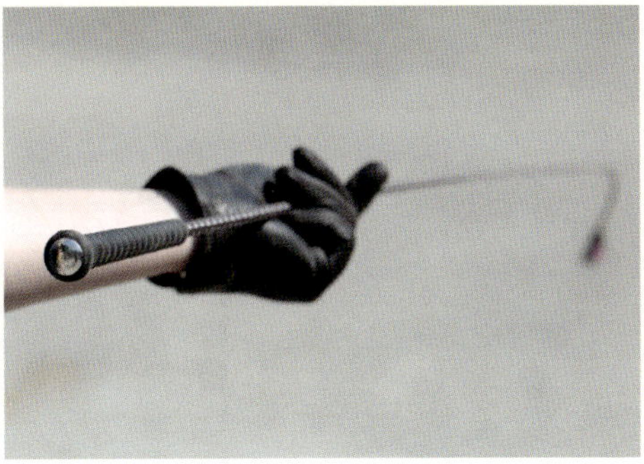

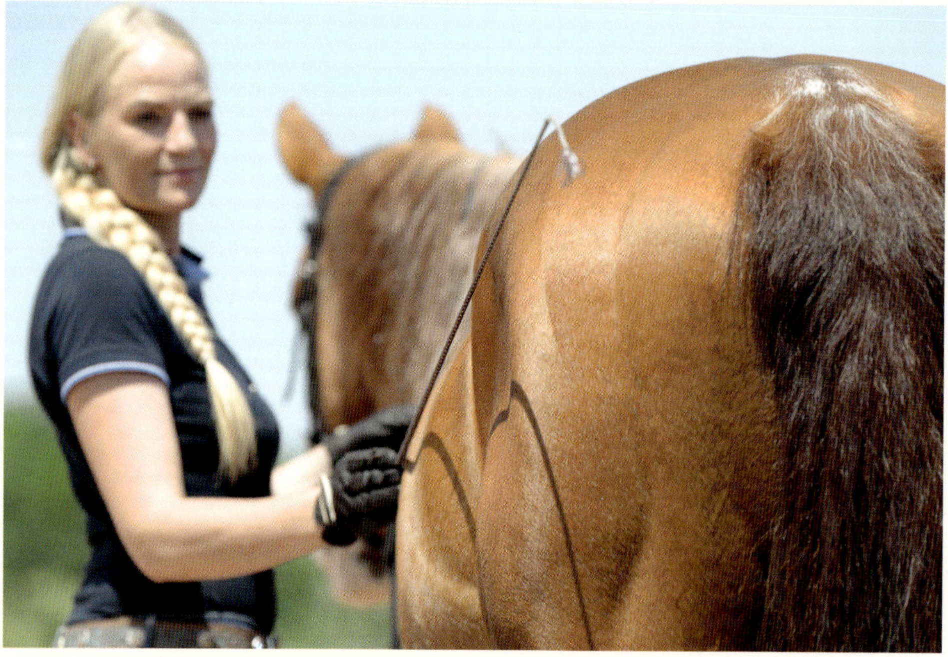

Ich gewöhne jedes Pferd zunächst an die Gerte, damit es keine Angst vor ihr hat.

Hilfsmittel in der Hand: Gerte und Carrot Stick sind quasi der verlängerte Arm des Menschen. Man kann das Pferd damit aus der Ferne dirigieren. Ob Du für die Kommunikation mit Deinem Pferd einen Karottenstab oder eine normale Gerte benutzen möchtest, kannst Du gerne selbst entscheiden.
Möglich ist auch, einfach das Ende Deines Führstricks als verlängerten Arm zu nutzen, indem Du den Strick beispielsweise schwingst und so dem Pferd Signale gibst. Mit einer Gerte kannst Du jedoch gezielter und genauer einwirken als mit einem schwingenden Strickende. Ich selbst bevorzuge eine lange Dressurgerte. Ganz wichtig ist mir jedoch dabei, das Pferd zunächst an eine Gerte zu gewöhnen, sprich zu desensibilisieren, denn viele Pferde haben schon so einige negative Erfahrungen in ihrem Leben mit diesem Hilfsmittel gesammelt und die besten Übungen machen keinen Sinn, wenn das Pferd wegen der Anwesenheit einer Gerte angespannt ist oder bei den Übungen davoneilt.

So geht die Gewöhnung an die Gerte: Ich starte, als würde ich das Pferd an einen Reizauslöser/unbekannten Gegenstand gewöhnen. Das geht gut über Annäherung und Rückzug mit dem Gegenstand: Die Gerte befindet sich in meiner Hand, es passiert dabei aber nichts. Dann nehme ich die Gerte wieder weg. Wenn ich merke, dass mein Pferd in

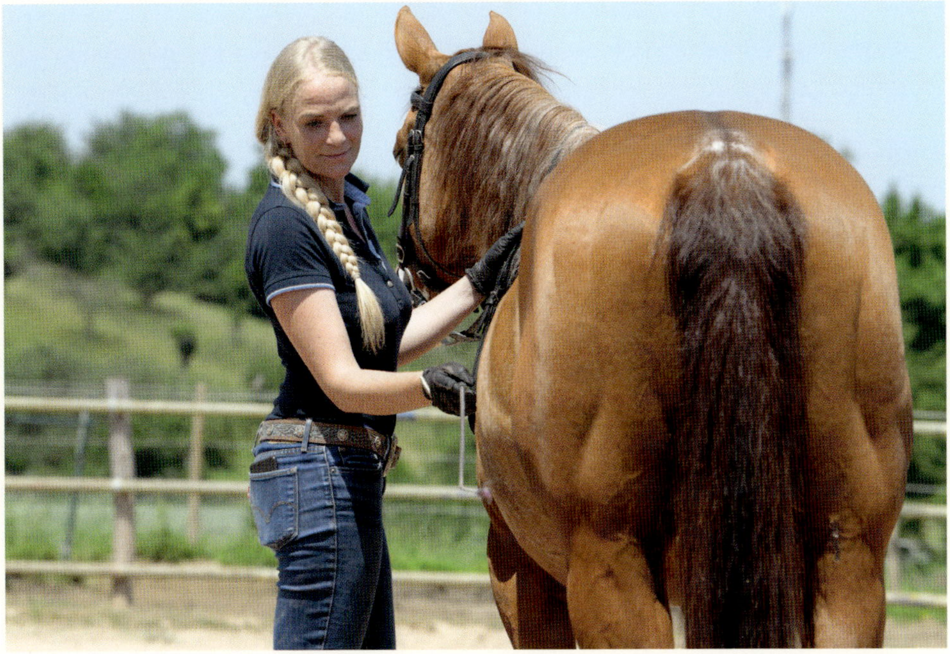

Mit einer abwärts-streichenden Bewegung Richtung Sprunggelenk lasse ich das Pferd antreten.

die Spannung geht, lasse ich es seinen Kopf senken (siehe Seite 40). Das wiederhole ich so lange, bis ich das Pferd irgendwann auch mit der Gerte abstreichen kann, ohne dass es dabei Stress hat. Klappt das im Stand, kannst Du damit beginnen, mit einer abwärts streichenden Bewegung Richtung Sprunggelenk den Schritt einzuleiten und zu schauen, wie das Pferd in Bewegung darauf reagiert.

Bei mir gibt es kein Schwarz-Weiß-Denken beim Equipment. Nichts ist grundsätzlich gut oder schlecht. Meine Hand kann ein Pferd streicheln, sie kann es aber auch schlagen. So verhält es sich auch mit Gerte, Sporen und Co. Es kommt immer darauf an, was der Mensch daraus macht und wie er das Equipment einsetzt.

2.2 Meine Lieblingsübungen am Boden

Es gibt ein paar Übungen bei der Bodenarbeit, die sind für mich einfach das A und O für einen sicheren Umgang mit dem Pferd. Darüber hinaus lernen sich Pferd und Mensch dadurch besser kennen und entwickeln eine gute Kommunikation als

Basis für alles Weitere. Das Pferd wiederum lernt dem Menschen zu vertrauen und ihn zu respektieren. Hier sind meine Lieblings-Basics:

1. Kopfabsenken
2. Führen und Folgen
3. Weichen
4. Schicken
5. Körpersprachliches Longieren

Mit diesen Übungen lassen sich Gefahrensituationen und Unfälle effektiv vorbeugen wie beispielsweise ein Anrempeln des Pferdes, ein Ziehen des Pferdes beim Führen oder ein »Heißwerden« des Pferdes beim Führen, das heißt das Pferd scheut und geht durch.
Die Übungen erkläre ich Dir auf den folgenden Seiten Schritt für Schritt. Damit sie gelingen, solltest Du bitte noch diese Tipps beachten, die für alle Übungen relevant sind: Die alles entscheidende Frage, um die sich meine Basisübungen drehen, ist: **Wer bewegt wen?** Diese Frage wurde in den vergangenen Jahren durch meinen sehr geschätzten Trainerkollegen Mike Geitner immer wieder in den Fokus der Reiterwelt gerückt. Zu Recht! Ich kann ihm nur beipflichten. Derjenige, der bewegt, führt, trifft wichtige Entscheidungen und sichert somit das Überleben. Diese Erkenntnis ist vom natürlichen Verhalten der Pferde untereinander abgeleitet. Sie machen das untereinander genauso. Das kann man auch immer wieder sehr schön auf der Weide oder einem Gruppenpaddock beobachten.
Um Dein Pferd zu bewegen und zu führen, brauchst Du Dich jedoch nicht wie ein Pferd verhalten und die Ohren anlegen oder Zähne fletschen.

Auch mit unserem Muli Charly kläre ich, wer, wen, wann und wohin bewegt.

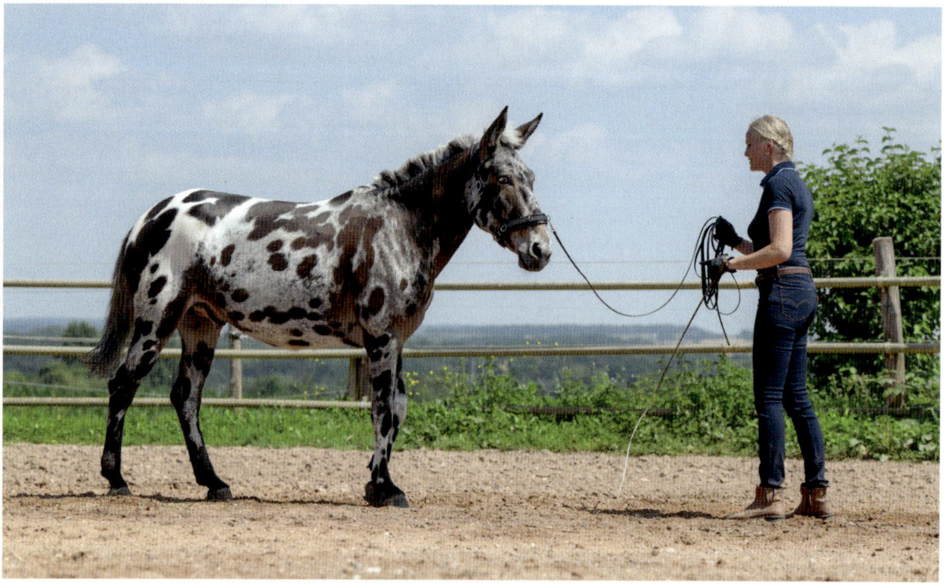

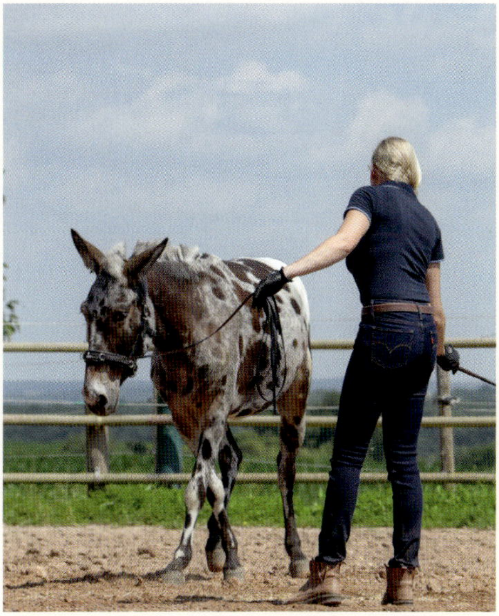

Ich schließe den Raum neben Charly und schicke ihn so seitwärts.

Ich nutze stattdessen mein sogenanntes Konzept der Raumarbeit. **Dabei mache ich dem Pferd freundlich klar, dass ich immer Herrin/Herr der Lage bin und stets entscheide, wann wir wohin gehen, wie weit wir gehen (auch bei Gefahr) und so weiter.**
Diese Raumarbeit zieht sich bei mir durch die komplette Bodenarbeit sowie später auch durchs Gelassenheitstraining und wird ebenso beim Reiten angewendet.
Darüber hinaus gebe ich meinem Pferd auch vor, wie schnell es sich bewegen darf. Wenn ich mein Pferd etwa beim Longieren etwas schneller machen möchte, muss ich den Raum hinter ihm einnehmen. Und wenn ich es stoppen möchte, schließe ich den Raum vor ihm.
Ich nehme Räume ein oder öffne sie, indem ich mit dem Pferd über Körpersprache kommuniziere. Im Idealfall sollte das Pferd schon auf feinste Hilfen wie beispielsweise allein meinen Gedanken oder meinen Blick reagieren. Das Prinzip, mit dem ich das erreiche, nennt man in der Verhaltenswissenschaft auch Sensibilisierung, sprich ich will mein Pferd feiner/sensibler auf meine Hilfen machen. Das funktioniert durch eine simple, aber ebenso geniale und zugleich von der Pferdesprache abgeleitete Methode: **Fragen, Verstärken, Durchsetzen,** bis eine adäquate Reaktion des Pferdes erfolgt.
In der Natur sieht das beispielsweise so aus: Pferd A möchte Pferd B von einem bestimmten Platz wegbewegen. Dazu bewegt Pferd A zunächst seinen Kopf Richtung Pferd B und legt die Ohren an. Pferd A signalisiert damit ganz deutlich: »Scheich Di!« (Fragen). Reagiert Pferd B nicht, dreht Pferd A die Hinterhand Richtung Pferd B (Verstärken). Passiert dann immer noch nichts, keilt Pferd A aus (Durchsetzen).
Wenn man Pferde in der Herde beobachtet, stellt man fest, dass häufig nur böse Blicke ausgetauscht oder die Ohren angelegt werden. Es reicht also oft schon ein »Fragen«, damit eine Reaktion erfolgt. Die Pferde scheinen also zu wissen was kommt, bevor es kommt und wollen eine Eskalation vermeiden.
Dieses natürliche Prinzip können wir uns zunutze machen, um mit unserem Pferd ganz fein zu kommunizieren. Ein Beispiel: Ich möchte, dass mein Pferd rückwärts geht. Bei manchen Pferden

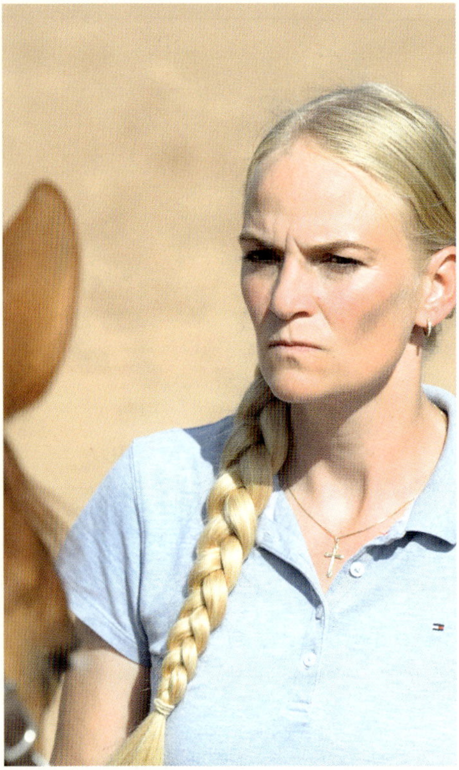

Um ein Pferd rückwärts zu schicken, mache ich mich vor dem Pferd groß und setze den sogenannten »Schwiegermutterblick« ein. Hui, kann ich böse gucken! Da würde ich als Pferd sofort weichen …

reicht allein schon dieser Gedanke, damit sie reagieren. Das ist total magisch – so fein kann Kommunikation sein! Die meisten Pferde müssen das aber noch lernen: Als Erstes frage ich mein Pferd, indem ich mich mit etwas Abstand (damit es mich gut sieht) vor das Pferd stelle, meine Körpergrundspannung leicht erhöhe und das Pferd mit meinem Blick an der Brust fixiere. (Mein Gedanke: Ich will das Pferd durch meinen Blick und meine Energiewelle, die ich zwischen uns aufbaue, »wegschieben«.)

Reagiert es nicht, bewege ich mich energisch aufs Pferd zu und verstärke meine Körpersprache, indem ich beispielsweise einen Flügelschlag mit den Armen mache (Verstärken). Alternativ kann ich auch meine Gerte vor dem Pferd auf und ab bewegen oder damit auf den Boden klopfen. Erst ganz zum Schluss, wenn das Pferd immer noch nicht reagiert und ich keine andere Möglichkeit mehr habe, setze ich das Höchstmaß der Hilfengebung ein: Die Gerte berührt das Pferd an der Brust (Durchsetzen). Dabei gilt: **So wenig wie möglich und so viel wie nötig.** Die letzte Stufe muss allerdings immer zum Erfolg führen, sonst erreiche ich keine Sensibilisierung des Pferdes auf meine Hilfen.

Diese verschiedenen Stufen der Hilfengebung gehen bei mir ganz fließend ineinander über – sowohl in die eine als auch in die andere Richtung, sprich wenn das Pferd auf das Klopfen der Gerte auf den Boden reagiert, lasse ich mit dem »Druck« wieder nach, indem ich die Gerte wegnehme und arbeite nur mit meiner Körpersprache. So gebe ich dem Pferd stets die Chance, auf weniger zu reagieren. Man kann sich meine Hilfengebung vorstellen wie ein Radio, an dem man mal die Lautstärke aufdreht und es dann wieder leiser stellt. So fließend geht das.

Für Dich zur Überprüfung, ob Du es richtig machst: Wenn das Pferd bei den Wiederholungen schneller und feiner reagiert, bist Du auf dem richtigen Weg. Tut das Pferd das nicht, musst Du mehr Energie einsetzen.

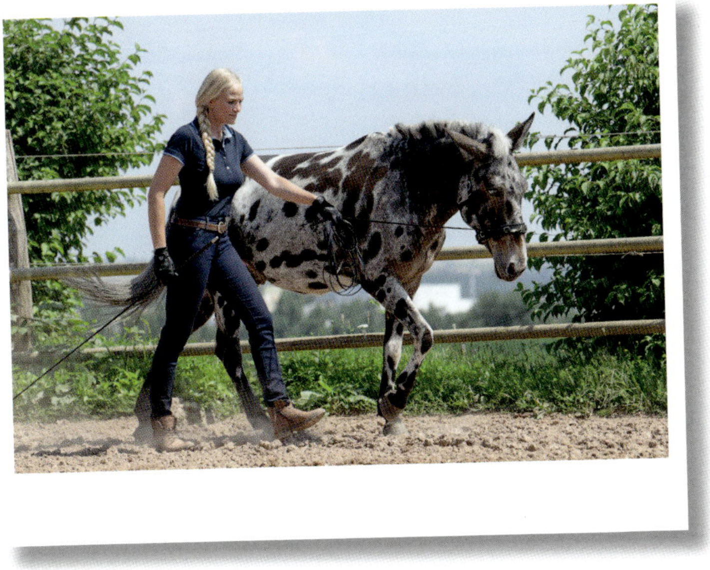

Muli Charly testet auch immer wieder gerne aufs Neue, ob er mich bewegen kann, indem er beim Führen nach vorne drängelt.

Wie Pferde uns bewegen

Wer bewegt hier wen? Pferde versuchen auch uns zu bewegen. Oft genug merken wir das jedoch gar nicht. Hier ein paar Beispiele:

- Das Pferd macht von selbst den ersten Schritt aus der Box.
- Das Pferd bestimmt das Tempo beim Führen oder Reiten.
- Am Putzplatz drängt das Pferd den Besitzer zur Seite.
- Wenn das Pferd einen Schritt nach vorne geht, weicht der Mensch aus.
- Beim Grasen an der Hand »zieht« das Pferd den Besitzer hinter sich her.
- Das Pferd geht beim Aufsteigen sofort los.
- Anfangs geht das Pferd noch allein mit seiner Besitzerin ausreiten. Dann geht es plötzlich nicht mehr allein raus. Dann lässt sich das Pferd nur noch auf dem Platz reiten, dann irgendwann nur noch in der Halle und irgendwann geht das sogar nur noch nachts um drei Uhr.

Ich finde es total faszinierend und auch gewissermaßen unterhaltsam, wie subtil Pferde uns den lieben langen Tag bewegen können. Darauf muss man erst mal kommen! Dass uns unsere Pferde jeden Tag testen, ist nicht böse von ihnen gemeint. Dieses Verhalten ist tief in ihnen verankert. Sie checken jeden Tag ab, ob sie sich uns anschließen und uns vertrauen können. Manche Pferde machen es öfter, andere eher seltener.
Das große Problem: Wir merken ja oft gar nicht, dass die Pferde uns bewegen. Hat das Pferd damit jedoch Erfolg, sinkt unser Ansehen in den Augen des Pferdes. Es stuft uns als nicht mehr ganz so verlässlich ein. Das Ergebnis zeigt sich vor allem in brenzligen Situationen: Hat das Pferd etwas im Gebüsch rascheln gehört, entscheidet vor allem die Qualität der Beziehung zum Reiter und dessen Führung darüber, ob es flüchtet oder nicht.

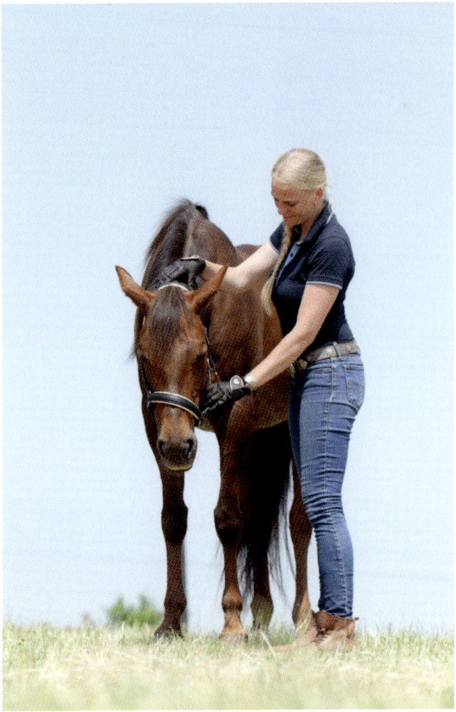

Wenn ich meine Hand aufs Pferdegenick lege, senkt das Pferd Kopf und Hals so tief wie möglich.

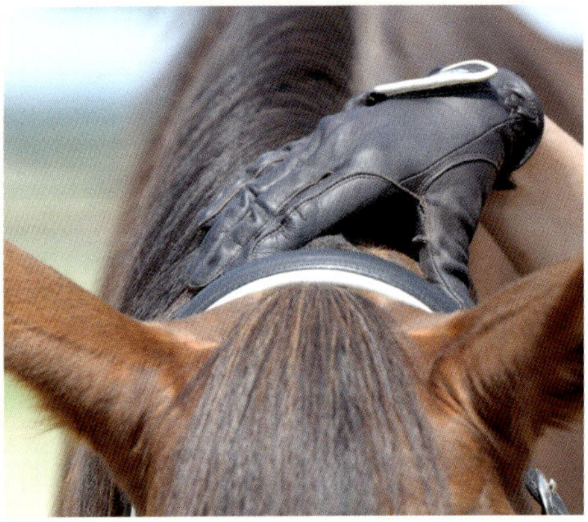

1. Kopfabsenken

Die Körperhaltung des Pferdes steuert, ob es entspannt oder angespannt ist. Ein hochgestreckter Kopf etwa sorgt für Stress. Der Körper schüttet Adrenalin aus und bereitet sich auf Flucht vor. Ein gesenkter Kopf hingegen steht für Wohlbefinden, denn Pferde haben den Kopf normalerweise beim Fressen und Dösen gesenkt. In dieser Haltung schüttet der Körper Glückshormone wie Serotonin und Dopamin aus, die dem Pferdegehirn Ruhe und Entspannung signalisieren.
Das bedeutet für den Menschen: Ich kann über das Kopfabsenken gezielt für Entspannung sorgen. Dementsprechend nutze ich die Übung gerne in Trainingspausen bei der Bodenarbeit, im Gelassenheitstraining sowie auch beim Reiten, um für optimale Erholung zu sorgen. Und ich mache die Übung auch gerne, wenn ich merke, dass das Pferd bei der vorangegangenen Übung ein bisschen Stress hatte. So lässt die Anspannung schnell wieder nach. Auch Krisenmomente kannst Du mit dieser Übung gut entschärfen.

So soll es aussehen: Wenn ich meine Hand aufs Pferdegenick lege, senkt das Pferd Kopf und Hals so tief wie möglich. Das Pferd entspannt sichtlich.

So geht's: Stelle Dich seitlich neben den Pferdekopf mit dem Blick nach vorne. Lege eine Hand aufs Pferdegenick und ermuntere das Pferd, den Kopf zu senken, indem Du leichten Druck hinter den Pferdeohren auf die Nackenmuskulatur ausübst. Dein Daumen ist dabei auf einer Seite vom Hals, die restlichen Finger auf der anderen Seite. Eine leichte Tendenz nach unten reicht anfangs, bis das

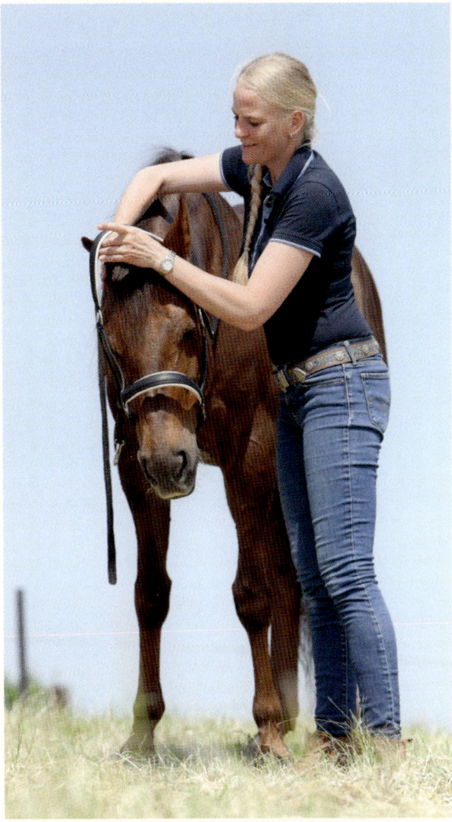

Das Kopfabsenken hat noch einen weiteren Vorteil: Ich kann meinem Pferd in dieser Kopfhöhe ganz leicht das Halfter anziehen.

Ich übertrage das Kopfabsenken in den Sattel und bringe dem Pferd bei, auch auf Berührung der Gerte am Widerrist den Kopf zu senken.

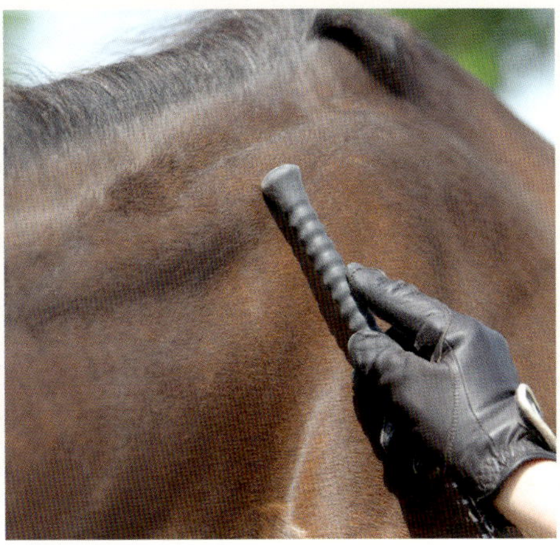

Pferd verstanden hat, was es machen soll. Anfangs kannst Du das Pferd auch in die Tiefe locken, bis es den Ablauf der Übung verstanden hat. Ebenso kannst Du das Pferd mit kleinen Paraden am Halfter dazu ermuntern, den Kopf zu senken. Schau einfach, auf welche Hilfe Dein Pferd am besten reagiert. Denke nur bitte daran, Deinem Pferd auf sanfte Weise beizubringen, den Kopf zu senken, denn wenn das Pferd später roboterartig den Kopf senkt, hat das mit Entspannung nichts zu tun.

Ich etabliere die Übung gerne als Ritual und mache sie bereits beim Aufhalftern in der Box. So sorge ich nicht nur für einen entspannten Start ins Training, sondern das Ganze hat einen weiteren praktischen Nutzen: Ich kann dem Pferd mit tiefem Kopf ganz leicht das Halfter anziehen.

Auch fange ich an, das Kopfabsenken nicht nur über das Genick abzurufen, sondern auch vor dem Widerrist oder am Hals. So kann ich die Übung auch schön auf den Sattel übertragen, denn von da aus komme ich ans Genick nicht so gut ran.

2. Führen und Folgen

So soll es aussehen: Wenn Du Dein Pferd führst, achtet es genau auf Dich, folgt Dir brav am durchhängenden

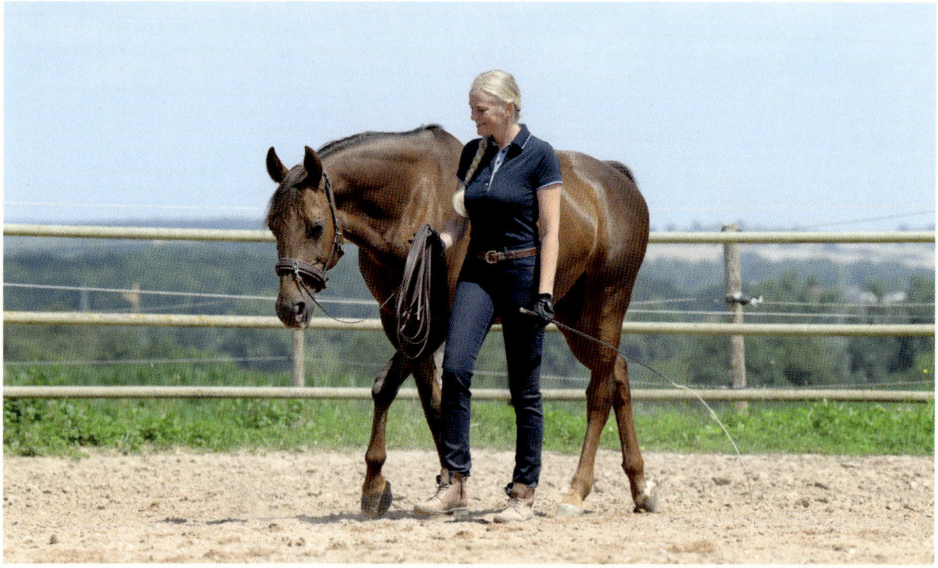

Ich möchte, dass meine Pferde sich ganz entspannt am durchhängenden Strick führen lassen.

Strick in jede Richtung und hält an, wenn Du stehen bleibst.

So geht's: Laufe mit Deinem Pferd geradeaus, mache Volten, Schlangenlinien und Handwechsel – ganz wie es Dir in den Sinn kommt. Pferde, die ihrem Menschen vertrauen und ihn respektieren, folgen willig am durchhängenden Strick ohne dabei zu drängeln oder in eine andere Richtung zu ziehen.

Wo ist die richtige Führposition?

Wenn ich in den sozialen Medien lese, wie Reiter über dieses Thema diskutieren, hole ich mir sofort eine große Tüte Popcorn und verfolge die Diskussion. Denn wie so häufig im Pferdetraining gibt es hier meiner Meinung nach kein Richtig oder Falsch, sondern viele Möglichkeiten. Jeder Mensch hat seine individuelle Zone, in der er sein Pferd gerne führt. Ob auf Halshöhe des Pferdes oder hinter sich, das bleibt doch jedem selbst überlassen. Ich persönlich lasse die meisten Pferde zunächst einfach hinter mir herlaufen. Dabei handelt es sich um ein reines Führen und Folgen, bei dem das Pferd lernt mir zu folgen, nach mir zu schauen und auf mich zu achten. Gleichzeitig gebe ich dem Pferd Sicherheit, weil ich vorneweg laufe und alle Gefahren abchecke. Das ist extrem wichtig,

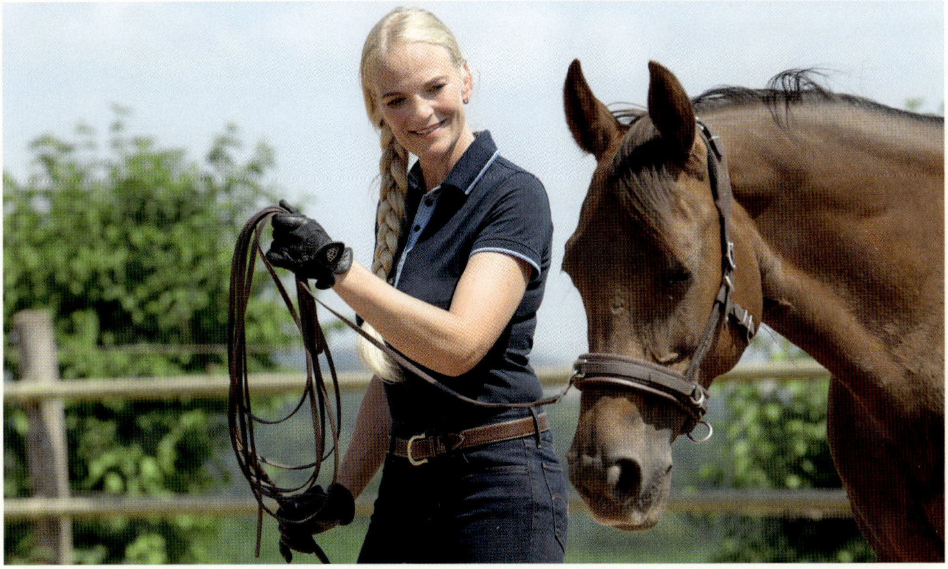

Ich motiviere Chex me etwas schneller zu gehen, indem ich die Energie in meinem Körper hochfahre und die Hand nach vorne-oben hebe.

vor allem, wenn Dein Pferd guckig, schreckhaft oder aber auch dominant und unhöflich ist. Wenn ich allerdings mit dem Pferd am Boden gymnastizierend arbeite, hole ich es mir vor, denn ich kann nicht mit jemandem fein kommunizieren, der drei Meter hinter mir herläuft.

Was mache ich, wenn mein Pferd trödelt?

Lässt sich das Pferd von Dir regelrecht »abschleppen«, kannst Du es motivieren, einen Gang zuzulegen, indem Du die Energie in Deinem Körper hochfährst und die Hand nach vorne/oben hebst, mit der Du den Führstrick hältst. So signalisierst Du dem Pferd, dass Du schneller gehen möchtest und ermutigst es, mitzukommen. Sage zusätzlich »Step up«, um langfristig ein Kommando fürs Beschleunigen zu etablieren. Du kannst stattdessen natürlich auch etwas anderes sagen wie beispielsweise »Abmarsch« oder das bayerische »Schleich di«.

Reagiert das Pferd nicht, verstärkst Du Deine Hilfe, indem Du hinter dem Pferd den Raum schließt. Dazu kannst Du die Gerte hinter Dir auf und ab bewegen, sodass Du Energie hinters Pferd bringst. Reagiert das Pferd darauf nicht, tippst Du es als letzten Schritt mit der Gerte an der Kruppe an. Nutze dazu am besten eine längere Gerte; mit einer kurzen Springgerte erreichst Du den Pferdepo wahrscheinlich nicht.

Wie bei allen Übungen gilt: So wenig wie möglich und so viel wie nötig.

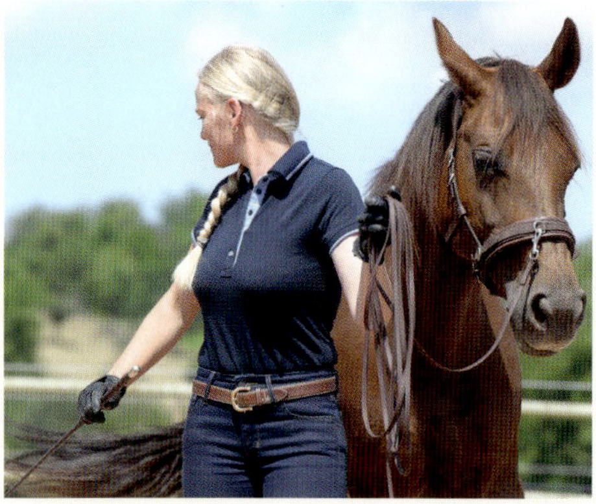

Reagiert das Pferd nicht, verstärke ich meine Hilfe, indem ich hinter dem Pferd den Raum schließe. Dazu bewege ich die Gerte hinter mir auf und ab.

Auf jeden Fall muss Deine Hilfe so dosiert sein, dass das Pferd sich anstrengt und wenn es nur ein ganz kleines bisschen schneller ist. Dann seid Ihr auf dem richtigen Weg. Bei dieser Übung hat sich darüber hinaus bewährt, anfangs nur auf dem ersten Hufschlag an der Bande zu üben, bis das Pferd verstanden hat, was es machen soll. So ist es nämlich begrenzt und kann nicht fälschlicherweise mit der Hinterhand nach außen weichen, wenn Du den Raum hinter Dir schließt.
Um solch einen Kandidaten auch mal aus der Reserve zu locken, drehe ich mein »Radio« (siehe Seite 38) auch mal ganz auf, indem ich etwas mehr Energie als eigentlich nötig wäre, reinpacke. So verhindere ich, dass sich meine Hilfen abnutzen und das Pferd »stumpf« wird.

Was mache ich, wenn mein Pferd mich überholt?
Wird das Pferd zu schnell, solltest Du als Erstes Deine Körpersprache überprüfen. Signalisierst Du dem

Wenn Charly mich überholt, schicke ich ihn ein paar Schritte rückwärts.

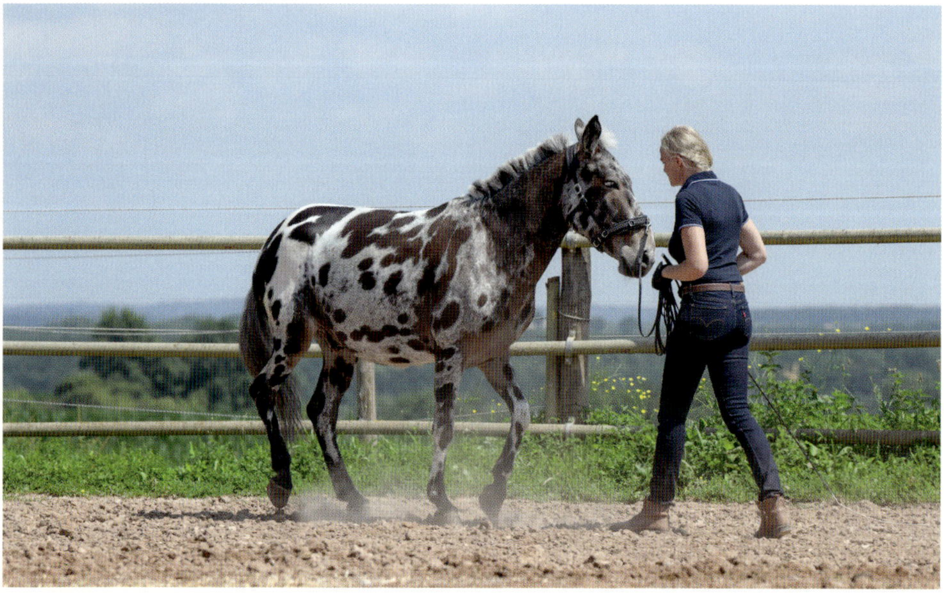

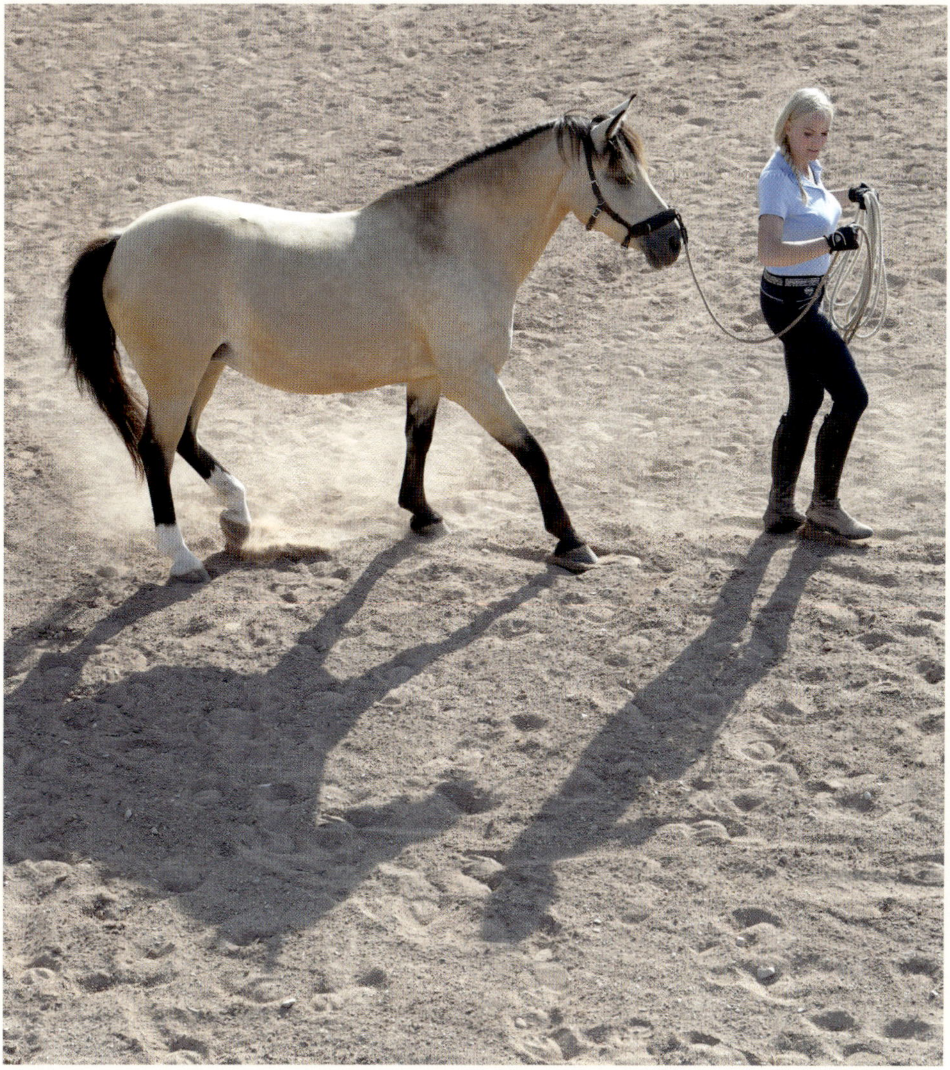

Ich beobachte den Schatten des Pferds und überrasche es, wenn es mir zu nah kommt.

Pferd unbewusst, dass es sich beeilen soll? Fahre Deine Energie etwas runter, um dem Pferd zu signalisieren, dass es langsamer laufen soll. Überholt Dich das Pferd trotzdem, solltest Du den Raum vor ihm schließen und es zur Korrektur ein paar Schritte rückwärts schicken. Wie das am besten geht, liest Du auf Seite 47.

Vorsicht: Übertreibe es nicht mit dem Rückwärtsschicken. Das Pferd soll keine Angst vor Dir bekommen oder sich schikaniert fühlen, sonst beschließt es möglicherweise irgendwann für sich, dass es ihm reicht und dann kommt die geballte Kraft des Pferdes wie ein Boomerang zurück. Das wollen wir natürlich nicht.

Schleicht sich Dein Pony trotzdem immer wieder nach vorne, hast Du zwei weitere Möglichkeiten:

Möglichkeit Nr. 1:
Laufe mit dem Pferd spazieren und zwar so, dass Du den Schatten des Pferdes auf dem Boden neben oder vor Dir siehst. So kannst Du gut beobachten, was das Pferd hinter Dir macht, ohne ihm dabei Aufmerksamkeit zu schenken. Dafür eignet sich Morgen- oder Abendlicht am besten. Setzt das Pferd zum Überholen an, kannst Du einfach mal Dein Bein nach hinten lupfen oder den Strick ein wenig schwingen und das Tier so auf Abstand halten. Wichtig dabei: Dreh Dich nicht um. Genau das ist der Überraschungseffekt fürs Pferd. Sie finden es gruselig, wenn sie denken, dass wir Menschen auch im Hinterkopf Augen haben. Viele Pferde sind davon sehr beeindruckt.

Möglichkeit Nr. 2:
Gute Erfahrungen mache ich darüber hinaus mit mehreren aufeinanderfolgenden engen Wendungen in alle Richtungen. Das Pferd muss mir dabei folgen. Durch diese Übung achten viele Pferde besser auf den Menschen.

Zusatzübung: Anhalten

So geht's: Um Deinem Pferd das Anhalten auf ein feines Signal beizubringen, musst Du Deinem Pony zuerst erklären, überhaupt auf ein Signal anzuhalten. Daher bringe ich meinen Pferden im ersten Schritt das Signal »Whoa« bei. Ob »Halt«, »Steh« oder »Whoa«, welches Wort Du als Kommando verwendest, ist völlig egal. Hauptsache es ist immer dasselbe Wort. Ich benutze »Whoa« und ziehe das Wort möglichst lang.

Und: »Whoa!« Auch Anhalten auf Signal ist eine wichtige Basis-Übung.

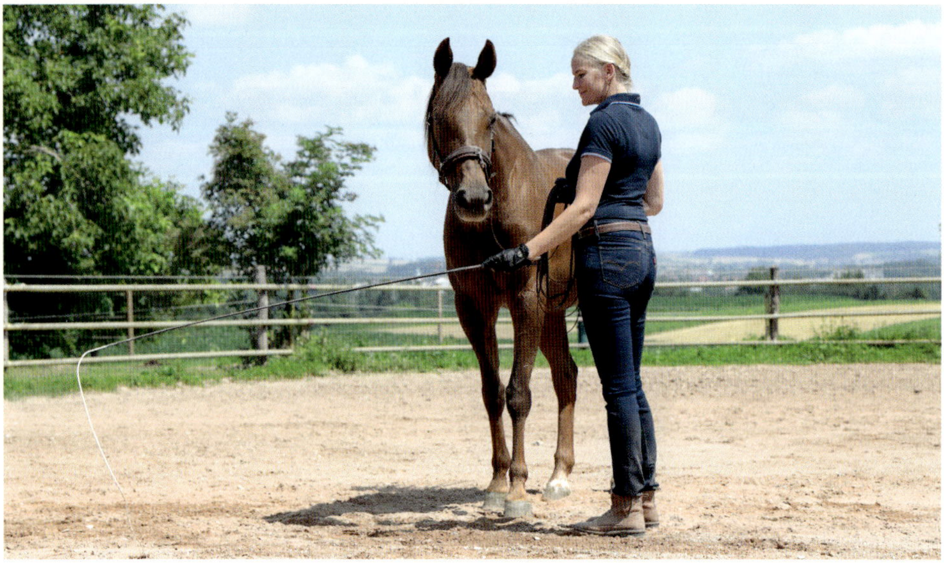

Darüber hinaus senke ich meine Stimmlage. Das wirkt beruhigend und entschleunigend. So fahre ich automatisch auch meine Energie im Körper runter. Das überträgt sich wiederum aufs Pferd.
Gehe mit Deinem Pferd im Schritt los. Der Strick hängt durch. Schon nach ein paar Schritten stoppst Du das Pferd. Dazu bleibst Du stehen, fährst die Energie in Deinem Körper runter und gibst das Stimmsignal (Fragen). Im besten Fall reagiert das Tier sofort und hält an. Nach einer kurzen Pause (mit Lob!) läufst Du wieder los. Dann hältst Du wieder an und so weiter.
Übe das Anhalten im Schritt und Trab sowie an verschiedenen Orten und in unterschiedlichen Situationen. Steigere allmählich den Schwierigkeitsgrad.

Was mache ich, wenn das Pferd nicht anhält?
Reagiert das Pferd nicht und läuft einfach weiter, schließt Du den Raum vor dem Pferd und schickst es zur Korrektur ein paar Schritte rückwärts. Mit dieser Maßnahme forderst Du den Respekt und die Aufmerksamkeit des Pferdes ein. Wie das funktioniert, erkläre ich Dir bei der nächsten Übung »Rückwärts«.

Zusatzübung: Rückwärts

So geht's: Hierbei macht es einen Unterschied, ob sich das Pferd im Führen & Folgen befindet, also hinter dem Menschen oder ob es neben dem Reiter geht:
Befindet sich das Pferd hinter Dir, dann kannst Du einfach stehenbleiben, Dich rumdrehen, Deine Körpersprache leicht hochfahren und das Pferd mit Deinem Blick an der Brust (»Schwiegermutterblick«) fixieren. Mein Gedanke dabei: Ich will das Pferd allein durch meinen Blick und meine Energiewelle, die ich zwischen uns aufbaue, »wegschieben«. Schicke das Pferd auf diese Weise mehrere Schritte zurück.
Befindet sich das Pferd mit seinem Kopf vor Dir, begrenzt Du es am besten erst mit der Bodenarbeitsgerte, die Du vor das Pferd hältst, und holst es Dir so zurück. Dann drehst Du Dich vor dem Pferd ein und schickst es körpersprachlich (mit Körperspannung und »Schwiegermutterblick«) weiter zurück.

Was mache ich, wenn mein Pferd nicht rückwärts geht?
Reagiert das Pferd nicht, verstärkst Du Deine Körpersprache, indem Du einen Flügelschlag mit Deinen Armen machst – wie ein Huhn – und energisch auf das Pferd zugehst. Alternativ kannst Du auch Deine Gerte nehmen und sie vor dem Pferd auf den Boden klopfen. Reagiert das Pferd auch darauf nicht, kannst Du dem Pferd mit der Gerte einen Klaps vor die Brust oder am Strick eine Parade geben. Wichtig ist, dass Du so bestimmt wie nötig bist. Das Pferd sollte spätestens jetzt unbedingt anhalten. Da musst Du Dich gegebenenfalls durchsetzen, sonst wird es das Pferd beim nächsten Mal wieder probieren und Du bekommst es nicht auf Deine Hilfen sensibilisiert.
Vorsicht: Übertreibe es nicht. Das Pferd soll keine Angst vor Dir bekommen.

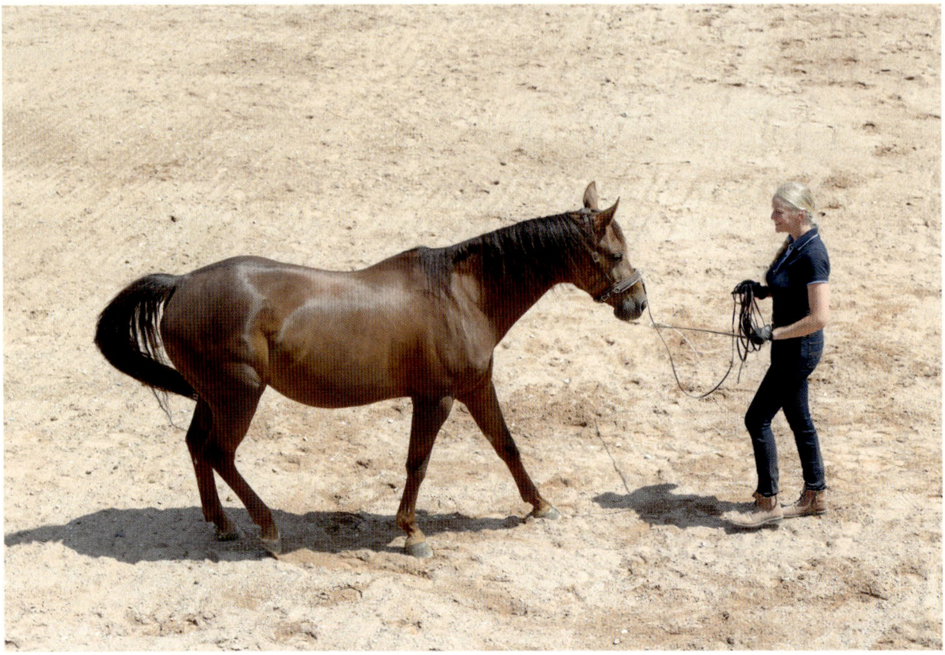

Um Chex me rückwärts gehen zu lassen, muss ich nur meine Körperspannung etwas hochfahren und auf sie zugehen.

Mit dem Flügelschlag verstärke ich meine Körpersprache.

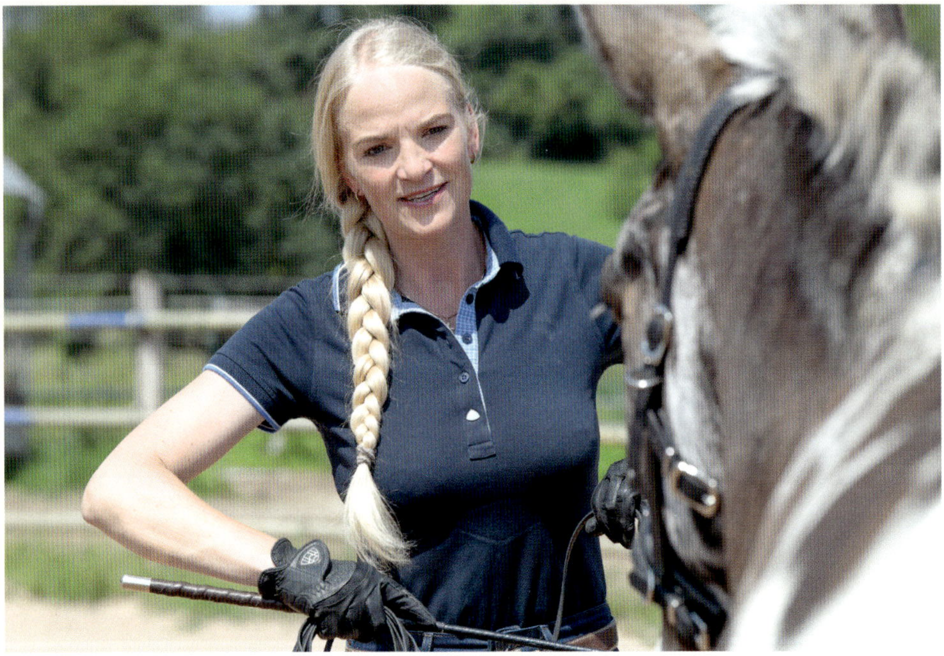

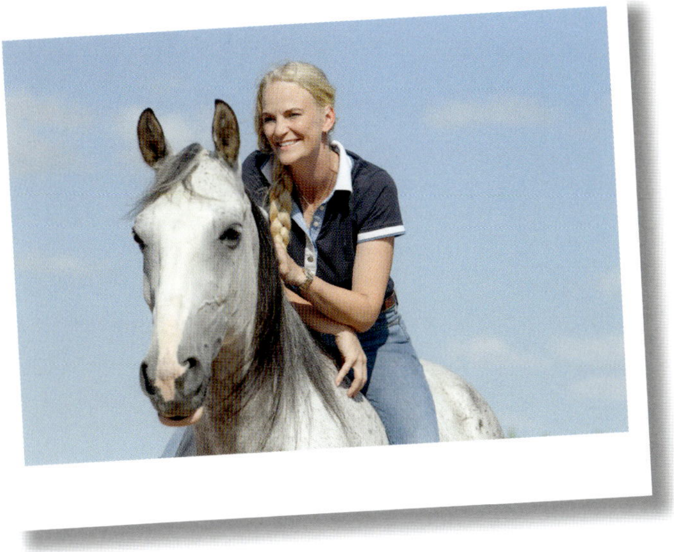

Meinen Amour bringt so leicht nichts aus der Ruhe.

Rituale für mehr Resilienz

Unter Resilienz versteht man die psychische Widerstandsfähigkeit, sprich wie schnell oder langsam sich Pferde aus der Bahn werfen lassen. Der Begriff »Resilienz« stammt aus der Materialkunde und bezeichnet Stoffe, die auch nach extremer Spannung wieder in ihren Ursprungszustand zurückkehren, wie beispielsweise Gummi.

Pferde sind von Natur aus jedoch eher nicht wie Gummi, sondern sie sind eher das Modell »Gewohnheitstier«. Ein Pferd liebt gewohnte Abläufe und Routinen, weil es glaubt vorhersehen zu können, was passiert, und das gibt ihm ein gewisses Gefühl von Sicherheit. Gewohnheiten sind außerdem dazu da, das Gehirn zu entlasten. Dieser Mechanismus ist sinnvoll, weil das Pferd ansonsten einer ständigen Reizüberflutung ausgesetzt wäre und es beispielsweise jedes Mal beim Betreten seiner Box oder der Reithalle zunächst total gestresst wäre, weil es alles abchecken muss. Lernen wäre in diesem Zustand unmöglich. Auch drohen bei Dauerstress chronische Erschöpfung sowie eine erhöhte Anfälligkeit für Krankheiten und Verletzungen.

Routinen entstehen durch einen Lernprozess: In neuen Situationen kommt es zunächst zu einer Reizüberflutung. Das kennst Du beispielsweise vom Ausreiten, wenn Du eine neue Strecke ausprobierst, oder vom Turnier, wo das Pferd unbekanntes Terrain betritt. Manche Pferde können mit solchen Situationen besser umgehen, andere sind komplett überfordert. Das äußert sich dann darin, dass das Pferd ein einziges Nervenbündel ist oder mega ruhig wirkt, die gewünschte Leistung aber nicht abrufen kann (die Luft ist raus!).

Aus diesem Grund habe ich Verständnis für mein Pferd, wenn es sich in einer neuen Umgebung aufregt und nervös ist.

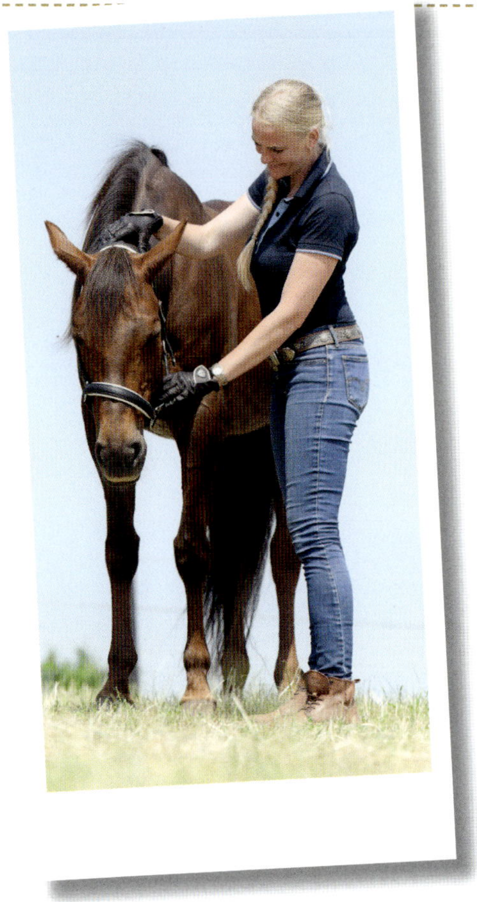

Um dem Pferd in Situationen, die es überfordern, gut helfen zu können, etabliere ich im sicheren Umfeld bewusst Routinen und Abläufe. Dazu zählt beispielsweise das Kopfabsenken.

Ich rege mich darüber nicht auf, sondern nehme die Sorgen meines Pferdes ernst. Um mein Pferd resilienter zu machen, muss ich es Schritt für Schritt an neue Situationen gewöhnen. Erst nach mehreren Wiederholungen – in diesem Fall das Besuchen unbekannter Orte – und einer ganz klaren Führung vom Menschen lernt das Pferd, dass es hier mit unserer Führung sicher ist. Entspannung stellt sich ein und man kann mit der eigentlichen Arbeit starten.

SOS-Hilfe: Um dem Pferd in Situationen, die es überfordern, sofort helfen zu können, etabliere ich im sicheren Umfeld (zu Hause) bewusst Routinen und Abläufe. Dazu zählen beispielsweise das Kopfabsenken (siehe Seite 40) oder andere Übungen wie zehn Schritte vorwärts, stehen bleiben, fünf Schritte rückwärts, stehen bleiben und wieder antreten sowie Seitengänge. Wenn das Pferd dann später in eine Situation kommt, in der es Sorgen hat, kann ich diese Routinen nutzen, um es aus seinem »Tunnel« zu holen und für Entspannung zu sorgen.

3. Weichen

Beim Führen und Folgen hat das Pferd gelernt, dem Menschen brav hinterherzulaufen und dabei auf ihn zu achten. Beim Weichen kontrolliere ich jetzt gezielt Vor- und Hinterhand. Außerdem kann ich das ganze Pferd weichen lassen, sprich es seitwärts gehen lassen. Das ist nicht nur eine sehr gute gymnastizierende Übung sowie vorbereitende Übung für die Schenkelhilfen des Reiters, sondern auch super hilfreich für Situationen, in denen das Pferd sich unwohl fühlt. Indem man es dazu auffordert, seitwärts zu gehen, holt man es körperlich sowie geistig aus dem

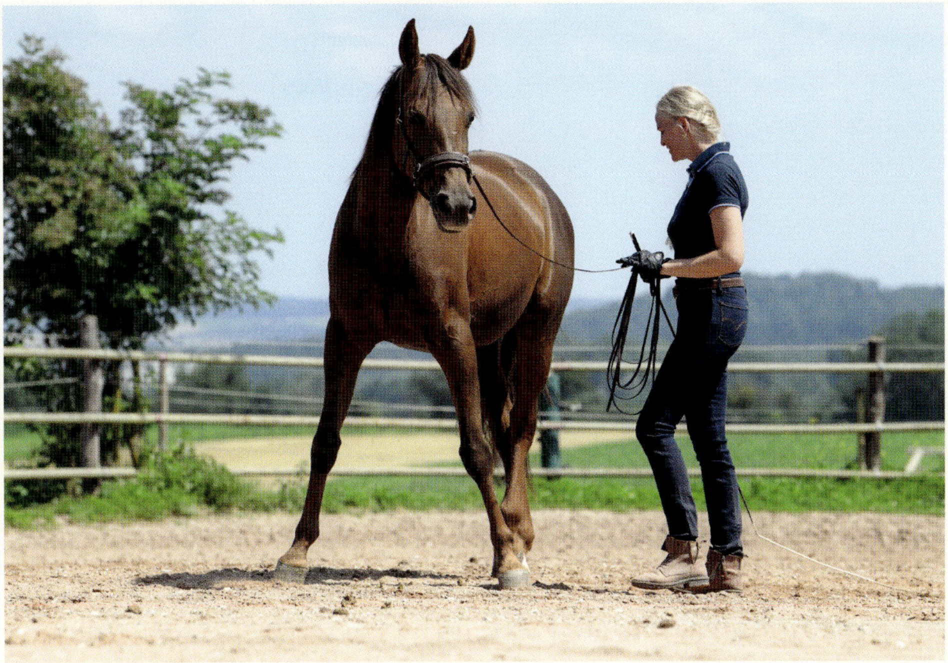

Beim Weichen kontrolliere ich gezielt Vor- und Hinterhand.

Fluchtmodus und es beruhigt sich. Das funktioniert sehr gut! Wie genau das miteinander zusammenhängt, erkläre ich Dir im Laufe dieses Buches (siehe u.a. Seite 74).

Das Pferd mit der Hinterhand weichen lassen

So soll es aussehen: Das Pferd weicht mit seinen Hinterbeinen um die Vorhand und reagiert fein auf Deine Signale.

So geht's: Gehe neben das Pferd. Drehe Dich zur Hinterhand ein und fixiere die Hinterhand zunächst mit Deinem Blick (»Schwiegermutterblick«). Weicht das Pferd nicht mit seinem Popo, gehst Du energisch auf die Hinterhand zu, so als würdest Du es allein mit dem dadurch entstehenden Luftstoß von Dir wegschieben können. Lässt sich das Pferd davon nicht beeindrucken, klopfst Du mit Deiner Gerte neben der Hinterhand auf den Boden oder zeigst mit der

Chex me weicht mit der Hinterhand.

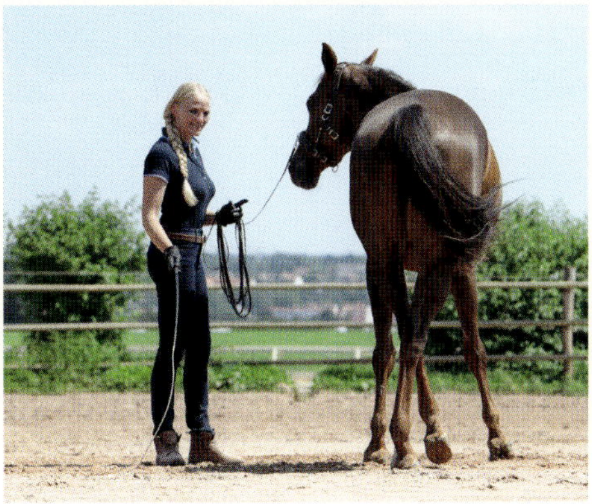

Gertenspitze zur Mitte der Hinterhand und bewegst die Gerte in der Luft auf und ab. Touchieren solltest Du das Pferd erst, wenn das Pferd auf gar kein vorheriges Signal reagiert hat. Anfangs ist es am einfachsten, das Weichen der Hinterhand an der Bande zu üben. Stell das Pferd mit dem Kopf zur Begrenzung. So kann es Dir nicht so leicht vorne weglaufen und Du hast es leichter zum Üben. Klappt das, kannst Du den Schwierigkeitsgrad steigern und ohne Begrenzung vorne üben.

Das Pferd mit der Vorhand weichen lassen

So soll es aussehen: Das Pferd weicht mit seinen Vorderbeinen um die Hinterhand und reagiert fein auf Deine Signale.

So geht's: Positioniere Dich seitlich und leicht eingedreht auf Kopf-Hals-Höhe neben dem Pferd. Dann stellst Du den Pferdekopf leicht von Dir weg, um das Pferd zu unterstützen, die Vorhand wegzubewegen. Jetzt fixierst Du die Schulter mit Deinem Blick, weil Du ja möchtest, dass das Pferd mit der Vorhand weicht. Stufe zwei ist eine etwas energischere Körperhaltung. Passiert daraufhin immer noch nichts, klopfst Du mit Deiner Gerte neben der Vorhand auf den Boden oder bewegst die Gerte neben der Vorhand in der Luft auf und ab. Touchieren solltest Du das Pferd erst

Chex me weicht mit den Vorderbeinen um die Hinterhand.

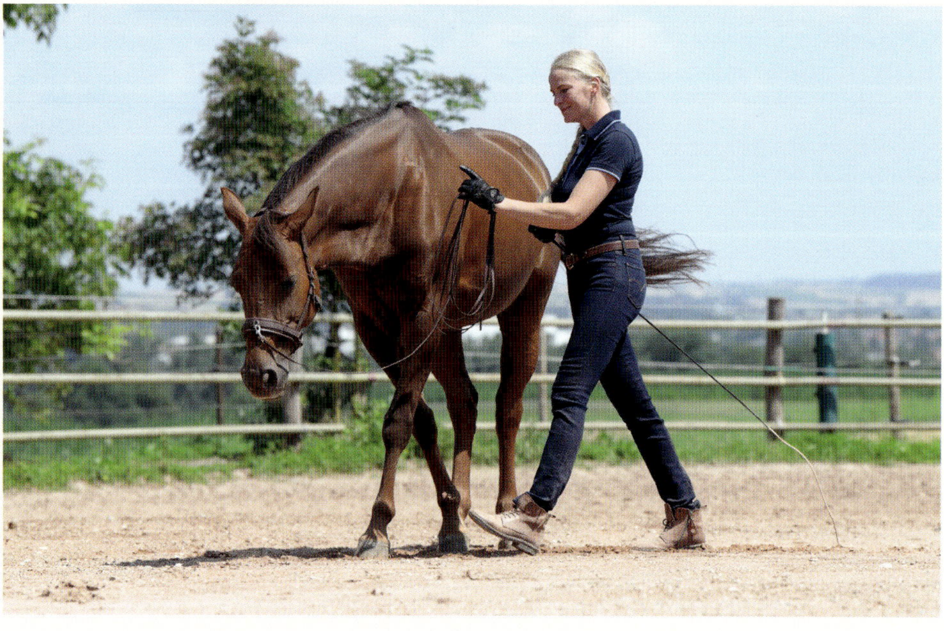

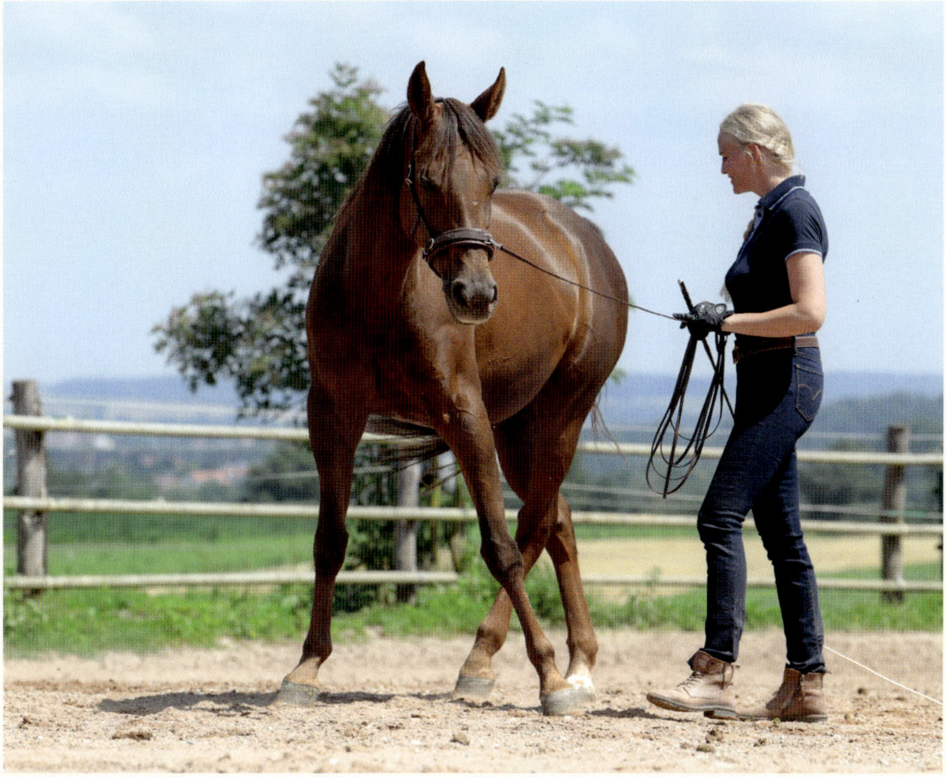

Ich kann Chex me mit dem ganzen Körper seitwärts weichen lassen.

am Oberarm, wenn das Pferd auf gar kein vorheriges Signal reagiert hat.

Was mache ich, wenn das Pferd die Hinterhand mitbewegt?

Mach Dir keinen Kopf. Das ist am Anfang ganz normal. Viele Pferde bekommen das balancetechnisch nicht hin und auch von der Koordination mit den Beinen ist die Übung nicht so einfach. Da müssen die Pferde einfach hineinwachsen und es braucht Zeit, bis sie das können. Dementsprechend sollte man anfangs nicht zu viel erwarten und einfach schon zufrieden sein, wenn die Vorhand sich mehr bewegt als die Hinterhand. Stell Dir vielleicht vor, Du willst eine Schrittpirouette mit Deinem Pferd machen. Mit etwas Übung kannst Du den Kreis, den die Hinterhand beschreibt, dann allmählich kleiner werden lassen.

Das komplette Pferd seitwärts weichen lassen

So soll es aussehen: Das Pferd weicht mit dem ganzen Körper seitwärts und reagiert fein auf Deine Signale. Hierbei handelt es sich um Raumarbeit und keine besondere gymnastizierende Übung.

So geht's: Gehe im Schritt auf dem dritten oder vierten Hufschlag. Stelle dann den Pferdekopf leicht zu Dir. Positioniere Dich nun seitlich und leicht eingedreht auf Schulter-Bauch-Höhe des Pferdes. Deinen Blick richtest Du auf den Pferdebauch und fixierst die Körperstelle mit der Intention, nun das ganze Pferd seitwärts von Dir wegschieben zu wollen. Reagiert das Pferd nicht, fährst Du wieder Deine Körperspannung Richtung Mittelhand hoch. Weicht das Pferd immer noch nicht, klopfst Du mit Deiner Gerte neben dem Pferd auf den Boden oder bewegst die Gerte in der Luft auf und ab. Touchieren solltest Du das Pferd erst am Bauch (dort, wo später auch der Reiterschenkel für die seitwärts weisende Hilfe liegt), wenn das Pferd auf gar kein vorheriges Signal reagiert hat.

4. Schicken

So soll es aussehen: Das Pferd läuft am durchhängenden Strick leicht voraus.

So geht's: Laufe mit Deinem Pferd auf einer Volte. Lasse Dich dabei vom Tempo her etwas zurückfallen, sodass Du Dich ungefähr auf Höhe der Sattellage des Pferdes befindest. Jetzt kannst Du den Zirkel größer machen oder gerne auch geradeaus laufen. Dirigiere das Pferd mithilfe Deiner Körpersprache in die Richtung, in die es gehen soll. Dabei bleibst Du stets auf Deiner Position.

5. Körpersprachliches Longieren

So soll es aussehen: Longiere Dein Pferd auf der Linie einer liegenden

Muli Charly lässt sich schön schicken.

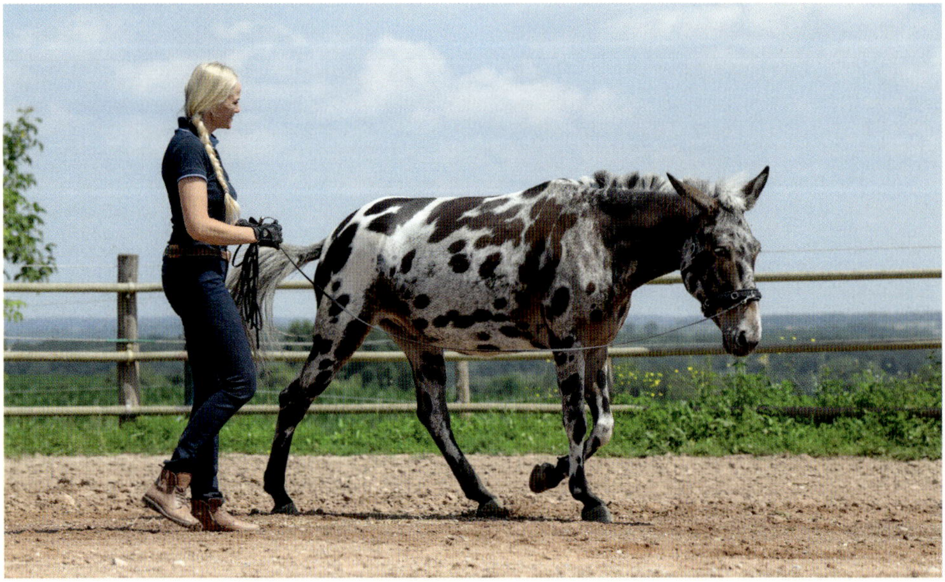

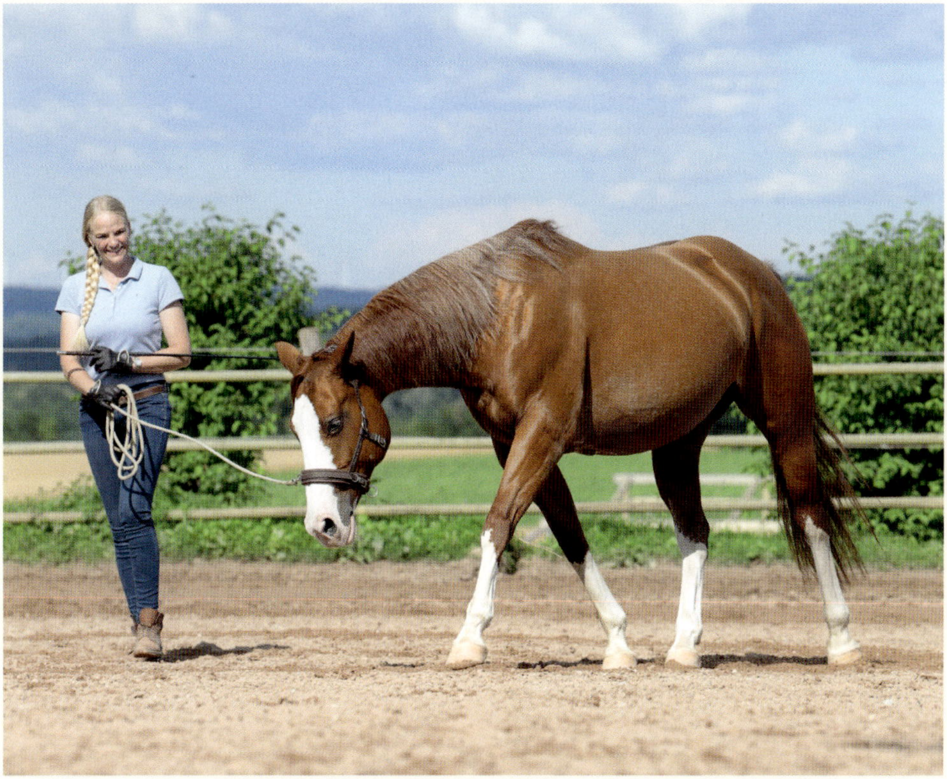

Beim körpersprachlichen Longieren läuft das Pferd auf der gedachten Linie einer liegenden Acht. Das geht auch im Trab!

Acht. Das Pferd hört genau auf Deine Signale und lässt sich fein über Deine Körpersprache dirigieren.

So geht's: Bei dieser Übung lasse ich das Pferd eine liegende Acht laufen. Dazu schicke ich es zunächst raus auf eine Kreislinie, indem ich mich körpersprachlich auf das Pferd zu bewege. Das klappt gut, wenn man sich zunächst auf die Vorhand konzentriert und diese wegschiebt. Wie Du die Vorhand weichen lassen kannst, liest Du bei der Übung »Das Pferd mit der Vorhand weichen lassen« auf Seite 52. Bewegt sich das Pferd raus auf die Kreislinie, muss Du hinter dem Pferd den Raum schließen, damit es vorwärts geht. Dazu fixierst Du mit Deinem Blick und Deiner Körpersprache nicht mehr die Vorhand, sondern bringst den Fokus tendenziell hinters Pferd.

Geht das Pferd schön auf der Kreislinie um Dich herum, lädst Du es nach einer halben Runde wieder ein, zu Dir zu kommen. Dazu schließt Du den Raum vor dem Pferd, indem Du Dich Richtung Pferdekopf bewegst. So bremst Du es leicht aus. Dann fährst

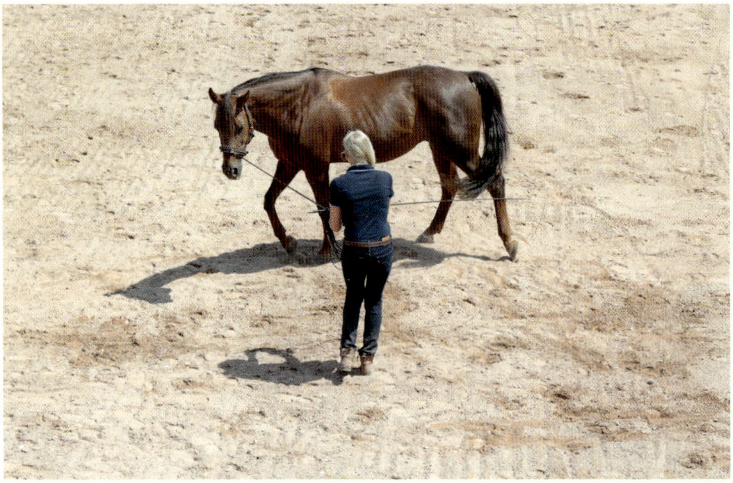

Handwechsel 1: Ich bremse Chex me mit meiner Körpersprache aus und lade sie zu mir in die Kreismitte ein.

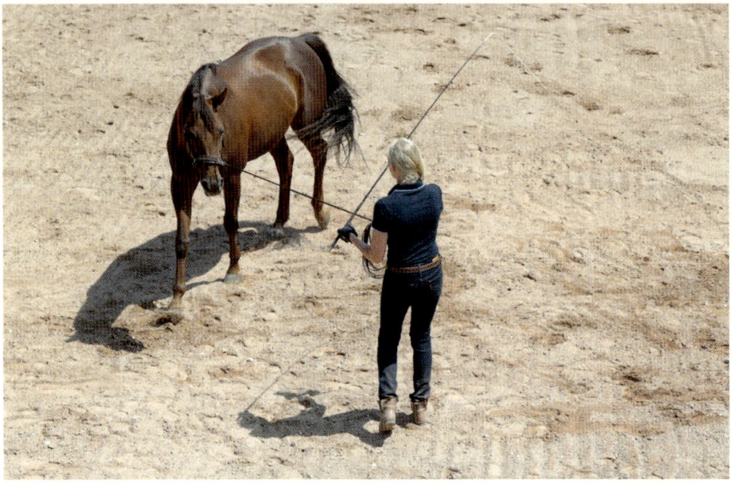

Handwechsel 2: Dann richte ich mich wieder auf und schicke Chex me in die andere Richtung.

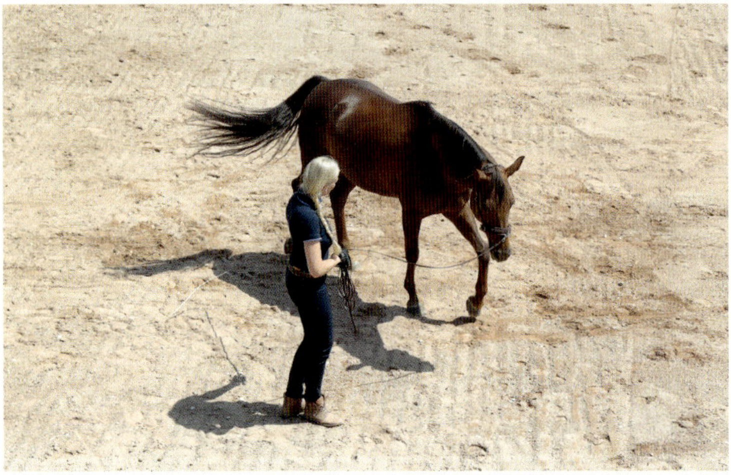

Handwechsel 3: Der Handwechsel hat gut geklappt! Weiter geht's in die andere Richtung.

Du Deine Energie etwas herunter, indem Du Dich etwas kleiner machst. Gehe rückwärts und lächle Dein Pferd an. So saugst Du das Pferd förmlich an. In der Kreismitte soll das Pferd die Richtung wechseln und auf der anderen Hand um Dich herum kreiseln. Dazu richtest Du Dich wieder kurz vor der Kreismitte auf und konzentrierst Dich auf die Pferdeschulter auf der anderen Seite, denn Du willst das Pferd ja jetzt wieder auf den Zirkel schicken. Sobald das Pferd mit der Vorhand weicht und die andere Richtung einschlägt, schließt Du wieder den Raum hinterm Pferd und so weiter ... So entsteht eine wunderschöne liegende Acht!
Anfangs dauert es möglicherweise, bis Dein Pferd und Du diese Art des Longierens flüssig und ohne »Longensalat« in den Händen beherrschen. Übe daher zunächst nur im Schritt, bis der Ablauf sitzt.
Klappt das, kannst Du die Übung variieren, indem Du das Pferd auch mal eine ganze Runde um Dich herumgehen lässt und dann die Richtung wechselst. Oder Du kannst die Kreise vergrößern und verkleinern und, und, und. Der Kreativität sind hier keine Grenzen gesetzt!

Was mache ich, wenn mein Pferd trödelt?

Dieses Problem kann mehrere Ursachen haben. Zum einen kann es sein, dass Du Deine Körpersprache nicht richtig einsetzt. Das Pferd spiegelt ja immer unsere Energie. Wenn ich in der Kreismitte total gechillt dastehe, wird ein sensibles Pferd automatisch

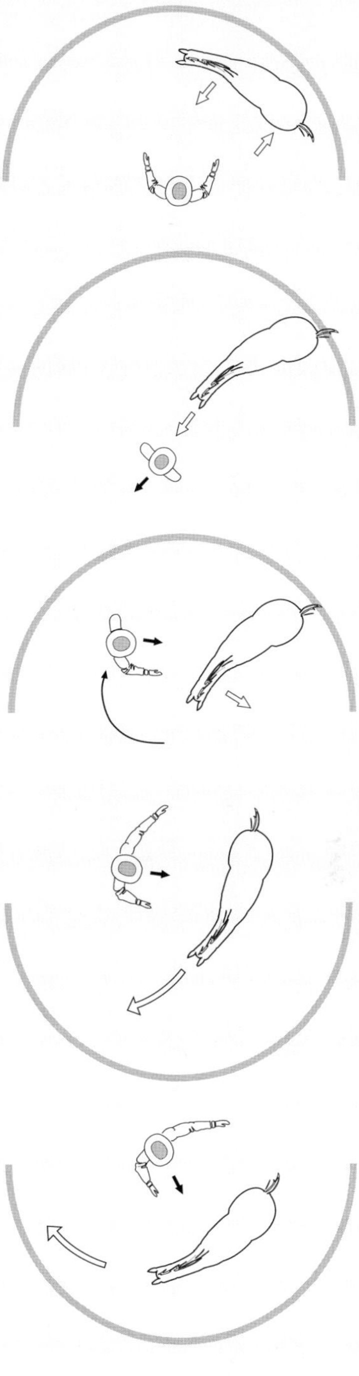

Handwechsel beim körpersprachlichen Longieren mit den Positionen des Ausbilders in den verschiedenen Phasen.

langsamer. Damit meine ich jedoch jetzt nicht, dass man bei jedem Schritt das Pferd babysitten muss. Wenn das Tier im gewünschten Tempo läuft, nehme ich mich in der Mitte schon etwas zurück, aber nicht komplett: Es ist einfach eine gewisse Körperspannung erforderlich, an der das Pferd ablesen kann, dass die Aufgabe noch nicht beendet ist.

Was faulere Pferde darüber hinaus auch super motiviert (gilt ebenfalls fürs Reiten), ist Intervalltraining. Hierbei muss das Pferd in einer bestimmten Zeit seiner Aufgabe nachkommen, danach folgt eine definierte Pause, in der es sich ausruhen kann. Ein Beispiel: Eine Minute forderst Du ein flottes Tempo vom Pferd, dann darf das Tier eine halbe Minute das Tempo selbst bestimmen und so weiter. Anfangs kann es schon reichen, wenn das Pferd für wenige Sekunden im gewünschten Tempo läuft. Nach und nach kannst Du diese Zeit ausdehnen – aber immer mit der Aussicht auf eine Pause fürs Pferd. Wichtig ist auch, dass der Mensch die Ansage macht, wann das Pferd langsamer gehen darf. Man muss dem Pferd also immer einen Schritt voraus sein.

Was mache ich, wenn mein Pferd beim Handwechsel anhält und vor mir stehen bleibt?

Vielleicht ist es dem Pferd unangenehm, sich Dir frontal zu nähern. Probiere aus, wie das Pferd reagiert, wenn Du einen Schritt zur Seite machst und dem Pferd so den Weg in die neue Richtung frei machst.

Eine andere Möglichkeit: Lass die Hinterhand des Pferdes weichen, dann kommt das Pferd normalerweise automatisch wieder in Gang (siehe Übung »Mit der Hinterhand weichen« auf Seite 51).

Handelt es sich schon um ein ritualisiertes Verhalten, solltest Du zur Korrektur eine Doppellonge verwenden (siehe Seite 77). So kannst Du das Pferd mit der äußeren Leine wieder auf die Kreisbahn lenken, sobald es stehen bleibt.

Mein Pferd lässt sich nicht gut nach innen stellen und guckt immer wieder nach außen.

Ich sehe immer wieder Reiter, die mit ständigen Impulsen oder Dauerzug am Pferdekopf versuchen, dieses Problem zu korrigieren. Leider ist das total kontraproduktiv. Die meisten

Stehen in Stellung hilft Pferden, sich leichter stellen und biegen zu können.

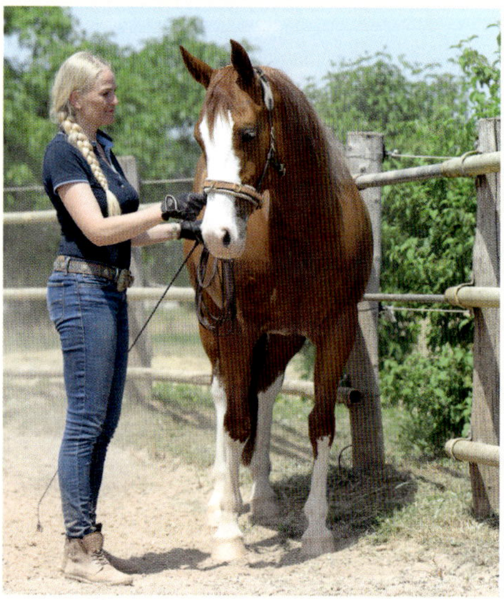

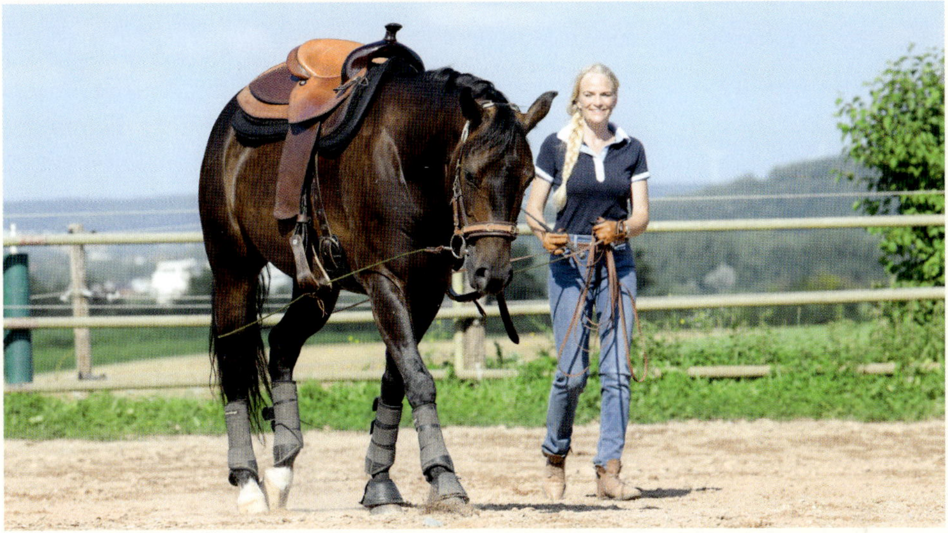

Mit einer Doppellonge kann ich das Pferd schön rahmen und vom Boden aus fahren.

Pferde lassen sich dadurch nicht leichter stellen – auch nicht, wenn man es hundertmal übt.
Vielmehr haben die Tiere das Stellen und Biegen noch nicht verinnerlicht. Mit solchen Kandidaten übe ich zunächst das Stehen und Führen an der Hand in Stellung (siehe Seite 66).
Andere Pferde drängen auf dem Zirkel nach außen, weil sie sich auf der Kreisbahn noch nicht richtig halten können. Sie haben Balanceprobleme. Um die Koordination des Pferdes zu verbessern, mache ich gute Erfahrungen mit klassischer Handarbeit (siehe nächstes Kapitel) sowie klassischer Doppellonge (siehe Seite 78).

Was mache ich, wenn das Pferd in die Kreismitte drängt?
Viele Pferde gehen zwar raus auf den Zirkel, driften dann aber wieder Richtung Kreismitte. Hier sollte man als Erstes seine Körpersprache überprüfen. Vielleicht fühlt sich das Pferd eingeladen, zum Menschen zu kommen?
Eine andere Ursache kann die natürliche Schiefe des Pferdes sein. Typisch hierfür: Dem Pferd fällt das Longieren in die eine Richtung leichter als in die andere. Hierbei sollte man nicht den Fehler machen und das Pferd mit Druck auf die innere Schulter (beispielsweise mit der Gerte) nach außen schicken. Das Pferd kann vom Körper her ja nichts anders. Ich würde hier lieber mit einer Doppellonge arbeiten (siehe Seite 78). So kann man das Pferd schön rahmen. Darüber hinaus würde ich nicht nur Zirkelarbeit machen, sondern auch andere Hufschlagfiguren üben, um das Pferd zu gymnastizieren. Super sind auch Seitengänge (siehe nächstes Kapitel). So bekommt man die natürliche Schiefe langfristig in den Griff.

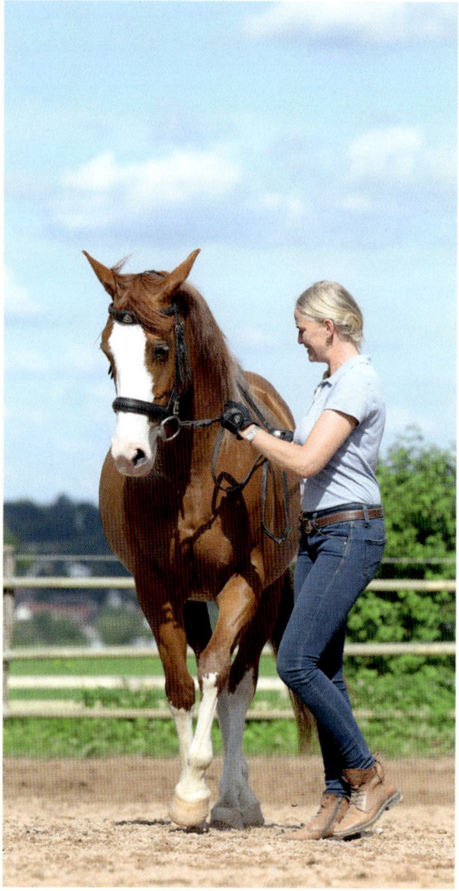

Twist und ich bei der klassischen Handarbeit.

2.3 Mit klassischer Handarbeit Unfällen effektiv vorbeugen

Die elementare Frage »Wer bewegt wen?« (siehe Seite 36) zieht sich durch die komplette Zeit, die wir mit dem Pferd verbringen – sei es, ob wir unser Pferd von A nach B führen möchten, es longieren oder reiten. Stets geht es darum, dass wir unser Pferd irgendwohin bewegen möchten. Um uns mit dem Pferd darüber zu verständigen, nutzen wir beim Reiten unter anderem unsere Beine. **Einer der häufigsten Streitpunkte ist jedoch, dass einige Pferde nicht auf den seitwärts weisenden Schenkel reagieren oder sogar dagegen gehen und sich so nicht in einen anderen Raum zur Seite bewegen lassen.**
Will man diese sogenannte Schenkelakzeptanz verbessern, ist das gar nicht so einfach und birgt immense Sicherheitsrisiken, beispielsweise wenn das Pferd anfängt dabei mit dem Reiter zu streiten, dem Tier aber noch die nötige Balance fehlt. Dann landen Pferd und Reiter auch schon mal beide im Sand. Das kann echt gefährlich werden.
Kurzum, damit ist echt nicht zu spaßen. Ich selbst bin bei diesem Thema schon des Öfteren in richtig brenzlige Situationen gerutscht und so ging ich auf die Suche nach Methoden, wie ich es sicherer gestalten kann, und was für Möglichkeiten und Wege ich noch

Um die Schenkelakzeptanz zu verbessern, bin ich auf die klassische Handarbeit gestoßen.

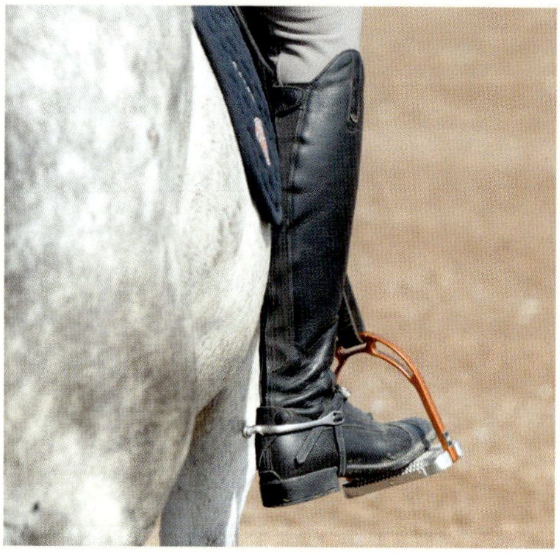

habe, meinen Kunden zu helfen und ihnen Wege aufzuzeigen, um sie so gut wie möglich vor Unfällen zu schützen.

Um die Erarbeitung der Schenkelakzeptanz sicherer zu gestalten, bin ich auf die klassische Handarbeit gestoßen. Vom Boden aus kann ich das Pferd gefahrlos steuern und es auf meine Hilfen sensibilisieren.

Aber nicht nur beim Thema Sicherheit profitiert man von der klassischen Handarbeit. Man kann damit auch die Muskeln des Pferdes gezielt trainieren, die Balance schulen, das Pferd gymnastizieren, Abwechslung ins Training bringen und das Pferd gezielt aufs Reiten vorbereiten. Ebenso gewinnt der Mensch eine genaue Vorstellung über Lektionen sowie deren Hilfengebung und kann sie im Sattel später auch besser umsetzen.

Darüber hinaus ist die klassische Handarbeit toll für Pferde, die etwas nervös/hypersensibel sind, da die Übungen das Pferd beruhigen und zu einer körperlichen und geistigen Ausgeglichenheit sowie Losgelassenheit führen. So zum Beispiel bei meiner Stute Twist. Als sie zu mir kam, galt sie als unreitbar. Sobald man die Zügel annehmen wollte, ist sie regelrecht unter dem Reiter eskaliert und zurückgerannt, bis Pferd und Reiter hingefallen sind. Das war schon echt krass. Mithilfe der klassischen Handarbeit habe ich einen Weg gefunden, wie ich ihr helfen konnte. Ganz ruhig habe ich mich an die Anlehnung herangetastet und es über die klassische Handarbeit geschafft, ihre Toleranzgrenze nach oben zu verschieben. Das klappt

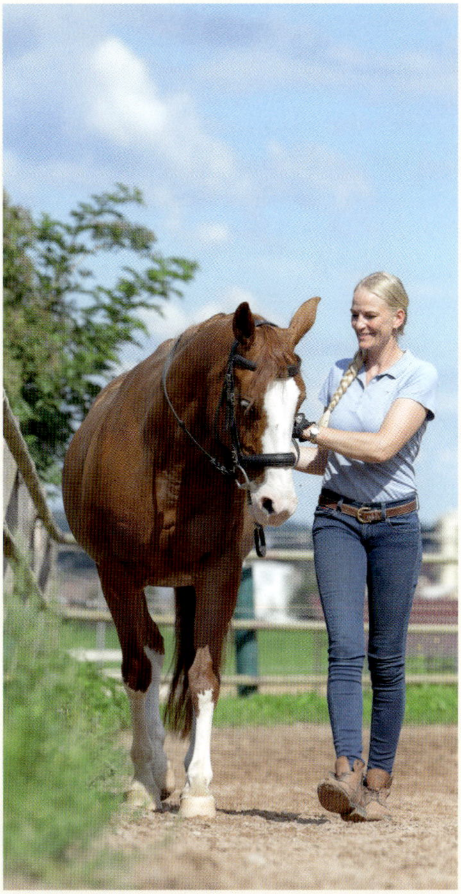

Twist macht das so toll!

mittlerweile nicht nur am Boden prima, Twisti lässt sich auch wieder richtig artig reiten. Noch einen weiteren Pluspunkt hat die klassische Handarbeit: Man kann sie mit seinem Pferd überall machen – auch im Gelände oder auf einer Wiese. Man braucht dazu nicht unbedingt eine Reithalle oder einen Reitplatz.

Auf jeden Fall hat die klassische Handarbeit mir immens dabei geholfen, aus sehr vielen Pferden an der Hand sowie unter dem Sattel absolute

Verlasspferde zu zaubern und aus Menschen und Pferden richtige Teams zu formen.
Eines ist mir dabei noch ganz wichtig Dir zu sagen: **Habe keine Angst vor den nachfolgenden Übungen, auch wenn sie etwas anspruchsvoller sind! Trau Dich!** Probiere die Übungen einfach mal aus. Auch ich habe anfangs etwas Respekt davor gehabt, weil sich klassische Handarbeit so hochtrabend anhört, aber das ist sie nicht! Die Übungen sind mega und gar nicht so schwer zu lernen. Du wirst sehen, sie machen ganz viel Spaß und man ist richtig stolz, wenn man die Übungen hinbekommt.

2.4 Das richtige Equipment – meine Favoriten bei der klassischen Handarbeit

Für die klassische Handarbeit braucht man nicht viel. In vielen Fachbüchern steht zwar geschrieben, dass man die klassische Handarbeit mit einer Trense erarbeiten sollte, diesen Bereich habe ich jedoch für mich und jedes Pferd individualisiert.
Wie ich schon ein paar Seiten zuvor geschrieben habe, bin ich absolut kein Material-Fetischist. Außerdem finde ich sehr wichtig, bei der Wahl des Equipments mit einfließen zu lassen, welche Erfahrungen das Pferd

Für die klassische Handarbeit nutze ich entweder einen Kappzaum oder eine Trense mit einem dicken Gebiss so wie auf diesem Foto.

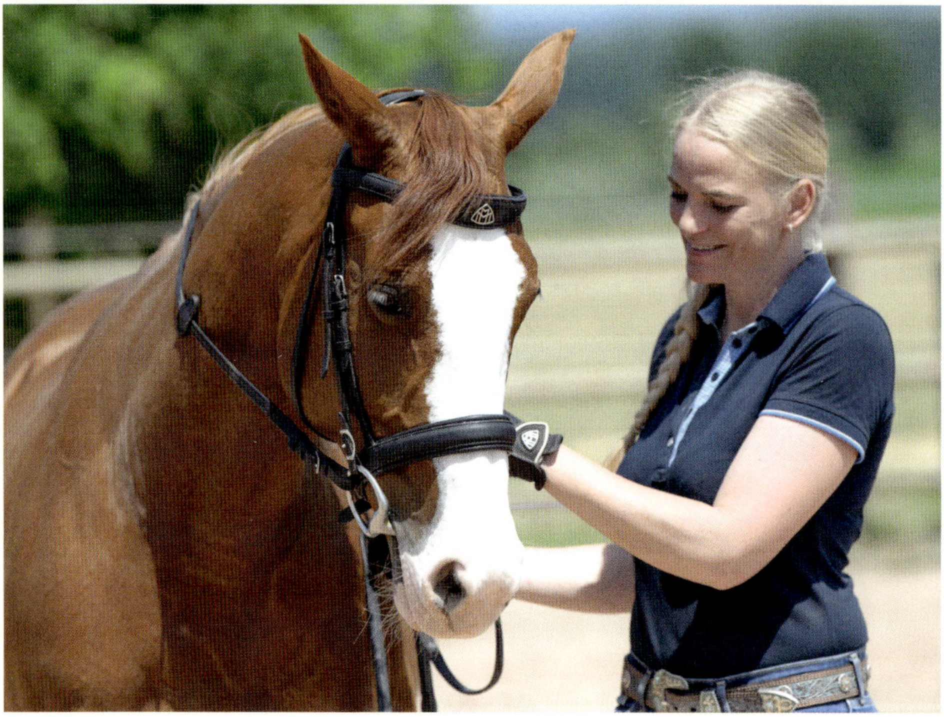

vorher gesammelt hat und wie weit es in der Ausbildung ist.
Wenn ich zum Beispiel ein junges Pferd habe, das gerade erst gelernt hat, Schritt, Trab und Galopp gebisslos unter dem Reiter zu gehen, beginne ich gewisse Übungen der klassischen Handarbeit wie zum Beispiel Übertreten oder Schultervor auch gebisslos. Dafür verwende ich entweder ein gut sitzendes Stallhalfter oder einen Kappzaum.
Auch sämtliche anderen gymnastizierenden Übungen wie zum Beispiel Travers, Traversen und so weiter habe ich schon gebisslos erarbeitet, wie zum Beispiel mit meiner Stute Twist. Twist kam traumatisiert zu mir, hatte einiges schon erlebt und einstecken müssen. Vor allem hatte sie extrem Stress mit der Trense beziehungsweise dem Gebiss und dieses Vertrauen ins Gebiss musste ich erst mühevoll wieder erarbeiten. Heute lässt sich Twist auch wieder schön und vertrauensvoll in einer Wassertrense arbeiten. Kennt das Pferd das Gebiss und hat es keine traumatischen Erlebnisse damit gesammelt, verwende ich eine normale Wassertrense. Bei Pferden, die Mühe mit der Anlehnung haben und dazu neigen sich aufzurollen, nehme ich ein etwas dickeres Gebiss, da dieses weicher auf das Pferdemaul einwirkt.
Als Zügel benutze ich glatte, dünne Lederzügel, aber da muss jeder das verwenden, was er am liebsten in der Hand hat. Darüber hinaus nehme ich eine Dressurgerte als Ersatz für meine Schenkelhilfen.

2.5 Hilfengebung bei der klassischen Handarbeit

Ich reite meine Pferde grundsätzlich durch die Körpermitte und mit Gewichtshilfen. Die Gewichtshilfen kombiniere ich mit Schenkel- und Zügelhilfen. Nun fallen ja bei der klassischen Handarbeit die Gewichts- und Schenkelhilfen weg, da wir nicht auf dem Pferd sitzen. Deswegen müssen wir durch unsere Körperhaltung und mit Zügel- sowie Stimmhilfe und Gerte die fehlenden Gewichts- und Schenkelhilfen auffangen beziehungsweise ersetzen.
Je mehr ich meinem Pferd mit meiner Körpersprache und Energie zu verstehen geben kann, was ich von ihm möchte, umso weniger Zügel- und Gertenhilfen brauche ich. Wenn man bereits beim Üben meiner Basis-Bodenarbeitsübungen gut auf Körpersprache und Energie geachtet und darauf Wert gelegt hat, dass das Pferd auf die kleinsten Signale reagiert, umso feiner wird auch die Kommunikation bei der Handarbeit sein.
Ich gebe Dir den Tipp, Dir am besten zunächst jede Übung durchzulesen und Dir vor Deinem inneren Auge die perfekte Ausführung vorzustellen, denn wenn Du dieses Bild im Kopf hast, kannst Du es im Training Deinem Pferd besser verständlich machen.
Da ich gerne rede – auch mit meinen Pferden – unterstütze ich sie mit klaren Stimmkommandos. Schnalzen zum Loslaufen beziehungsweise zum fleißigeren Gehen. »Easy« beziehungsweise ein lang gezogenes I bedeutet bei mir »langsamer Gehen«.

»Woah« benutze ich zum Anhalten und Rückwärtsgehen.
Welche Stimmkommandos Du mit Deinem Pferd verwendest, steht Dir natürlich frei. Du solltest nur darauf achten, dass Du immer beim gleichen Kommando bleibst, sodass Dein Pferd auch die Chance hat zu verstehen, welches Kommando was bedeutet.

Körperposition bei der Handarbeit

Ich stehe auf Schulterhöhe des Pferdes. Mit der inneren Hand nehme ich den inneren Zügel sehr nah am Gebissring auf. Meine andere Hand nimmt den äußeren Zügel und hält die Gerte. Ich stehe mit meinen Schultern parallel zum Pferd.

Wenn ich mit meinem Pferd eine Pause einlege oder bevor ich starte, zeigt die Gerte nach oben, als wäre sie ein Reiter, der auf dem Pferd sitzt. Zum Antreten senke ich die Gerte dann Richtung Sprunggelenk ab.

Mit der inneren Hand nehme ich den inneren Zügel sehr nah am Gebissring auf.

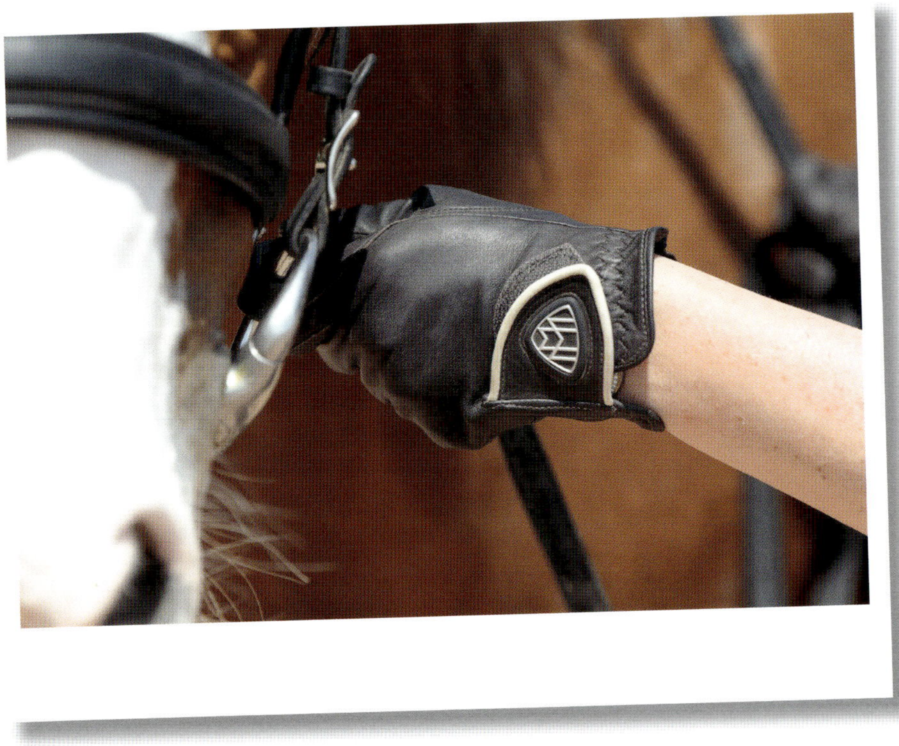

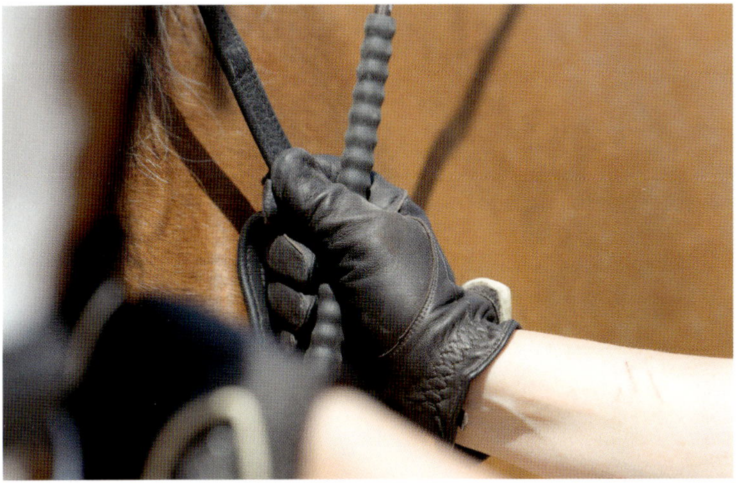

Mit der äußeren Hand halte ich den äußeren Zügel und die Gerte.

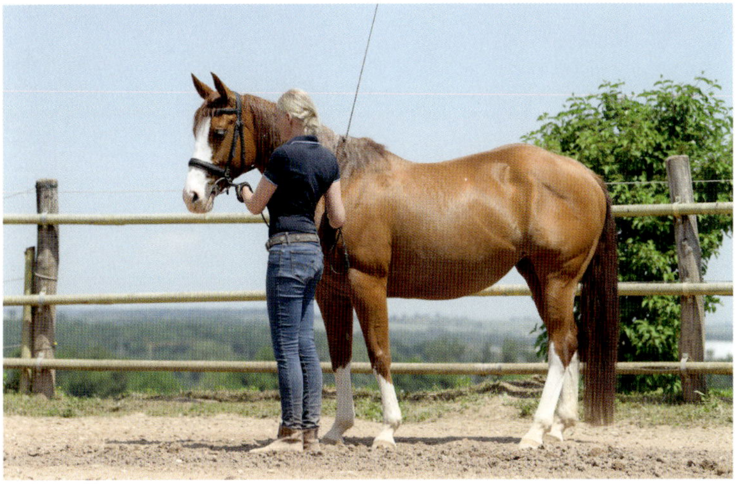

Wenn ich mit meinem Pferd eine Pause einlege oder bevor ich starte, zeigt die Gerte nach oben.

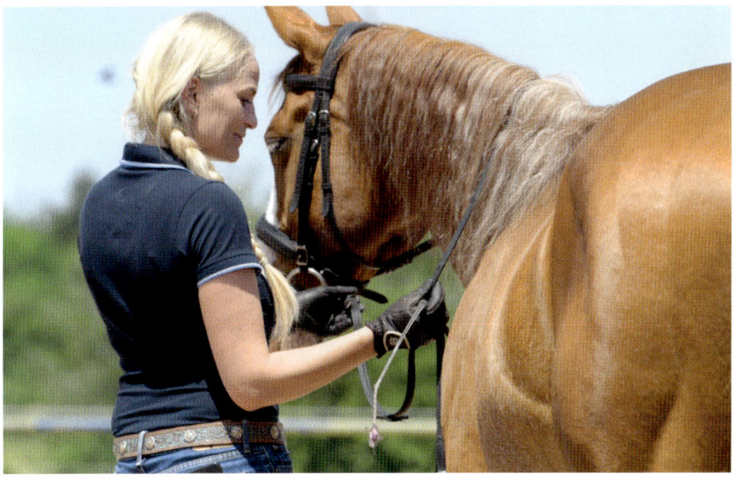

Zum Antreten senke ich die Gerte dann Richtung Sprunggelenk ab.

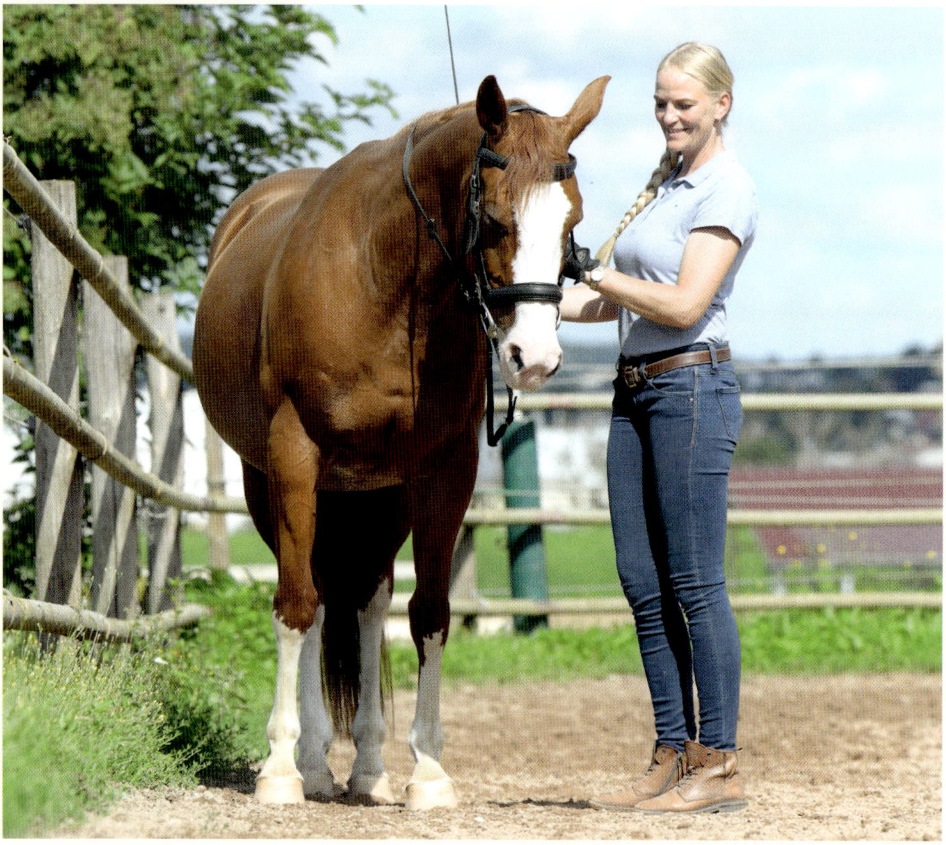

Twist steht schön in Stellung.

2.6 Meine Lieblingsübungen bei der klassischen Handarbeit

1. Stehen in Stellung

Ob beim Führen, in der klassischen Handarbeit oder beim Reiten, viele Pferde machen sich gerne im Maul-Genick-Bereich fest. Das birgt gewisse Risiken:
a) beim Führen: Das Pferd macht sich fest und stürmt über die Schulter davon.
b) beim Reiten: Das Pferd macht sich fest, wenn es etwas Gruseliges sieht und kann durchgehen, ohne dass wir auf es einwirken können.
Einem Festmachen können wir durch diese Übung, bei der das Pferd abwechselnd nach links und rechts gestellt wird, sehr gut vorbeugen. Darüber hinaus ist ruhiges Stehen auch unter einem anderen Aspekt der Sicherheit super wichtig, beispielsweise wenn man ausreitet und an einer viel befahrenen Straße kurz warten muss. Das Pferd sollte artig stehen

bleiben und nicht auf die Fahrbahn tänzeln.

So geht's: Positioniere das Pferd auf dem ersten Hufschlag direkt an der Bande. Dann gibst Du mit dem Gertenknauf einen leichten Impuls am Pferdebauch, ungefähr dort, wo später beim Reiten Dein Schenkel liegt. Fast zeitgleich animierst Du das Pferd durch ganz leichte Impulse am Kappzaum beziehungsweise Gebiss, seinen Kopf ein wenig zu Dir zu drehen. Für eine korrekte Stellung muss das nicht viel sein. Wenn Du auf das äußere Ohr schaust und es etwas weiter vorne ist als das innere Ohr, reicht das schon. Wichtig ist, dass Dein Pferd sich nicht verwirft. Das erkennst Du daran, dass das Pferd seinen Kopf schräg hält (und vielleicht nur das Maul in Deine Richtung bewegt) oder seinen Hals nicht biegt. Gib dem Pferd Zeit zu verstehen, was Du von ihm möchtest. Klappt das, kannst Du die Zeit in Stellung allmählich verlängern. Übe das Stehen in Stellung auf beiden Seiten.
Info zur Hilfengebung mit der Gerte: Du brauchst das Pferd mit dem Gertenknauf nur einmal am Anfang der Übung anzutippen.

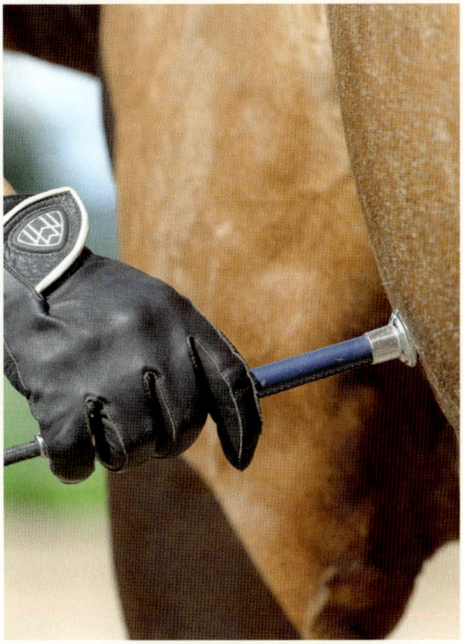

Bei der Übung Stehen in Stellung gebe ich mit dem Gertenknauf einen leichten Impuls am Pferdebauch, ungefähr dort, wo später beim Reiten mein Schenkel liegt.

Warum setze ich die Gerte am Pferdebauch ein?

Um das Pferd zu stellen, braucht man eigentlich nur am Gebiss oder Kappzaum ganz leichte Impulse geben, bis der Kopf herumkommt. Ich kombiniere das aber gerne mit der Gertenhilfe am Bauch, wo ich beim Reiten auch meine Schenkelhilfe gebe, weil ich durch dieses Signal eine ganz wichtige Sicherheitshilfe etabliere, die ich später auch beim Reiten in kritischen Situationen nutzen kann: Wenn das Pferd nervös ist oder Angst hat, macht es sich nicht nur im Maul-Genick-Bereich fest, sondern auch im Hals und Rücken, sprich es spannt die dorsale Muskelkette an. Dazu gehören beispielsweise der lange Rückenmuskel (der Rücken wird fest) und der Riemenmuskel (der Hals geht hoch). Um das Pferd aus diesem angespannten Modus zu holen, verlange ich eine leichte Stellung des Kopfes und treibe auf der Seite, zu der ich den Kopf stelle, am Bauch. So aktiviere ich die Gegengruppe, die ventrale

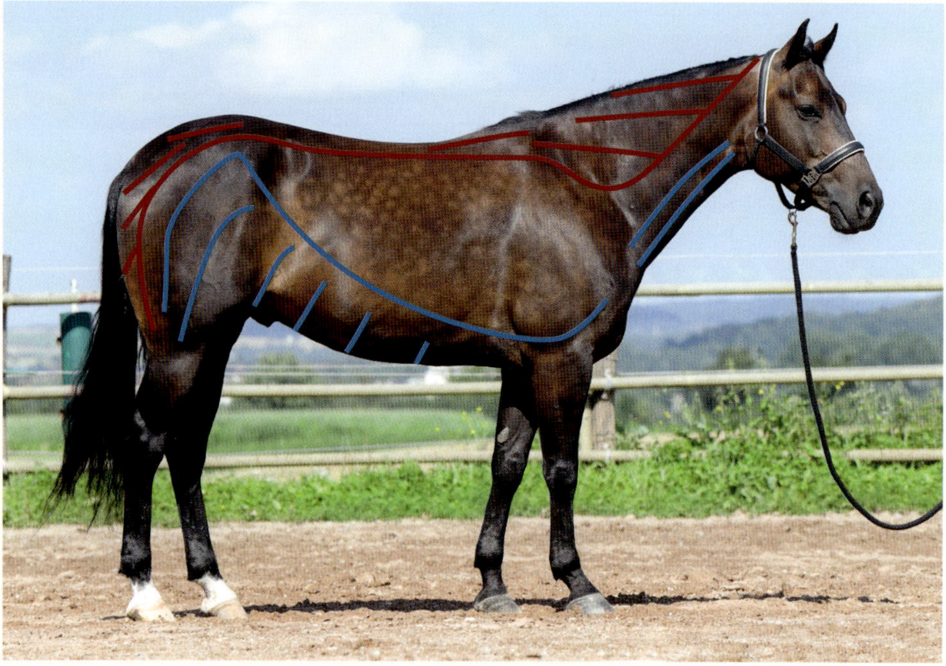

Die dorsale und ventrale Muskelkette

Muskelkette, zu der auch die Bauchmuskulatur gehört. Dadurch kommt der Rücken wieder hoch und das Pferd wird wieder lockerer. So durchbreche ich die Angst-Nervositäts-Kette auf körperlicher Ebene. Dementsprechend etabliere ich die Übung bereits am Boden (Stehen in Stellung und Abkauen (siehe Kasten) plus Führen in Stellung (siehe nächste Übung)) als Ritual, damit ich es später vom Sattel aus leichter habe und jederzeit abrufen kann.

Abkauen leicht gemacht

Klappt die Übung »Stehen in Stellung« nach links und rechts, lasse ich das Pferd ruhig abkauen. Das lockert die Kiefergelenke sowie weitere Muskeln im Kopf- und Halsbereich, die eine wichtige Voraussetzung sind, damit das Pferd sich entspannt bewegen kann. Welche Auswirkung ein fester Kiefer hat, kann man sich am besten vorstellen, wenn man selbst mal den Kiefer zusammenbeißt und dann auf- und abläuft. Zum einen ist das mega anstrengend, zum anderen kommt man dabei teilweise richtig aus der Balance. Beim Pferd wirkt sich eine Spannung im Kieferbereich ebenfalls auf den ganzen Körper aus und kann sogar bewirken, dass

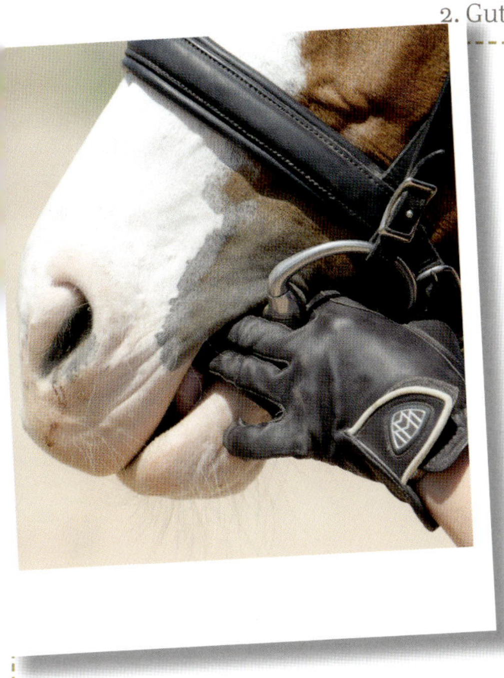

Abkauen lockert die Kiefergelenke sowie weitere Muskeln im Kopf- und Halsbereich, die eine wichtige Voraussetzung sind, damit das Pferd sich losgelassen bewegen kann.

Pferde plötzlich steigen oder andere unerwünschte Verhaltensweisen zeigen. Um dem vorzubeugen, lasse ich Pferde gerne abkauen.

Dazu fange ich mit einer freundlichen, vorsichtigen Hand an eine ganz leichte Anlehnung aufzubauen, indem ich die Zügel etwas nachfasse und kleine Paraden gebe. Bei manchen Pferden kann das sehr mühselig und ein echtes Geduldsspiel werden, denn nicht jedes Pferd bietet das Abkauen auf das Stehen in Stellung an. Bei so einem Fall darfst Du nicht verzweifeln, sondern musst einfach ruhig und geduldig dranbleiben, denn wie heißt es so schön: Steter Tropfen höhlt den Stein.

Auf jeden Fall rate ich Dir, bei diesen beiden Übungen (»Stehen in Stellung« und »Abkauen«) nicht zu schludern, denn sie sind das Fundament der Durchlässigkeit, die wir später beim Reiten benötigen.

Wenn das Pferd partout nicht abkauen möchte, unterstütze ich es, indem ich das Gebiss leicht bewege. Dazu führe ich den äußeren Teil leicht nach vorne, den inneren leicht nach hinten. Die sanfte Bewegung des Gebisses hilft dem Pferd das Maul zu öffnen und das wiederum animiert zum Abkauen. Auch hier muss man einfach ruhig dranbleiben. In den allermeisten Fällen lassen sich die Pferde nach ein paar Wiederholungen sehr gut darauf ein. Wichtig: Nie grob mit der Hand werden! Das Pferd soll lernen, unter feinster Einwirkung abzukauen. Das ist später auch wichtig fürs Reiten, denn ein Pferd, das gut und fein an den Hilfen steht, ist ja bekanntlich die beste Sturzversicherung! Und man kann so schon daran arbeiten, dass das Pferd sich nicht auf das Gebiss legt und hilft – falls es diesen Automatismus schon hat – diesen auch abzugewöhnen.

Wenn das Pferd nicht abkauen möchte, unterstütze ich es, indem ich das Gebiss leicht bewege.

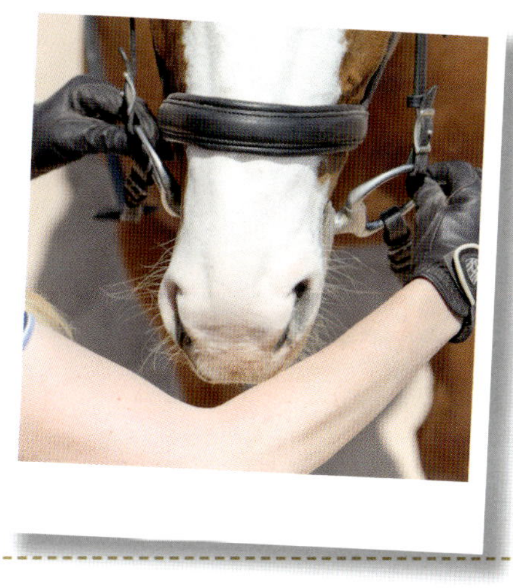

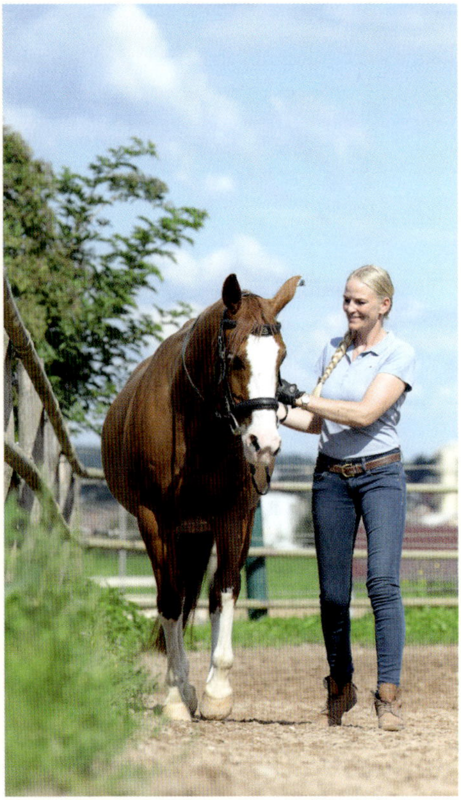

Beim Führen in Stellung ist der Kopf des Pferds ist leicht nach innen gestellt.

2. Führen in Stellung

So soll es aussehen: Im Schritt ist der Kopf des Pferdes ist leicht nach innen gestellt.

So geht's: Um Deinem Pferd das Führen in Stellung einfacher zu machen und um es besser abzuholen, empfehle ich Dir, Dein Pferd auf den ersten Hufschlag an die Bande zu stellen. Das gibt dem Pferd etwas mehr Anlehnung und wird es Euch erleichtern, da das Pferd nicht seitlich ausweichen kann.

Fordere das Pferd im Stand zunächst auf, in Stellung zu stehen (siehe Seite 66). Dann lässt Du das Pferd im Schritt über Stimm- und Gertenhilfe antreten und behältst dabei die Stellung bei. Am Anfang genügt es, die Stellung im Schritt nur kurz einzufordern. Wenn Dein Pferd zwei, drei Schritte gut macht, lass es wieder geradeaus laufen und sich strecken, sonst überforderst Du es und Du möchtest es ja auch für seine Mühe belohnen sowie es motiviert halten, um es beim nächsten Mal noch besser zu machen. Deswegen: weniger ist mehr!
Achte immer darauf, dass Dein Pferd sich locker und gleichmäßig bewegt. Fängt es an sich zu verspannen, kann es auch nicht im Genick locker sein. Baue deshalb viele Pausen ein, in denen Dein Pferd sich »lang« machen darf und übe nicht zu lange an einem Stück. Wenn Dein Pferd sich verspannt oder fest macht, nutze die bereits erarbeitete Übung des Abkauens, um es wieder locker und losgelassen zu bekommen. Wenn Du die Übung im Schritt beherrschst, darfst Du auch gerne im Trab üben.

Was mache ich, wenn sich das Pferd mit dem Kopf heraushebt?
Dieses Problem taucht anfangs ganz oft auf. Ich handhabe es so: Ich lege einfach wieder von vorne los, sprich ich halte an, hole das Pferd in Stellung und lasse es abkauen. Wenn es ruhig steht und nicht mehr versucht, sich im Stand mit dem Kopf rauszuhebeln oder mit dem Kopf zu schlagen, lasse ich es wieder antreten. Übung macht den Meister!

3. Schenkelweichen

Streng genommen ist Schenkelweichen kein echter Seitengang, denn dabei wird nur eine Stellung im Genick verlangt, aber noch keine Biegung. Trotzdem ist Schenkelweichen als Basis super wichtig. Darüber hinaus mobilisiert Übertreten und sorgt für eine bessere Koordination sowie Balance.

So soll es aussehen: Die Vorder- und Hinterbeine sollen kreuzen. Gleichzeitig müssen vier Hufschlaglinien frontal von vorne zu sehen sein.

So geht's: Führe Dein Pferd in Stellung auf dem Zirkel. Im Gegensatz zu der Grundposition befinden sich Deine Schultern nun mehr in Richtung Pferdekörper gedreht. Dein Blick ist dabei auf die Hinterhand gerichtet. Dann leitest Du das seitliche Treten ein, indem Du das Pferd mit dem Gertenknauf an der Gurtlage als Schenkelersatz am Bauch antippst und am Kappzaum kleine, leichte Impulse gibst.
Klappt das, treibst Du die Hinterhand mit der Gerte leicht nach außen, sodass das Pferd das innere Hinterbein vorwärts-seitwärts vor das äußere Hinterbein setzt. Das Pferd läuft jetzt auf vier Hufschlaglinien. Der innere Zügel sorgt für die korrekte Stellung nach innen; der äußere Zügel lässt diese Stellung zu und begrenzt das Pferd nach außen.
Du kannst die Übung auf dem Zirkel machen oder auf einer anderen gebogenen Linie wie einer Volte. Meiner Erfahrung nach tun sich Pferd und Mensch am Anfang auf einer größeren Kreisbahn leichter. Klappt das, kannst Du die Übung natürlich auch auf geraden Linien machen.
Die Pferde zeigen meist sehr schnell schöne Tritte beim Übertreten. Oft bremsen sie dann aber ab. Hier ist es besonders wichtig, weiter zu treiben und es nicht dem Pferd zu überlassen, wann es eine Übung beendet. Bis das Pferd sicher und ohne Stocken eine Runde im Übertreten bleibt, dauert es einige Zeit. Hier ist es besonders wichtig, viele Pausen zu machen und viel zu loben, um das Pferd nicht zu überfordern. Darüber hinaus ist Schenkelweichen ist nicht für den Dauereinsatz gedacht. Bei dieser Übung wird ein maximales Kreuzen der Beine abverlangt. Das belastet Bänder, Sehnen und Gelenke. Setze die Lektion daher lieber nur in kurzen Reprisen ein.

Beim Schenkelweichen kreuzen Vorder- und Hinterbeine.

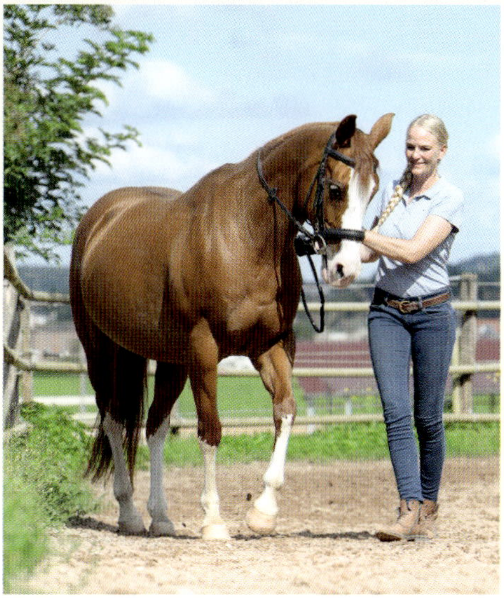

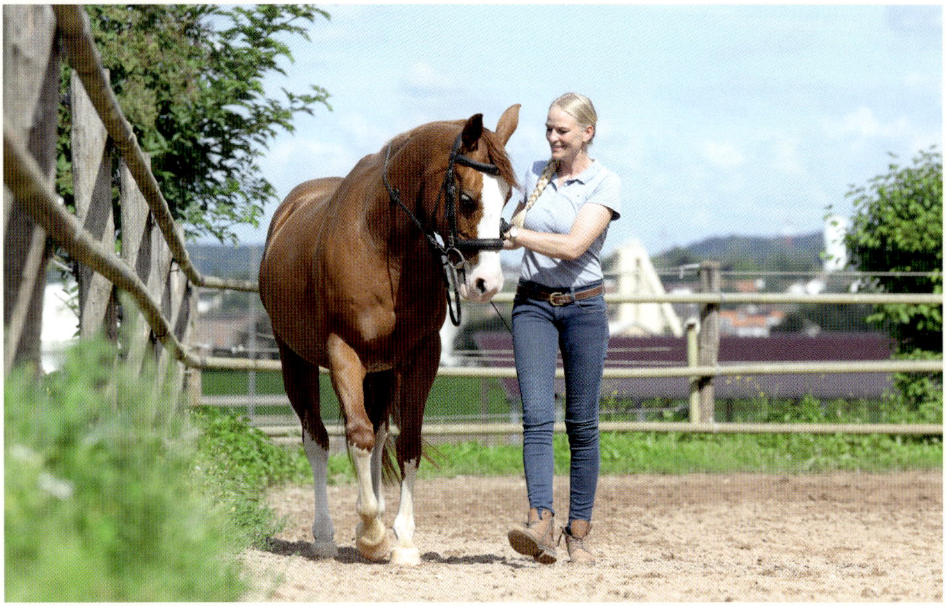

Ich beginne das Schulterherein gerne mit Bandenanlehnung.

4. Schulterherein

Der portugiesische Reitmeister Nuno Oliveira soll das Schulterherein als »Aspirin der Reiterei« bezeichnet haben: ein Mittel gegen alles. Denn wie das Medikament ist die Lektion vielseitig und effektiv: Zum einen fördert die Übung Tragkraft, Geraderichtung und Versammlungsfähigkeit, weil das innere Hinterbein des Pferdes verstärkt unter den Schwerpunkt fußt. Zum anderen macht Schulterherein das Pferd beweglicher. Die äußeren Muskeln dehnen sich und die Pferdeschultern werden mobiler.

So soll es aussehen: Im Schulterherein ist das Pferd nicht nur gestellt, sondern auch gebogen. Ein Schulterherein wird auf drei oder vier Hufschlägen ausgeführt.

So geht's: Ich beginne das Schulterherein an der langen Seite mit Bandenanlehnung. Dazu bringe ich mein Pferd nach der Ecke etwas mehr in Stellung und komme dadurch schon automatisch in ein leichtes Schultervor.
Aus dem Schultervor entwickle ich dann das Schulterherein, indem ich mein Pferd in noch mehr Stellung bringe und die äußere Schulter des Pferdes mit dem äußeren Zügel begrenze und bremse. Dadurch kommt die Vorhand etwas nach innen, gleichzeitig bleibt die Hinterhand aber außen. Bitte unbedingt aufpassen: Du solltest das Pferd nur so weit in Stellung bringen, als würdest Du eine Volte gehen wollen.

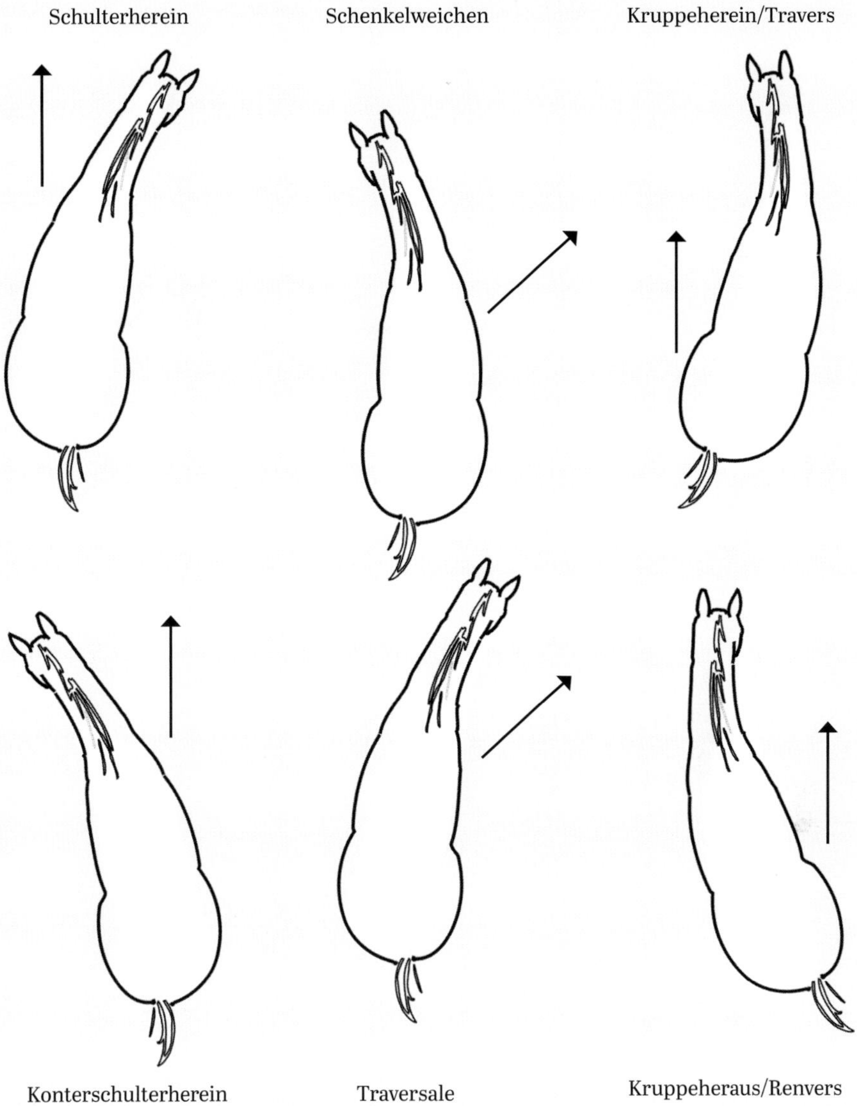

Auch hier gilt wieder der Grundsatz: Weniger ist mehr. Verlange am Anfang immer nur wenige Schritte. Wenn diese gut klappen und sich Dein Pferd Mühe gibt, entlässt Du es sofort als Belohnung aus dem Schulterherein.

Wenn an der langen Seite mit Bandenanlehnung das Schulterherein sicher und gut klappt, kannst Du auch auf großen gebogenen Linien mit Deinem Pferd sowie auf dem Zirkel üben.

Seitwärts für mehr Schenkelakzeptanz und als SOS-Hilfe bei Durchgängern

Schenkelweichen, Schultervor und Schulterherein an der Hand lockern das Pferd nicht nur super gut, sie eignen sich auch sehr gut bei Kandidaten, die beim Reiten Probleme mit der Schenkelakzeptanz haben und gegen das reiterliche Bein gehen, wenn man den Schenkel anlegt.

Ich nutze diese Übungen auch sehr viel bei Durchgängern. Ich kuriere fast 80 Prozent meiner Durchgänger damit. Daher sind Seitwärtstritte eines der ersten Dinge, die ich nach der Bodenarbeit in den Sattel übertrage. Indem ich mit diesen Pferden diese Übungen erst am Boden und später auch beim Reiten übe, bekomme ich die Pferde sehr viel rittiger und weicher am Bein – ein wichtiger Sicherheitsaspekt, denn wenn ein Pferd durchgehen möchte, stellt es sich hoch auf, macht sich im Genick fest, drückt den Unterhals raus und seinen Rücken weg. Dann steigt die Party! Ob wir es wollen oder nicht, sie wird stattfinden, da Pferd und Reiter nicht gelernt haben, wie man sie verhindern kann.

Beim Seitwärtsgehen aktivieren wir folgenden Mechanismus, der uns hilft, die Party früh genug im Keim zu ersticken: Geht das Pferd durch, wird besonders die Muskulatur der Hinterhand aktiviert, damit das Pferd lossprinten kann. Auch die Rückenmuskeln sind unter Hochspannung. Der Kopf wird so hoch wie möglich getragen, um das Sichtfeld zu verbessern. Hierbei handelt es sich um die dorsale Muskelkette. Ist sie aktiv, kann das Pferd kein lockeres Genick, keinen losgelassenen Hals oder aufgewölbten Rücken haben. Das geht biomechanisch nicht anders. Indem man das Pferd mit dem Gertenknauf oder dem Schenkel auffordert überzutreten, holt man es aus diesem »Tunnel«, weil es jetzt reflexartig die ventrale Muskelkette aktivieren muss. Dabei handelt es sich um die Gegenspieler der Strecker. Die Muskeln der Beugerkette liegen unterhalb der Wirbelsäule, sprich das Pferd kann mithilfe dieser Muskeln wieder den Hals beugen und den Rücken aufwölben – und beruhigt sich letztendlich. Damit das im Notfall klappt, muss dieser »Reflex« gut vorher geübt werden, sodass die Hilfe in Fleisch und Blut übergeht.

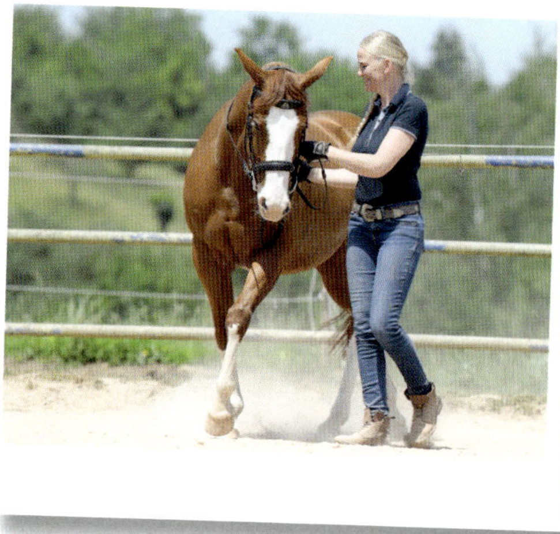

Schenkelweichen eignet sich auch gut bei Pferden, die beim Reiten gegen das Bein gehen, wenn man den Schenkel anlegt.

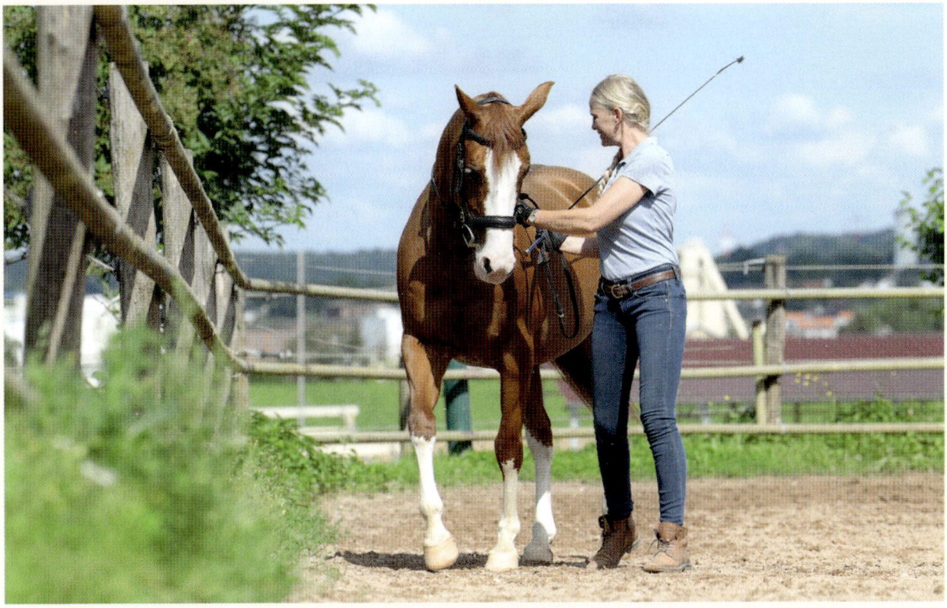

Das Travers verbessert vor allem die Balance des Pferdes.

5. Konterschulterherein und Travers

Beide Lektionen verbessern neben vielen anderen Dingen vor allem eins: die Balance des Pferdes. **Meiner Ansicht nach besteht ein direkter Zusammenhang zwischen Schreckhaftigkeit und Balance/Körpergefühl.** Pferde mit Balanceproblemen sind deutlich schreckhafter, nervöser und wachsamer als Pferde, die eine gute Balance und ein gutes Körpergefühl haben. Ich glaube, das hängt damit zusammen, dass sie aufgrund der fehlenden Balance auch wachsamer sein müssen, weil sie sonst nicht so gut flüchten könnten, wenn akute Gefahr droht. Deswegen finde ich es wichtig, den Pferden zu helfen eine gute Balance zu entwickeln, denn

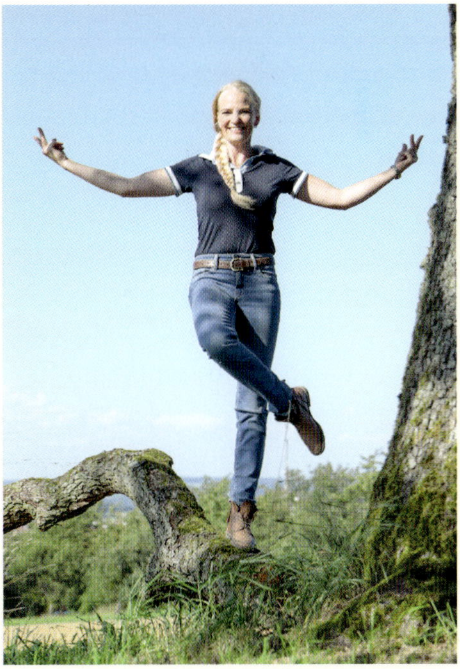

Ob Pferd oder Mensch, es ist alles eine Frage der Balance!

diese lässt sie entspannter und selbstsicherer werden.
Das ist, als würde man selbst auf einem Schwebebalken balancieren. Wenn man nicht gut balancieren kann, rutscht man dabei automatisch in die Überforderung und wird ängstlicher. Wenn man dann noch einen schlabbernden Rucksack (analog zum Reiter) trägt, verstärkt sich das Ganze. Mithilfe der klassischen Handarbeit verbessert man im übertragenen Sinne den Gang über den Schwebebalken. Klappt das, kommt der Rucksack dazu und das geht dann auch ganz gut, wenn man die nötige Balance/Koordination hat.

Beim Konterschulterherein und Travers wähle ich eine andere Führposition als es die klassische Handarbeitslehre empfiehlt, nämlich zwischen Pferd und Bande. Das finde ich sehr gefährlich. Stell Dir mal vor, das Pferd explodiert oder geht gegen mich und ich komme aus dem Engpass nicht heraus. Aus diesem Grund stelle ich mich nur bei braven Pferden zwischen Bande und Pferd.

Konterschulterherein
Dabei handelt es sich um ein Schulterherein mit Biegung nach außen. Wenn ich Pferde habe, die beim Schulterherein vorwärts drängeln, beginne ich erst mit dem Konterschulterherein, da ich so vorne nicht so viel annehmen muss.

So soll es aussehen: Beim Konterschulterherein ist das Pferd nach außen gestellt, die Vorhand bewegt sich weiter außen an der Bande als die Hinterhand. Dabei nimmt das äußere Hinterbein Last auf und die Vorderbeine kreuzen vermehrt.

So geht's: Die Hilfen für das Pferd sind die gleichen als würdest Du ein Schulterherein machen – nur eben spiegelverkehrt.
Klappt das, kannst Du das Konterschulterherein auch auf freien Linien üben.

Travers
So soll es aussehen: Beim Travers, das auch als Kruppeherein bezeichnet wird, befindet sich die Vorhand auf dem ersten Hufschlag an der Bande, während die Hinterhand ins Bahninnere geführt wird. Das Pferd ist in Bewegungsrichtung gestellt und gebogen.

So geht's: Die Vorhand geht im Travers parallel zur Wand geradeaus, die Kruppe ist nach innen verschoben. Daher kommt auch der Name Kruppeherein. Je nach Pferd variiere ich, ob ich zwischen Bande und Pferd gehe oder lieber innen bleibe und mit der Gerte vorsichtig die Hinterhand zu mir rein touchiere. Wenn ich mich außen zwischen Pferd und Bande befinde (mache ich nur bei sehr braven Pferden!), touchiere ich mit meiner inneren Hand die Hinterhand nach innen und fange die innere Schulter ab. Der äußere Zügel bewegt zusammen mit der Gerten-/Schenkelhilfe bei mir immer die Kruppe des Pferdes, egal ob ich reite oder am Boden arbeite.

Am Anfang führe ich die Übung wieder an der Bande aus, da sie den Pferden mit Anlehnung leichter fällt und ich sie besser abholen kann. Aber auch hier gilt: Raus aus der Komfortzone! Wenn das Travers an der Bande klappt, kannst Du auch auf gebogenen Linien wie einem Zirkel üben.

Ein wunderbares Hilfsmittel für mehr Sicherheit – die Doppellonge

Schon seit vielen Jahren setze ich die Arbeit mit der Doppellonge beispielsweise beim Anreiten ein, das sogenannte Fahren vom Boden, um die Zügelhilfen wie zum Beispiel Links, Rechts, Anhalten und Rückwärts vom Boden aus zu etablieren. Es hat einen unschlagbaren Sicherheitsvorteil, wenn unsere Pferde beim Anreiten schon eine Steuerung und eine Bremse haben. Auch eine ruhige, konstante Anlehnung lässt sich mit einer Doppellonge prima erarbeiten, genauso wie die Seitengänge vom Boden.

Ich finde Anlehnung extrem wichtig – vor allem unter dem Aspekt der Sicherheit. Wenn ich in der Lage bin, mein Pferd auch in kritischen Situationen entsprechend zu rahmen, komme ich durch solche Momente sehr viel besser durch. Das Pferd konzentriert sich wieder auf mich und das Gruselgespenst wird zur Nebensache.

Beim Fahren vom Boden muss man sich die Wirkungsweise und Einwirkung des Menschen wie beim Reiten vorstellen, nur

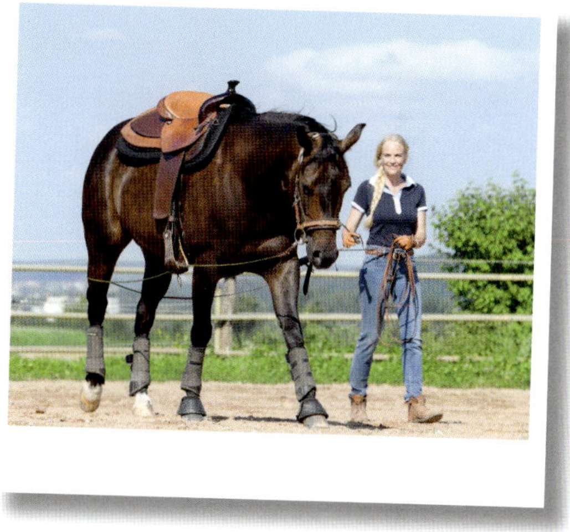

Ich arbeite sehr gerne mit der »gefahrenen« Doppellonge.

Beim Fahren vom Boden hält man die Doppellonge in beiden Händen.

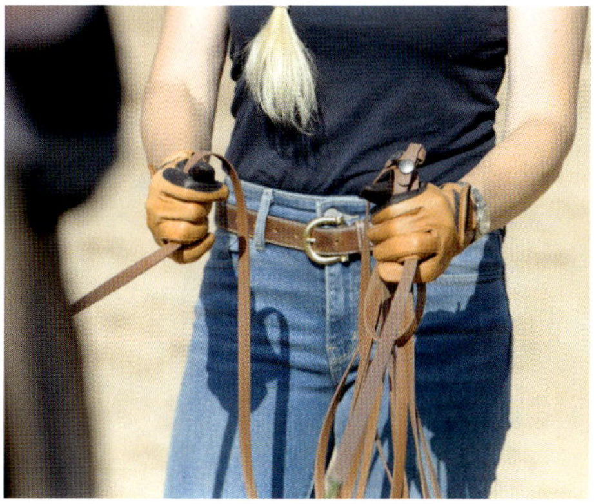

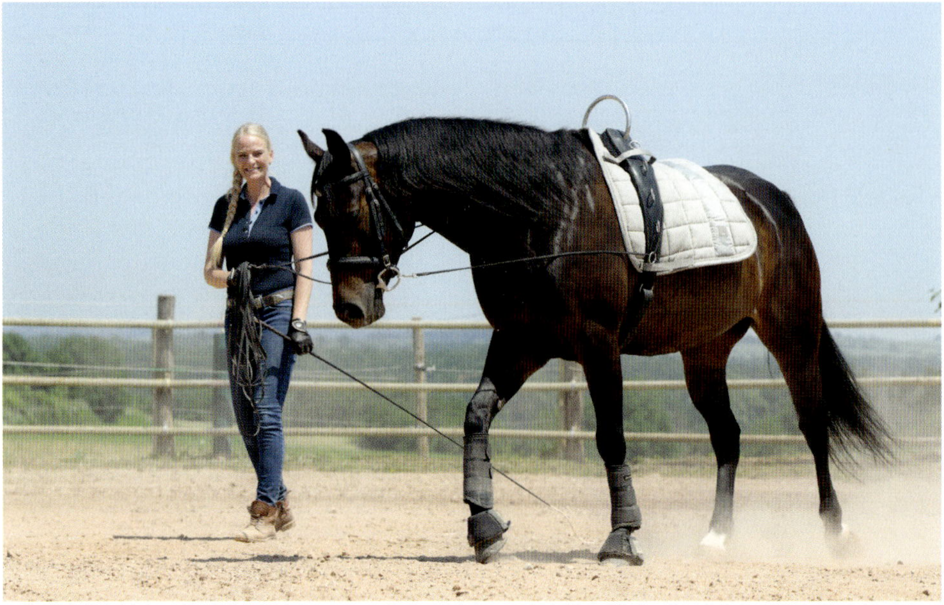

Für die Arbeit in Anlehnung setze ich die Doppellonge etwas anders ein.

dass Schenkel- und Gewichtshilfen fehlen und durch Stimme, Körpersprache sowie Gerte ersetzt werden. Diese Arbeit mache ich entweder gebisslos oder mit Gebiss – je nach Ausbildungstand des Pferdes. Meine eigenen Pferde gehen bis heute die gefahrene Doppellonge, um das Pferdetraining abwechslungsreicher zu gestalten und das Longieren kognitiv interessanter für sie zu machen.

Für die Arbeit in Anlehnung setze ich die Doppellonge etwas anders ein. Hier hat sich bei mir die klassische Doppellongenarbeit durchgesetzt, wie sie auch Richard Hinrichs, Horst Becker und andere klassische Pferdeausbilder machen. Ich bin sehr dankbar, dass Dressurausbilder Horst Becker mir die klassische Doppellongenarbeit beigebracht hat.

Warum ich diese Arbeit liebe? Es hat einfach einen unschlagbaren Vorteil, die Anlehnung und Nachgiebigkeit des Pferdes an der Doppellonge zu erarbeiten, bevor man sie vom Sattel aus abfragt, denn ich kann nach dem Lernverhalten der Pferde arbeiten und es sofort belohnen, wenn es etwas richtig macht. Darüber hinaus habe ich es mit der klassischen Doppellonge als Vorarbeit fürs Reiten später im Sattel sehr viel leichter.

Aus Erfahrung muss ich ehrlicherweise sagen, dass ich viele bereits gerittene Pferde in Beritt hatte, die in diesem Punkt der Ausbildungsskala einfach nicht sicher sind oder mit der Anlehnung schon negative Erfahrungen in der Ausbildung gesammelt haben, was für uns Reiter ein großes Risikopotenzial birgt. Ob Kopfschlagen, Steigen, extremes Einrollen oder

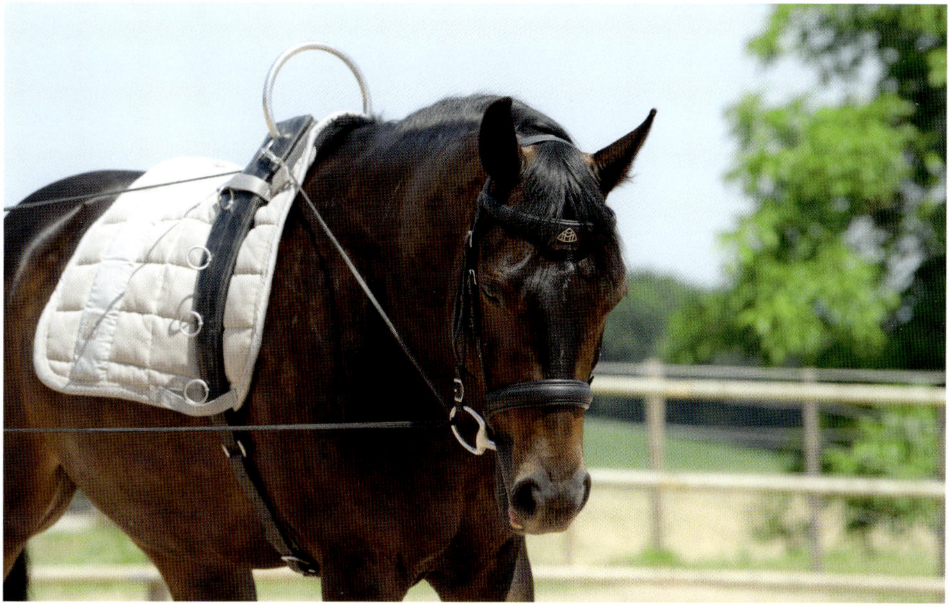

Verschnallung 1: Die innere Longe führe ich von meiner Hand durch den inneren Gebissring und dann hoch an den Longiergurt.

Verschnallung 2: Die äußere Longe wird von der Hand aus hinter dem Longiergurt über den Pferderücken gelegt, dann unten durch eine Öse vom Longiergurt durchgefädelt und letztendlich am Gebiss außen eingehakt.

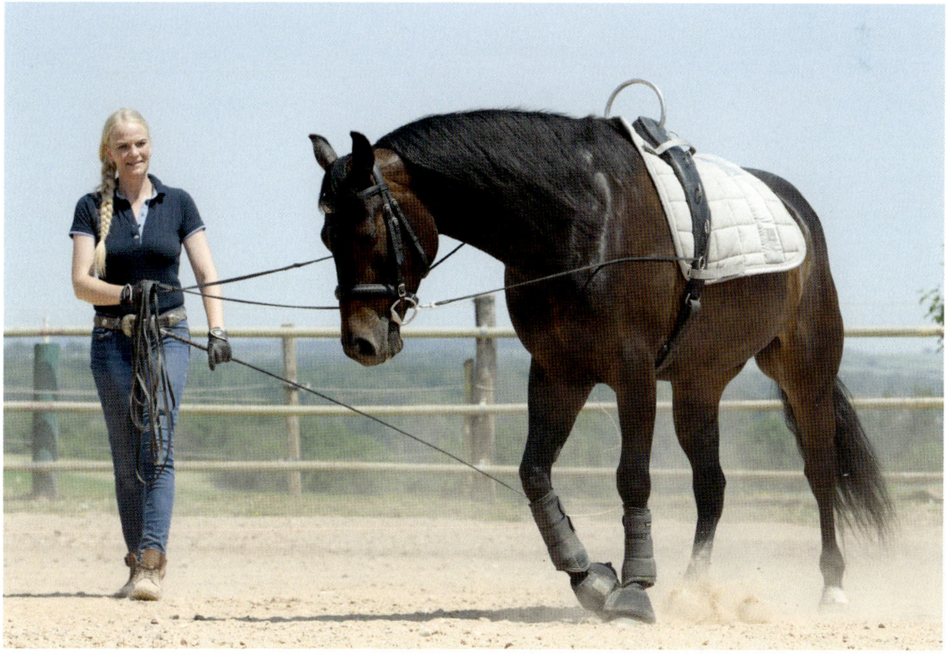

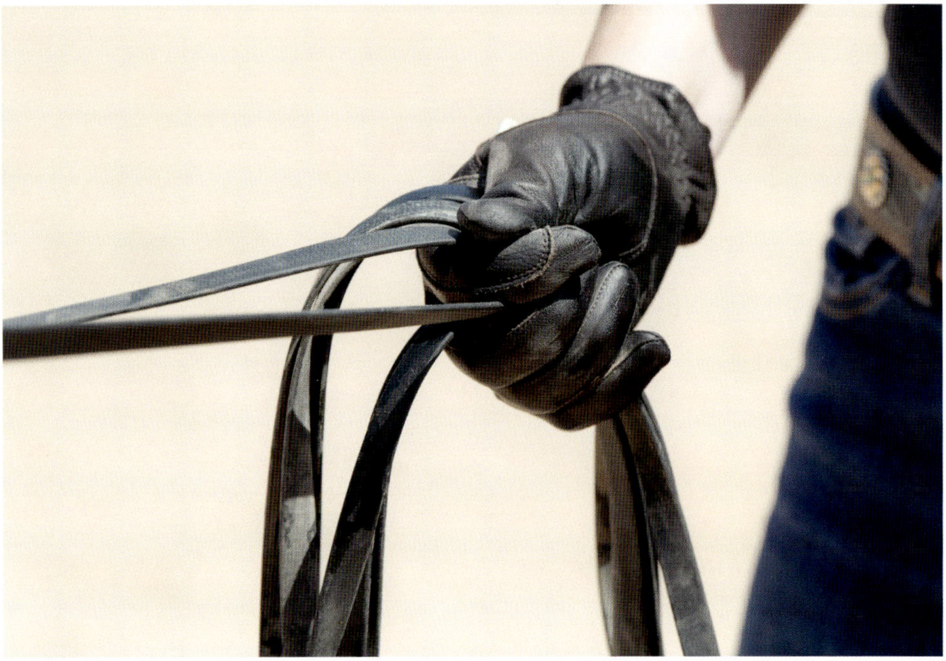

Ich ordne beide Longen in meiner inneren Hand, um kein Kuddelmuddel zu haben.

Rausheben bei Übergängen und Tempowechseln – mit der klassischen Doppellongenarbeit kann ich all diese Dinge wunderbar wieder in den Griff bekommen und den Pferden helfen, ohne dass ich mich im Sattel in akute Gefahr begebe.

Magst Du die klassische Doppellonge auch mal ausprobieren? So gehe ich dabei vor (Kurzanleitung):
Fürs Training wird das Pferd – je nachdem ob ich es gebisslos ausbilde oder das Pferd das Gebiss kennt – mit einem gut sitzenden Halfter oder Kappzaum ausgestattet oder getrenst Bitte gegebenenfalls ein dickes Gebiss nehmen! Das hilft ganz vielen Pferden, sich an das Gebiss heranzutrauen beziehungsweise heranzutreten. Auch Pferden, die sich weg- oder einrollen kann man damit ganz wunderbar helfen, da das dicke Gebiss besonders sanft auf das Pferdemaul einwirkt. Außerdem braucht das Pferd einen Longiergurt.
Die Longen verschnalle ich so: Die innere Longe führe ich von meiner Hand durch den inneren Gebissring und dann hoch an den Longiergurt. Die äußere Longe wird von der Hand aus hinter dem Longiergurt über den Pferderücken gelegt, dann unten durch eine Öse vom Longiergurt durchgefädelt und letztendlich am Gebiss außen eingehakt. Zum besseren Verständnis und damit bei der Verschnallung nichts schiefläuft, bitte die Verschnallung auf den Bildern auf Seite 79 anschauen!

Es ist sehr wichtig, dass die Verschnallung korrekt ist, denn mit einer falschen Verschnallung kann eine Doppellonge auch ganz schnell zu einer Art Schlaufzügel werden. Ich treffe immer wieder Pferdebesitzer, die aus Versehen die Doppellonge falsch verschnallen. Deswegen unbedingt aufpassen und da sehr genau sein!

Im nächsten Schritt ordne ich die beiden Longen in meiner inneren Hand, um kein Kuddelmuddel zu haben; die Gerte nehme ich in die andere Hand. Mit dieser Hand fasse ich gegebenenfalls auch die Longen nach.

Wenn das alles passt, lasse ich das Pferd locker auf einer Kreisbahn um mich herum gehen. Ob der Kreis die Größe eines Zirkels hat oder kleiner ist, ist anfangs egal. Dann fasse ich vorsichtig beide Longen nach, bis ich eine feine Verbindung zum Pferdemaul habe und treibe das Pferd gleichmäßig mit Stimme, Körpersprache und Gerte von hinten nach vorne ans Gebiss heran. In dieser Anlehnung longiere ich das Pferd in allen Gangarten. Am besten ist es, sich das Doppellongentraining von einem Ausbilder zeigen zu lassen, der das richtig gut kann. Über das richtige Handling der Doppellonge könnte ich ein weiteres komplettes Buch verfassen. Ich kann Dir hier die Bücher und Kurse von Horst Becker sehr ans Herz legen.

Xig und mir macht die Arbeit mit der klassischen Doppellonge richtig viel Spaß!

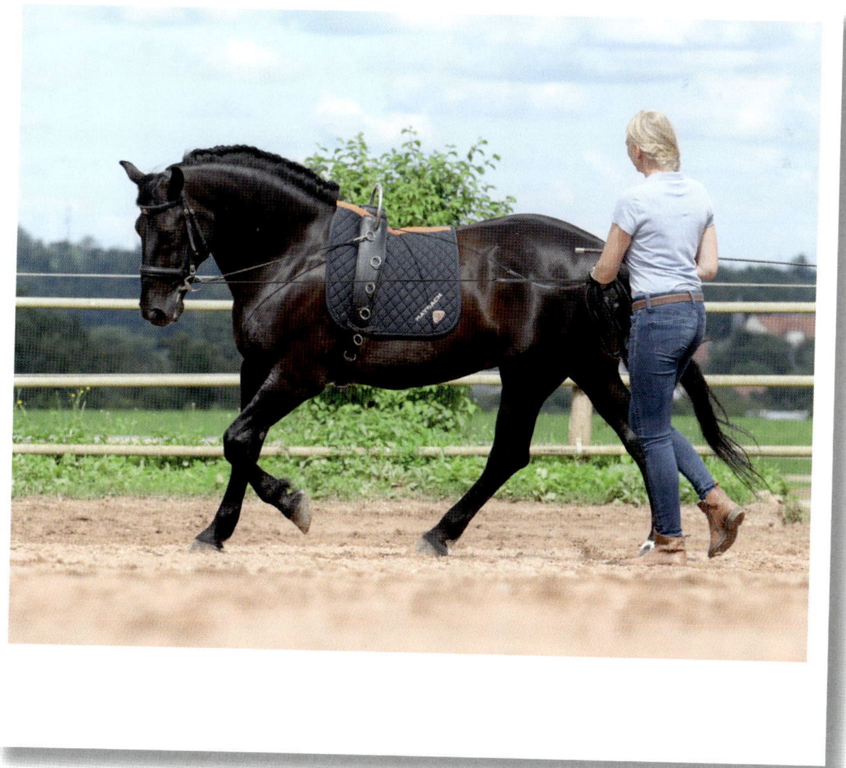

2.7 Sonstige Unfallgefahren im Stall

Um gefährliche Situationen mit dem Pferd im Stall zu vermeiden, achte ich selbst noch auf weitere Gefahrenquellen auf meinem Hof. Hier die Top 5 der größten Unfallgefahren:

Halfter und Strick
Lass Dein Halfter nie lose am Strick am Putzplatz baumeln oder auf dem Boden liegen. Pferde können sich leicht mit den Hufen darin verfangen und in Panik geraten. Ebenso gefährlich: Longen und Trensen, die lose auf der Stallgasse liegen oder offene Putzkisten auf dem Boden.

Lass Dein Halfter nie lose am Strick am Putzplatz baumeln. Pferde können sich darin leicht mit den Hufen verfangen und in Panik geraten.

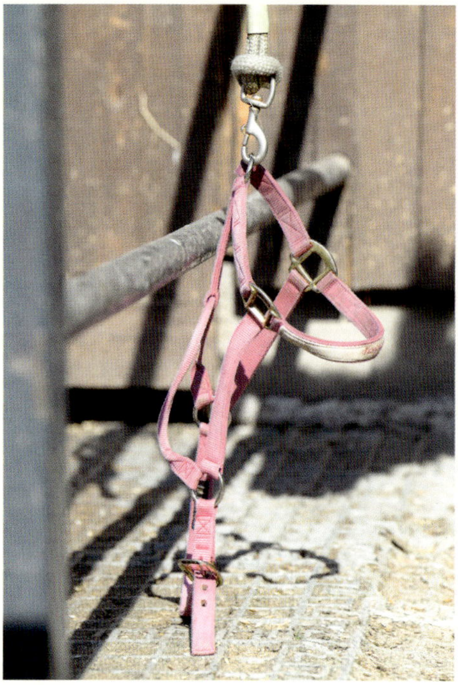

Heugabel und Mistboy
Heugabel, Mistboy und Schubkarre gehören, wenn sie nicht benutzt werden, an einen Ort gestellt, wo Pferde nicht vorbeilaufen. Stehen sie in der Stallgasse herum, können Pferd und Mensch darüber stolpern und sich ernsthaft verletzen.

Heunetze
Leer gefutterte Heunetze gehören außer Reichweite von Pferden. Zu groß ist die Gefahr, dass sich Pferde mit den Hufen oder Equipment wie einem Halfter darin verfangen. Ich persönlich benutze gar keine Heunetze, weil ich selbst prall gefüllte Netze zu gefährlich finde. Meine und die mir anvertrauten Pferde haben stattdessen große Heuraufen; im Anhänger verwende ich Heusäcke, die keine Maschen haben.

Medikamente
Manche Pferde machen selbst vor Medikamenten keinen Halt und knabbern an Verbandsmaterialien sowie Cremes. Daher rate ich: Räume die Medikamente sowie Verbandsutensilien immer gleich nach dem Gebrauch wieder weg.

Pferde sicher anbinden
Ich persönlich bekomme einen Herzinfarkt, wenn Pferde mit dem Strick zu lang angebunden sind. Ich kenne Pferde, die sich den Strick übers Genick gelegt haben, plötzlich erschrocken sind und daraufhin gestürzt und sogar gestorben sind. Mit zu langen Stricken ist nicht zu spaßen!

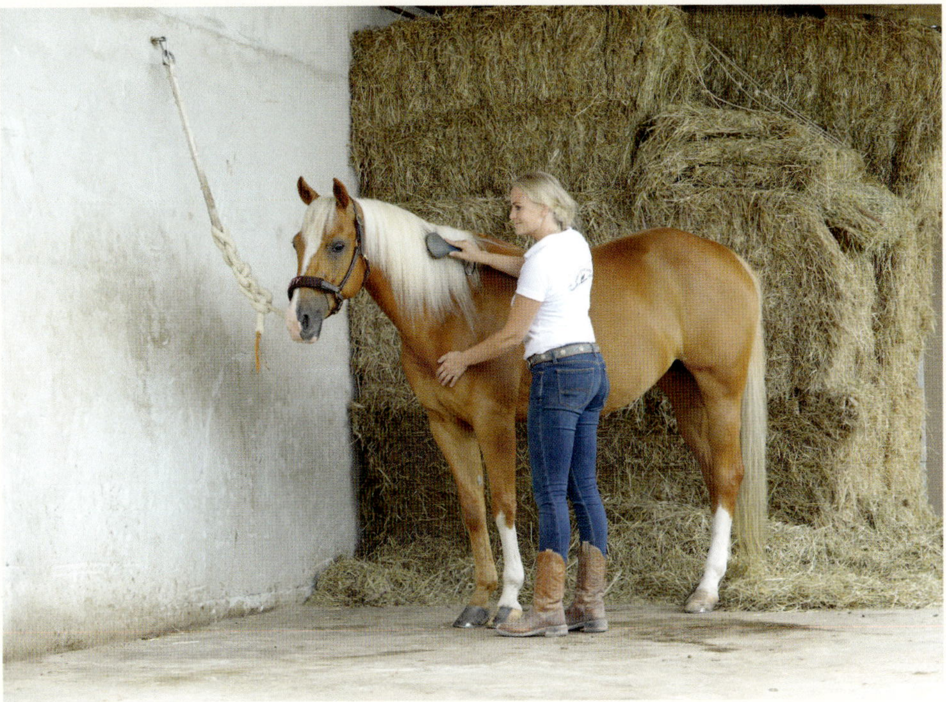

Pferde, die ich nicht kenne oder die eher dazu neigen, sich selbst im kurzen Strick zu verheddern, binde ich gerne höher an als üblich.

Ich binde meine Pferde so an, dass sie angenehm stehen und sich umschauen können – nicht zu lang und nicht zu kurz. Als Knoten verwende ich einen ganz normalen Pferdeknoten, den man im Notfall mit einem Zug lösen kann.

Auch die Höhe, in der das Pferd angebunden ist, ist ein wichtiger Sicherheitsaspekt. Pferde, die ich nicht kenne oder die eher dazu neigen, sich selbst im kurzen Strick zu verheddern, binde ich gerne weiter oben an als üblich. Die Anbindevorrichtung befindet sich dabei oberhalb des Pferdekopfes. Diese Methode kenne ich von den Westerntrainern in den USA und Kanada, bei denen ich lernen durfte. So können die Pferde sich nicht »aufhängen«, sprich sich den Strick übers Genick legen und in Panik geraten.

Ein absolutes No-Go ist für mich das Anbinden am Knotenhalfter. Selbst wenn das Pferd vorbildlich angebunden ist, kann immer etwas passieren, was das Pferd in den Fluchtmodus versetzt. Beim Knotenhalfter besteht die Gefahr, dass sich die dünnen Schnüre ins Fleisch schneiden und am Kopf zu üblen Verletzungen führen. Ebenso gefährlich finde ich das Anbinden des getrensten Pferdes mit den Zügeln. Wer schon mal ein Pferd mit Kieferbruch gesehen hat, macht das garantiert nicht mehr.

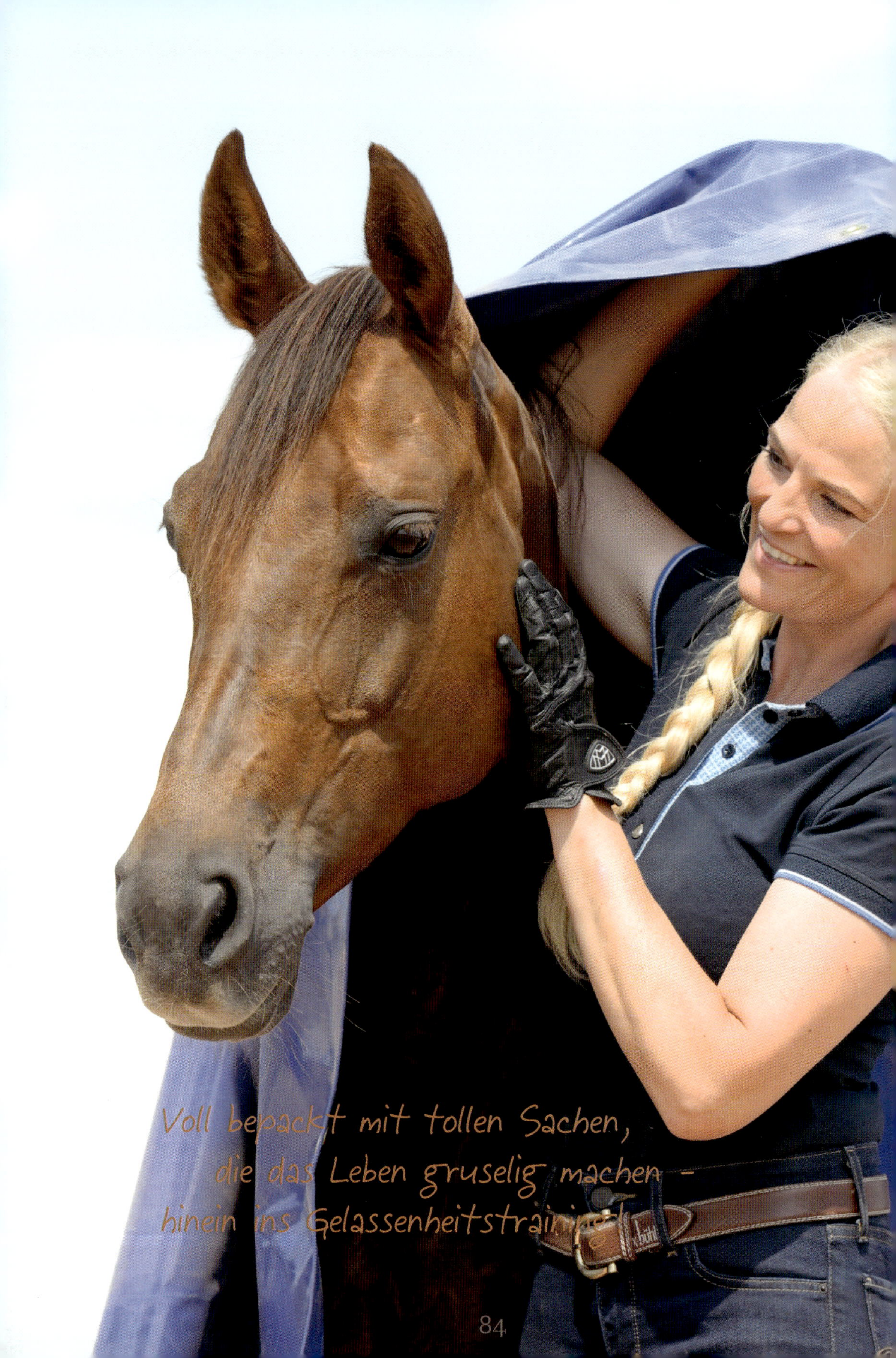
Voll bepackt mit tollen Sachen,
die das Leben gruselig machen –
hinein ins Gelassenheitstraining!

3. Gut gelassen – Gelassenheitstraining für mehr Sicherheit

Freust Du Dich auch schon so sehr auf diesen Teil des Buches wie ich? Ich liebe Gelassenheitstraining! Es macht nicht nur richtig viel Spaß, sondern damit fangen wir jetzt auch an, die Stresstoleranzgrenze Deines Pferdes merklich nach oben zu verschieben. Das ist extrem wichtig unter dem Aspekt der Sicherheit, denn in jedem Pferd steckt ein mehr oder weniger großer Angsthase, der bei Gefahr gerne mal die »Hufe unter die Arme« nimmt und losdüst.

Dass ein Pferd bei Angst flüchtet, ist übrigens ganz normal. Es ist eine angeborene Verhaltensweise, die Pferden seit über 60 Millionen Jahren das Leben gerettet hat! Denn bei potenzieller Bedrohung überlebte vor allem, wer so schnell es ging weggaloppierte. Die Fluchtreaktion ist dementsprechend genetisch tief verankert und erfolgt nach dem sogenannten »Angeborenen Auslösemechanismus«. Diesen Mechanismus kannst Du Dir wie einen Instinkt vorstellen: Das Pferd muss nicht darüber nachdenken. Es stürmt bei potenzieller Gefahr einfach los.

Auch wenn Pferde sich heutzutage in unserer Obhut eigentlich vor nichts mehr fürchten brauchen und es auch keine Säbelzahntiger mehr gibt, so ist dieser Urinstinkt immer noch vorhanden. Bei dem einen Pferd ist dieses Verhalten stärker und beim anderen schwächer ausgeprägt. Warum das so ist, erkläre ich Dir im Laufe dieses Kapitels. Auch die Fluchtreaktion ist von Pferd zu Pferd ganz unterschiedlich: Pferd A zuckt nur kurz zusammen, Pferd B macht »nur« einen Hüpfer zur Seite und Pferd C rennt kopflos fort über alle sieben Berge.

Als Reiter sollte man sich stets vor Augen halten, dass ein Pferd auf der Flucht dieses Verhalten nicht böse gegenüber dem Menschen meint, sondern es schlichtweg Angst hat. Das Pferd – und das möchte ich gleich zu Beginn dieses Kapitels ganz deutlich sagen – dafür zu strafen, wäre absolut der falsche Weg. Dies würde die Furcht nur noch steigern.

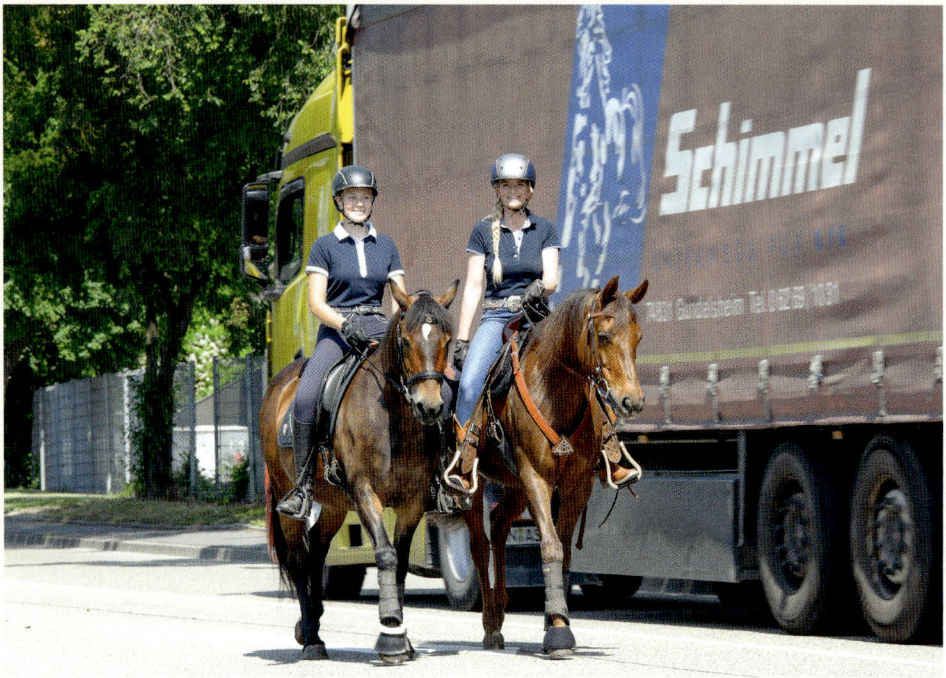

Das große Ziel: ein sicheres, gelassenes Pferd – auch im Straßenverkehr!

Bailey und meine Co-Trainerin Stephi beim Gelassenheitstraining.

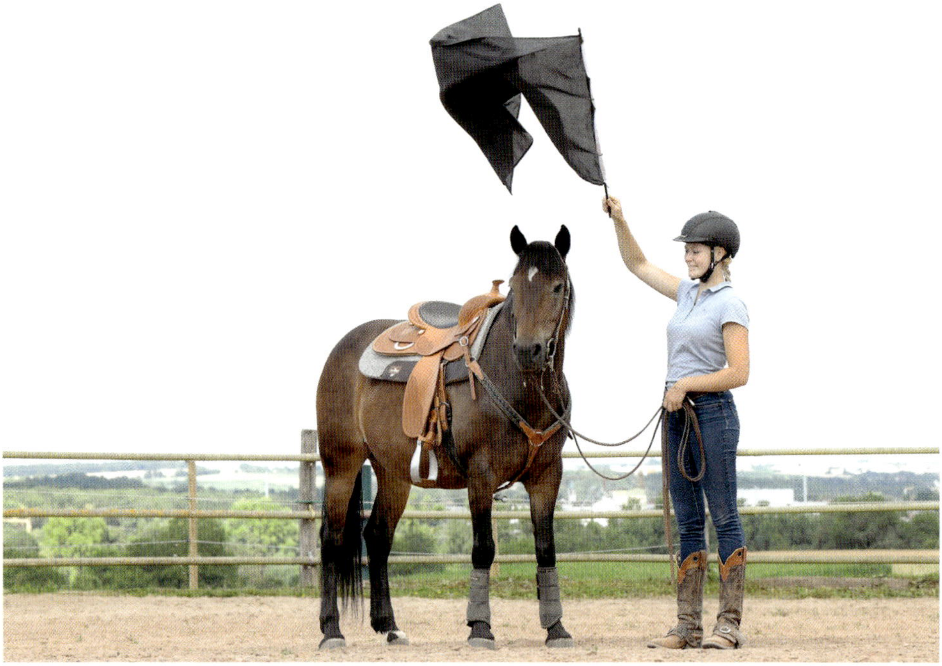

Es wäre auch falsch, das Pferd wegen seiner Fluchtreaktion für feige zu erklären. Ohne Wenn und Aber kann dieses Verhalten jedoch richtig gefährlich werden – für Pferd und Mensch (Kapitel 1.1 und 1.2).
Um den Fluchtinstinkt eines Pferdes in den Griff zu bekommen, bin ich ein großer Fan von Gelassenheitstraining, denn durch das Erwerben kontrollierter Erfahrungen im Sinne der modernen Lerntheorie kann ich die Reaktion des Pferdes auf Angst einflößende Situationen verändern. Das Verhalten wird dann vom sogenannten »Erworbenen und Angeborenen Auslösemechanismus« bestimmt, sprich nicht mehr nur vom Instinkt gesteuert. So kann ich beispielsweise durch eine gezielte Desensibilisierung viele Situationen, die dem Pferd normalerweise Angst machen, effektiv entschärfen, indem das Pferd den Reiz als »nicht wichtig« einstuft und somit die Fluchtreaktion auf ein Minimum herunterfahren.
Das ist nicht nur sehr wichtig für die eigene Sicherheit sowie die Gesundheit des Pferdes, sondern ebenso für die Sicherheit unserer Mitmenschen. Ich finde auch, dass es unsere Pflicht gegenüber allen anderen Menschen ist zu wissen, wie ein Pferd in kritischen Situationen reagiert, um sein Verhalten in Schreckmomenten besser einschätzen zu können, und das Pferd an potenzielle Schreckmomente zu gewöhnen. Stell Dir nur vor, ich bin mit einem Pferd im Gelände unterwegs, es erschrickt und geht durch. Vielleicht rennt das Pferd dann vor ein Auto. Der Familienvater, der im Auto sitzt, weicht

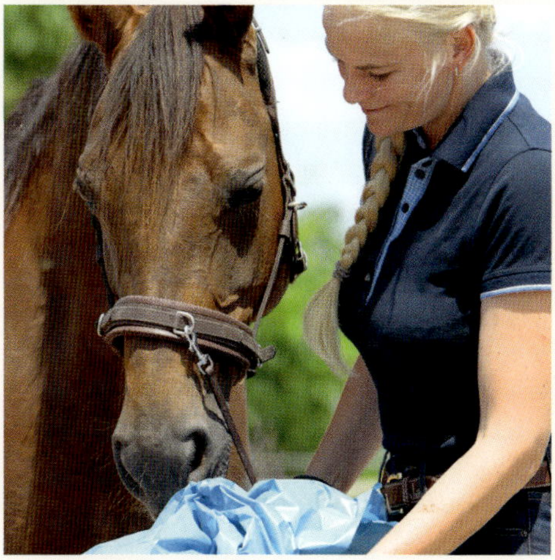

Gelassenheitstraining macht Pferde mutig!

ihm aus, fährt gegen einen Baum … und kommt nicht mehr nach Hause zu seiner Frau und zu seinen Kindern. Das könnte ich mir nie verzeihen.
Gelassenheitstraining ist darüber hinaus auch extrem wichtig, weil es Pferde mutig und gleichzeitig entspannt macht. Sie lernen mit Stress umzugehen und sich in bedrohlichen Situationen an uns zu orientieren. Wiederum kann nur ein entspanntes Pferd ein gesundes Leben führen und ist in der Lage, Neues lernen (dazu mehr in Kapitel 1.4).
Der Reiter wiederum lernt auch etwas sehr Wertvolles, nämlich die Körpersprache seines Pferdes besser zu lesen und schon kleinste Anspannungssignale zu erkennen. Das ist fürs ganze Reiterleben wichtig!
Darüber hinaus gibt es noch einen weiteren positiven Effekt: Gelassenheitstraining stärkt auch die Bindung zwischen Mensch und Tier … und es macht natürlich ganz viel Spaß!

Kurzum: Ich liebe es einfach und mache es mit jedem Pferd, das mir anvertraut wird.

Um ein Pferd »gut gelassen« zu bekommen, inszenieren wir im geschützten, sicheren Umfeld alltägliche Zwischenfälle. Wir stellen gefährliche Situationen unter kontrollierten Bedingungen nach, um das Verhalten des Pferdes kennenzulernen und die Stresstoleranzgrenze nach oben zu verschieben. Dabei steigern wir uns vom Leichten zum Schweren und vom Bekannten zum Unbekannten. Wie Du Schritt für Schritt dabei vorgehst, erkläre ich Dir in diesem Kapitel. Ich wünsche Dir ganz viel Spaß!

3.1 Der Zauber der Gewöhnung

Nicht selten wundert man sich, warum ein Pferd von Grund auf und ohne ein gezieltes Gelassenheitstraining besonders gelassen und ein anderes wiederum ein totales Nervenbündel ist, obwohl sie sich beide in der gleichen Situation befinden. Wie ängstlich ein Pferd ist, ist zum einen genetisch vorgegeben, zum anderen spielen individuelle Erfahrungen meiner Meinung nach eine extrem wichtige Rolle. **So neigen Pferde aus einer reizarmen Umgebung grundsätzlich deutlich schneller zum Scheuen als solche, die tagtäglich Traktoren, Autos, spielende Kinder**

Bei uns auf dem Hof ist immer was los! Der Vorteil: Die Pferde lernen vieles kennen und kategorisieren es als »egal – nicht gefährlich«.

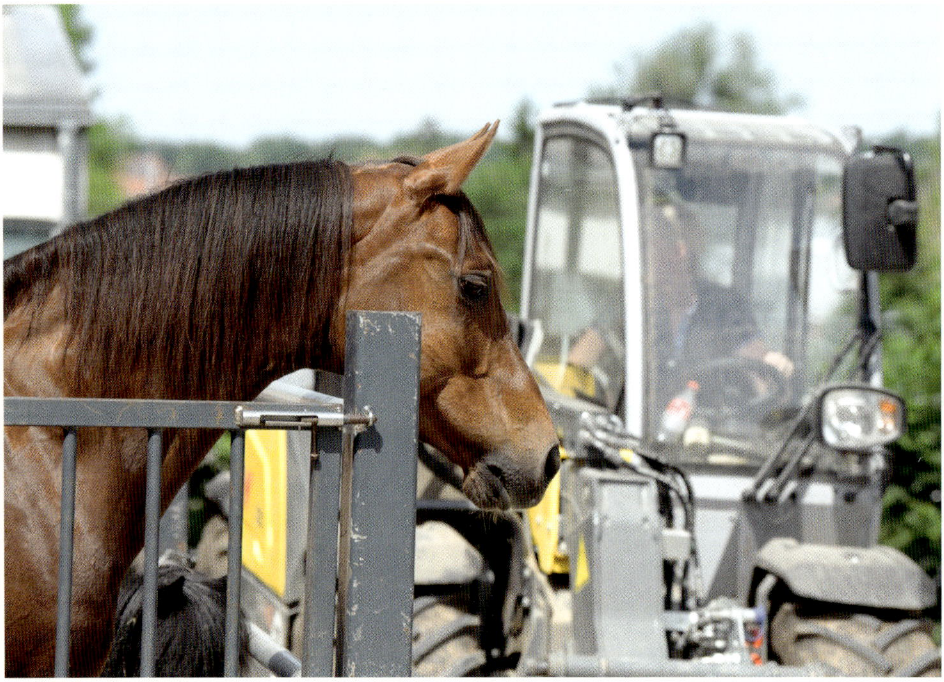

etc. beobachten können. Wird ein Pferd fast ausschließlich isoliert in einer Box gehalten, ist die Reizschwelle deutlich niedriger. Die Folge: Jedes noch so unwichtige Ereignis im monotonen Tagesablauf erhält eine überdimensionale Bedeutung für das Pferd und sie erschrecken wegen »Nichts«.

Aus diesem Grund bleiben meine eigenen sowie die mir anvertrauten Pferde auf meinem Hof vor nichts verschont: Ob laute Traktoren, vorbeidüsende Autos, wehende Fahnen, frei laufende Hunde, spielende Kinder und natürlich auch Tobsy, mein Waschbär – bei mir auf dem Hof und rund um die Anlage ist immer etwas los. Pferde, die das nicht gewöhnt sind, gucken anfangs schon etwas irritiert. Spannend zu beobachten ist aber, wie schnell sie sich an den Trubel gewöhnen.

Das Pferd auf diese Weise an bestimmte Gegenstände, Geräusche oder Situationen zu gewöhnen, nennen Wissenschaftler »Habituation«. Dabei passiert im Pferdegehirn unterbewusst Folgendes: Alle Reize, die zu keiner Konsequenz – egal ob negativ oder positiv – führen, werden in die Schublade »Egal – nicht gefährlich« einsortiert.

Neben diesem »passiven« Lernen ist mir auch noch besonders wichtig, dass meine und die mir anvertrauten Pferde selbstständig, also »aktiv« möglichst viele neue Reize erkunden können. Das führt erwiesenermaßen ebenfalls langfristig zu einer effektiven Reduktion des Fluchtverhaltens – und das ganz ohne menschliches

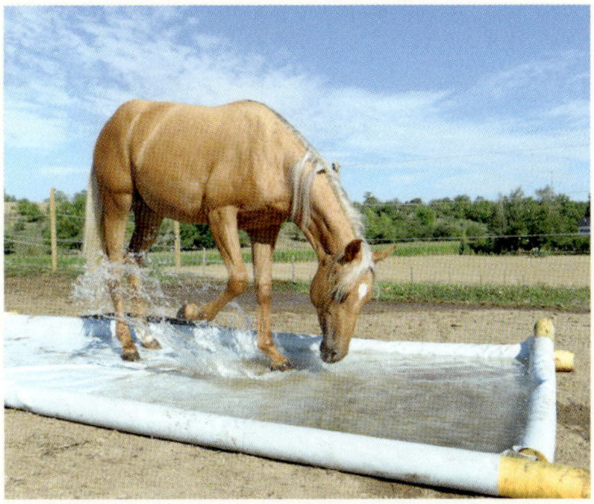

Indem Pferde die Möglichkeit haben, selbstständig neue Reize zu erkunden, werden sie wie von selbst gelassener, mutiger und selbstsicherer.

Zutun! In freier Wildbahn ist das Erkunden eine wesentliche Voraussetzung für ein langes Leben. Dadurch lernen Pferde nicht nur ungefährliche von gefährlichen Situationen zu unterscheiden, sondern sie lernen auch, wie man eine unnötige Flucht und einen damit verbundenen Energieverlust vermeiden kann. Dieses Verhalten bezeichnet man auch als angeborenes Neugierverhalten. Ein toller Nebeneffekt: Auf diese Weise wird wissenschaftlich erwiesen nicht nur das Wohlbefinden des Pferdes, sondern auch seine Leistungsfähigkeit gesteigert.

Zur Gewöhnung und um das Neugierverhalten zu fördern, gestalte ich meinen Hof ständig um – wie bei »Schöner Wohnen«! Ich gewöhne Pferde gerne an bewegliche Gegenstände und Geräusche, indem ich beispielsweise Flatterband am Stall aufhänge, Luftballons an Weidepfosten festbinde oder Wassersprinkler

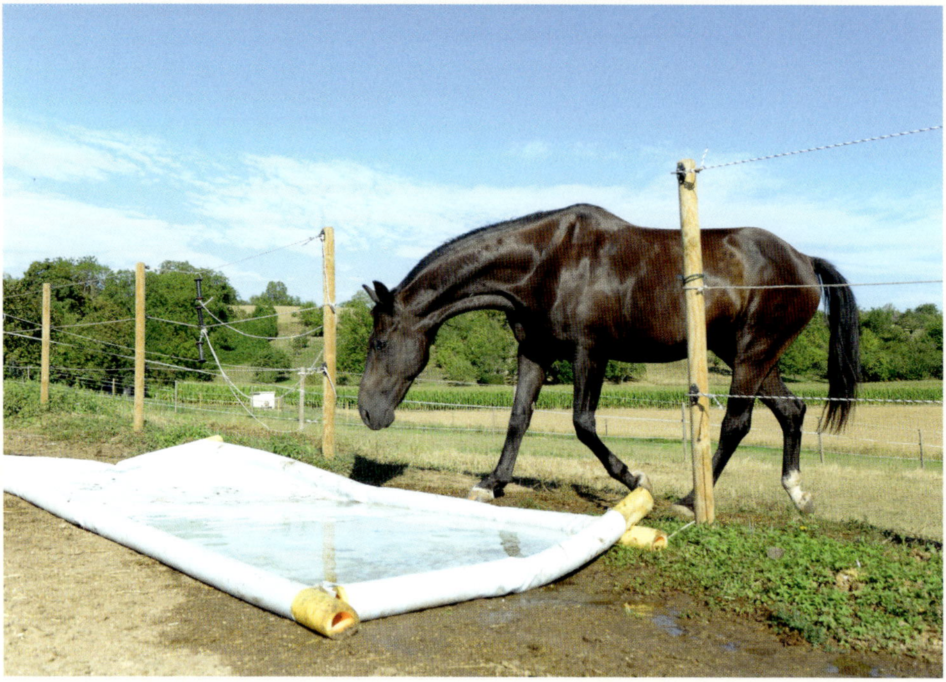

Um das Neugierverhalten zu fördern, gestalte ich meinen Hof ständig um – wie bei »Schöner Wohnen«!

auf den Paddock stelle. Um Pferden die Angst vorm Anhänger zu nehmen, parke ich meinen Anhänger auf der Weide oder auf dem Paddock. Dann können die Pferde den Anhänger nach Lust und Laune erkunden. Meinen Anhänger mit Frontausstieg parke ich auch gerne zwischen Stall und Weide, sodass die Pferde durchlaufen müssen, wenn sie auf die Weide wollen. So verliert das »Anhänger-Monster« ganz schnell an Gruselfaktor. Wichtig dabei ist, dass man die Deichsel polstert und den Anhänger unterbaut, damit er nicht wippt. Auch sollte man darauf achten, dass nichts absteht, woran das Pferd sich verletzen könnte.

Auch super: Um Pferde an unterschiedliche Böden zu gewöhnen, lege ich gerne mal zwischen Box und Anbindeplatz, am Weidetor oder beim Eingang zum Reitplatz eine Plane auf den Boden.
Indem Pferde die Möglichkeit haben, möglichst viele vermeintlich gruselige Dinge ganz in Ruhe selbst zu erkunden, lernen sie quasi wie von selbst und werden immer cooler. Ist doch super, oder? Darüber hinaus bilden sich neuronale Verbindungen im Gehirn und es steigt die Chance, dass das Pferd bei ähnlichen gruseligen Situationen einen ähnlichen Lösungsweg sucht, sprich es wird nicht mehr erschrecken und den Gegenstand stattdessen beschnüffeln.

Am besten ist es natürlich, wenn man bereits Fohlen an so viele neue Dinge wie möglich heranführt, denn die Lernkurve ist in den ersten sechs Monaten für solche Dinge extrem hoch. So legt man einen richtig tollen Gelassenheitsgrundstein fürs ganze Leben!

3.2 Wie Pferde unsere Welt sehen

Um ein Pferd mit gezielten Übungen zu einem gelassenen, sicheren Partner zu machen, müssen wir zunächst verstehen, wie Pferde unsere Welt wahrnehmen und vor was sie sich am meisten gruseln. Dann können wir ihnen am besten helfen.
Dazu ist es hilfreich zu wissen, dass Pferde unsere Welt grundsätzlich sehr viel intensiver wahrnehmen als wir Zweibeiner. Sie sehen, hören, riechen und denken anders als wir Menschen. Pferdeohren sind zusammen mit den Augen ein ausgezeichnetes Frühwarnsystem, ohne das Pferde die letzten Jahrmillionen nicht überlebt hätten. Denn als geborene Hochleistungsfluchttiere müssen sie immer auf der Hut sein und ruckzuck entscheiden, ob sie weiter fressen können oder gefressen werden.

An dieser Stelle möchte ich besonders auf die beiden Sinne »Sehen« und »Hören« eingehen, da ich in all den Jahren als Pferdetrainerin die Erfahrung gemacht habe, dass sich Pferde am meisten vor Sichtreizen oder Geräuschen erschrecken. Es gibt auch Pferde, die auf beides stark reagieren: Nur weil das Pferd beim Auftauchen eines Schirms cool bleibt, bedeutet das noch lange nicht, dass es beim Aufschnappen und Zusammenklappen ebenfalls gelassen bleibt.

Diese Punkte sind als Grundwissen fürs Gelassenheitstraining wichtig:

Sehen

- Pferde haben ein größeres Gesamtsichtfeld als wir Menschen. Sie können mit ihren seitlich angeordneten Augen nahezu rundum sehen. Dennoch haben Pferde eine sogenannte blinde Zone im Bereich der Nüstern und direkt davor sowie hinter dem Pferd entlang des Rückens. In diesen toten Winkeln

Pferde nehmen unsere Welt viel intensiver wahr, als wir Menschen.

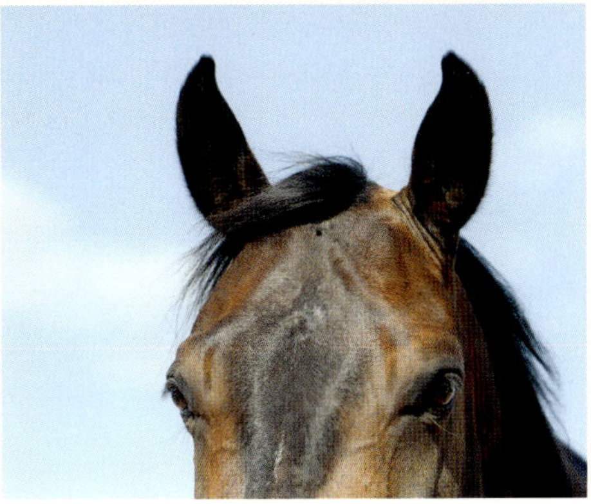

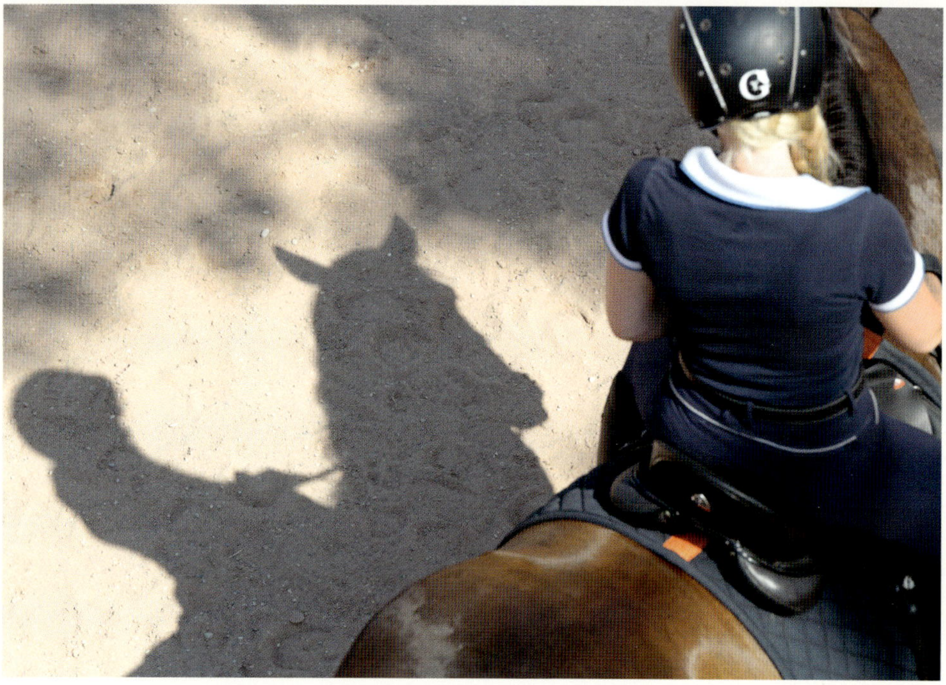

Solche Schattenspiele auf dem Reitplatz können viele Pferde irritieren.

sieht das Pferd nichts. Es muss den Kopf drehen, um in diesen Bereichen etwas erkennen zu können. Aus diesem Grund kann sich ein Pferd erschrecken, wenn plötzlich etwas aus einem toten Winkel auftaucht, wie beispielsweise der Arm des Reiters. Reize in Bodennähe von schräg hinten lösen beim Pferd am wahrscheinlichsten eine Fluchtreaktion aus. In Studien konnte man nachweisen, dass wenn das Pferd mit etwas beschäftigt ist wie beispielsweise Fressen, Schreckreize von unten eher wahrgenommen werden als jene, die an der Seite auf Buggelenkshöhe präsentiert wurden.

- Das Pferd sieht nur in einem kegelförmigen Bereich direkt vor sich dreidimensional (circa 70 Grad, Mensch circa 120 Grad). Lediglich in diesem Bereich können sie Abstände gut abschätzen. Ein Beispiel: Wenn ein unbekanntes Objekt seitlich auftaucht, kann man beobachten, dass Pferde es prüfen, indem sie den Kopf in diese Richtung wenden, um es dreidimensional sehen und den Abstand einschätzen zu können.
- Die meisten Pferde scheuen eher auf der linken Hand. Dafür gibt es eine einfache Erklärung: Wenn das Pferd etwas mit dem linken Auge erfasst, wird dieser Eindruck

in der rechten Gehirnhälfte verarbeitet. Hier werden die Informationen eher emotional verarbeitet. In der linken Gehirnhälfte hingegen, in der die Informationen aus der rechten Körperhälfte eingehen, werden die Informationen eher rational verarbeitet. Wenn Pferde auf der rechten Hand scheuen, liegt das meiner Beobachtung nach oft daran, dass sie einfach gewöhnt sind, dass wir alles von links machen wie Halftern, Satteln und Aufsteigen.
- Pferde brauchen mehr Zeit, um ihre Augen von Hell auf Dunkel umzustellen als der Mensch. Aus diesem Grund stocken manche Pferde, wenn sie beispielsweise auf einem sonnigen Reitplatz sind und plötzlich der Schatten eines Baumes vor ihnen am Boden auftaucht.
- Pferde sehen im Verhältnis zum Menschen besser im Dämmerlicht.

Eine weitere bemerkenswerte Fähigkeit, die direkt mit dem Sehen verbunden ist, ist das Erkennen von Veränderungen in der Umgebung. Das kann eine Schubkarre sein, die plötzlich an einem anderen Platz steht. Das Pferd springt plötzlich »aus dem Nichts« zur Seite, obwohl es die Schubkarre schon gefühlte tausendmal gesehen hat. Der Grund: Das Pferd ist darauf getrimmt, kleinste Veränderungen in seiner Umgebung wahrzunehmen, schließlich könnte das in freier Wildbahn ein Anzeichen für eine lauernde Raubkatze sein. Interessant, oder?

Hören

- Pferde hören besser als Menschen. Geräusche können aus bis zu vier Kilometern Entfernung noch erkannt werden.

Darüber hinaus besitzen Pferde eine weitere sehr außergewöhnliche Fähigkeit; sie können nämlich andere Lebewesen lesen. Das ist zwar kein »echter« Sinn wie Sehen und Hören, aber dieser Punkt ist extrem wichtig fürs Training, denn ein Pferd ist in der Lage, subtilste Anzeichen von Anspannung, Stress, Aufregung oder Angst bei anderen Lebewesen wahrzunehmen. Deinen Herzschlag spürt es wissenschaftlich erwiesen übrigens bereits aus sechs Metern Entfernung! Aus diesem Grund macht es auch keinen Sinn, mit weichen Knien Gelassenheitstraining zu machen oder in den Sattel zu steigen – Dein Pferd spürt das ganz genau (siehe dazu auch Seite 119). Das wiederum kann es verunsichern.

Voraussetzungen für ein erfolgreiches Gelassenheitstraining

Grundsätzlich würde ich sagen, dass man aus jedem Pferd – und sei es ein noch so großer Angsthase – mithilfe meiner Übungen einen relativ coolen Partner machen kann. Jedoch gibt es keine Regel ohne Ausnahmen! Es gibt gewisse Faktoren, die man unbedingt vorher abklären sollte:

1. Ist das Pferd gesund? Augenerkrankungen können beispielsweise zu einer Einschränkung des Gesichtsfelds und somit zu einer erhöhten Schreckhaftigkeit führen.
2. Sind die Grundbedürfnisse des Pferdes gestillt? Eine 24-Stunden-Boxenhaltung bewirkt, dass die Reizschwelle bei einem isoliert gehaltenen Pferd niedriger ist. Die Folge: Jedes noch so unwichtige Ereignis im monotonen Tagesablauf erhält eine überdimensionale Bedeutung für das Pferd. Sie erschrecken wegen »Nichts« und sind schnell übererregt. Auch ständiger Hunger oder fehlender Kontakt zu Artgenossen kann die Reizschwelle des Pferdes spürbar senken.
3. Hat das Pferd negative/traumatische Erfahrungen gemacht? Wenn ein Pferd beispielsweise mal einen Unfall mit einem Traktor hatte, kann sich das als ein traumatisches Erlebnis im Pferdekopf festgesetzt haben, dessen Korrektur man besser einem Profi-Trainer überlassen sollte, denn Pferde vergessen nicht so leicht. Ein Profi kann das unerwünschte Verhalten gezielt mit einem anderen Verhalten »überspielen«, sprich dem Pferd etwas Neues beibringen, um so das unerwünschte Verhalten zu verdrängen. Je älter die schlechte Erfahrung, desto schwieriger wird die Korrektur: Flüchtet ein Pferd schon seit Jahren, müssen sehr viele neuronale Verbindungen im Gehirn zu einem anderen Verhalten neu geknüpft werden, bis das Pferd nicht mehr scheut und die Angst ablegt. Das braucht viel Zeit und Fingerspitzengefühl.

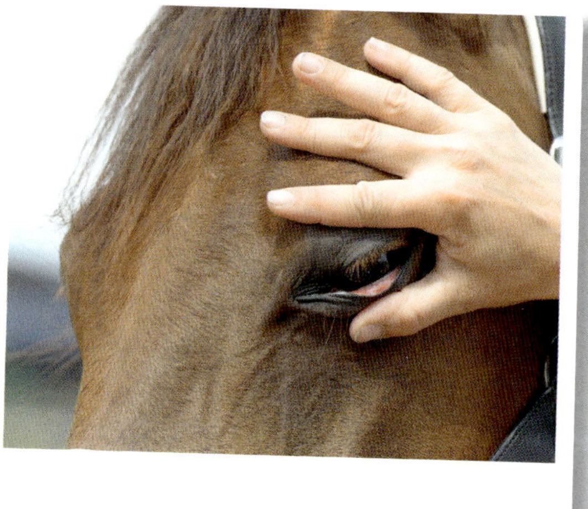

Augenerkrankungen können beispielsweise zu einer Einschränkung des Gesichtsfelds und somit zu einer erhöhten Schreckhaftigkeit führen.

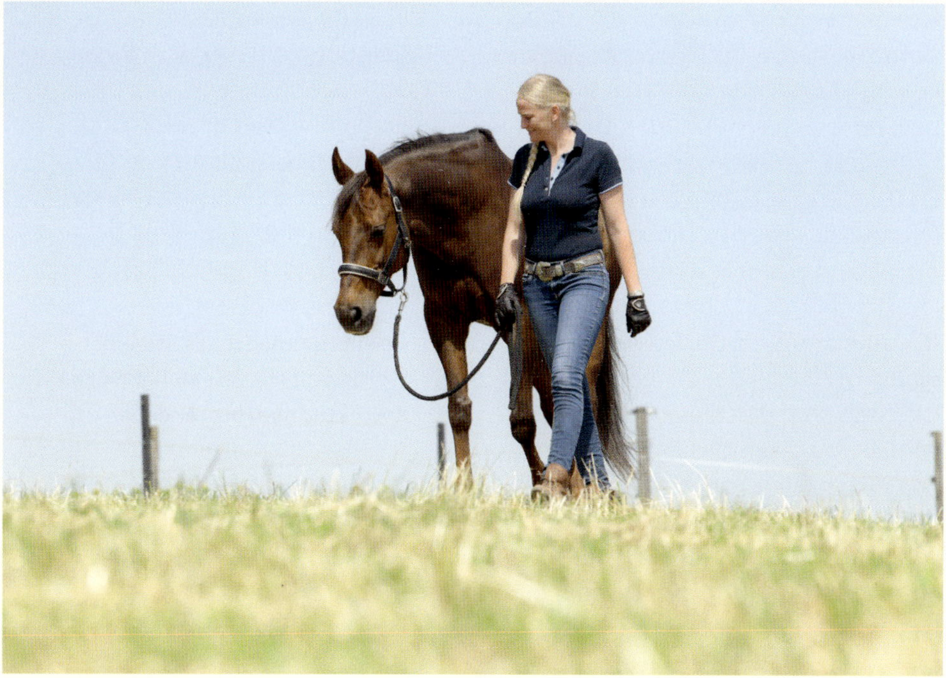

Bevor Du mit dem Gelassenheitstraining startest, solltest Du das Pferd im Schritt gut aufwärmen.

3.3 Vorbereitung ist (fast) alles

Trainingsort

Eine wichtige Voraussetzung für ein erfolgreiches Gelassenheitstraining ist ein fest eingezäunter Platz oder eine Reithalle, denn es kann schon mal vorkommen, dass sich ein Pferd vor Schreck losreißt. Damit die Verletzungsgefahr fürs Pferd gering bleibt, solltest Du außerdem auf einen rutschfesten Boden achten. Es geht auch eine trockene, ebene und eingezäunte Wiese. Sie darf aber keine großen Löcher haben. Matschweiden sind ebenfalls tabu fürs Training. Ebenso darf das Pferd beim Gelassenheitstraining nicht angebunden werden.

Equipment

Für das Gelassenheitstraining brauchst Du keine besondere Ausrüstung am Pferdekopf oder in der Hand. Du kannst das Equipment nehmen, das Du schon für die Basis-Bodenarbeitsübungen genommen hast (siehe Seite 32). Hinzu kommt das Equipment für den Gelassenheitsparcours. Was Du dafür brauchst und wie Du welches Hindernis am besten aufbaust, beschreibe ich bei der jeweiligen Übung. Der Besitzer beziehungsweise Reiter sollte festes Schuhwerk und Handschuhe tragen.

Warm-Up

Bevor Du mit dem Training beginnst, musst Du das Pferd zunächst gut

aufwärmen. Zwar werden beim Gelassenheitstraining die Knochen, Gelenke und Muskeln des Pferdes nicht besonders stark belastet, trotzdem kann Dein Pferd einmal wegspringen und sich dabei Sehnen, Bänder oder Muskeln zerren. Aus diesem Grund ist ein Warm-Up super wichtig. Eine Faustregel besagt, dass durch 10- bis 15-minütiges Schrittgehen die Pferdegelenke optimal geschmiert und die Durchblutung der Muskulatur anregt wird. Sollte das Pferd direkt aus der Box ins Training kommen, ist die Aufwärmzeit länger als bei Tieren, die von der Weide kommen oder die in einem Aktivstall ohnehin ständig in Bewegung sind.
Meine Basis-Bodenarbeitsübungen inklusive der klassischen Handarbeit eignen sich ideal als Warm-Up. Sie bereiten nicht nur das Pferd physisch gut vor, sondern machen es auch aufmerksam auf uns und unsere Signale.

3.4 Meine Prinzipien beim Gelassenheitstraining

Diese Tipps sind die Basis all meiner Gelassenheitsübungen:

- Du befindest Dich immer auf der Seite des Reizauslösers.
- Lasse Deinem Pferd immer einen Fluchtweg frei und vermeide Engpässe an Hindernissen. Pferde haben von Natur aus Platzangst.
- Falls Ihr zu zweit arbeitet: Beide Personen müssen auf derselben Seite stehen, damit das Pferd einen Fluchtweg frei hat.
- Halte stets Abstand von der Hinterhand; jedes Pferd kann auch einmal austreten.
- Stelle Dich in Angstsituationen nicht vor das Pferd.
- Die Notbremse: Sollte das Pferd wegspringen, versuche seinen Kopf nach innen zu stellen, damit es seine Hinterhand automatisch von Dir wegdreht.
- Erarbeite alle Gegenstände zunächst vom Boden aus, bevor Du in den Sattel steigst.
- Von leicht zu schwer: Meine Bailey kam garantiert nicht auf die Welt und konnte sofort über eine zwei Meter hohe Wippe gehen. Das mussten wir langsam üben und aufbauen. Auch jetzt als Profi darf sie sich jedes Mal vor der Show langsam wieder an die Hindernisse gewöhnen. Was ich damit Dir auf den Weg geben möchte: Starte bitte immer mit möglichst kleinen Reizen beziehungsweise vom Bekannten zum Unbekannten, damit das Pferd nicht überfordert wird und keiner in Gefahr gerät, weil das Pferd eine starke Abwehrreaktion zeigt. Setzt man außerdem einmal einen Reiz zu stark, ist es möglich, dass die Gewöhnung wieder von vorne anfangen muss. Steiger die Reizstärke stets peu à peu, um den Stress nur so weit auszulösen, wie er für Dein Pferd zu bewältigen ist. Schritt für Schritt

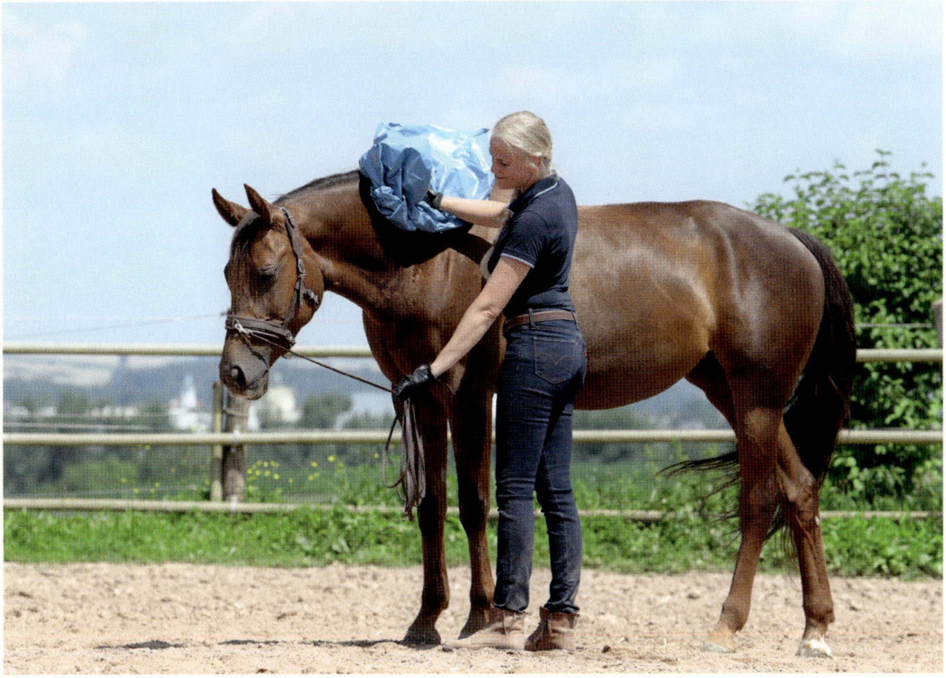

Der Mensch befindet sich immer auf der Seite vom Reizauslöser.

Wenn man zu zweit arbeitet: Beide Personen müssen auf derselben Seite stehen, damit das Pferd einen Fluchtweg frei hat.

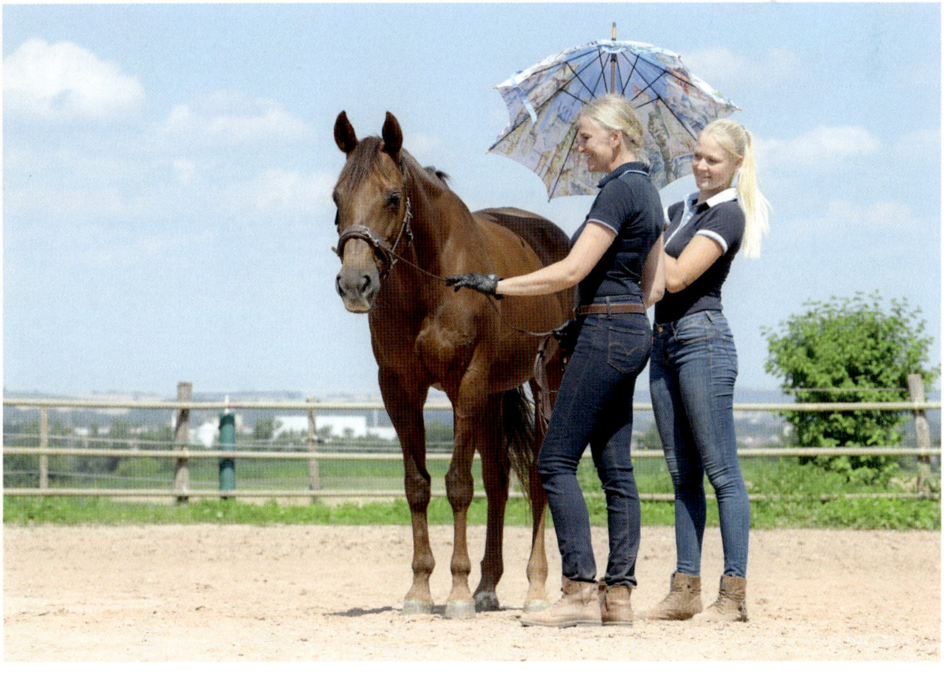

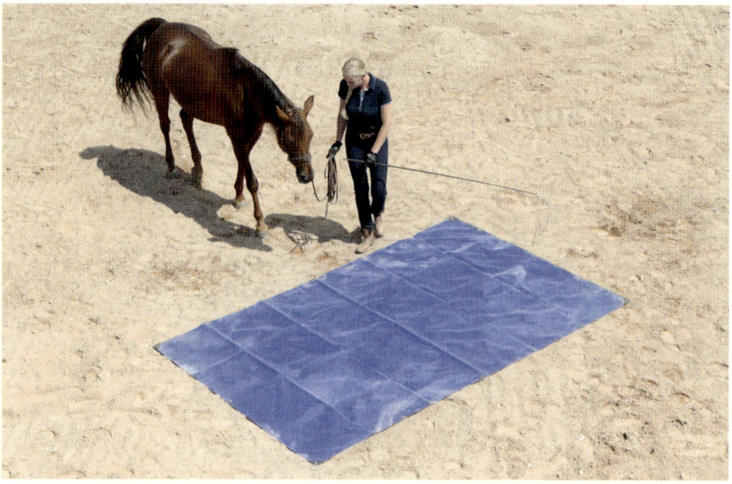

Annäherung an die Plane …

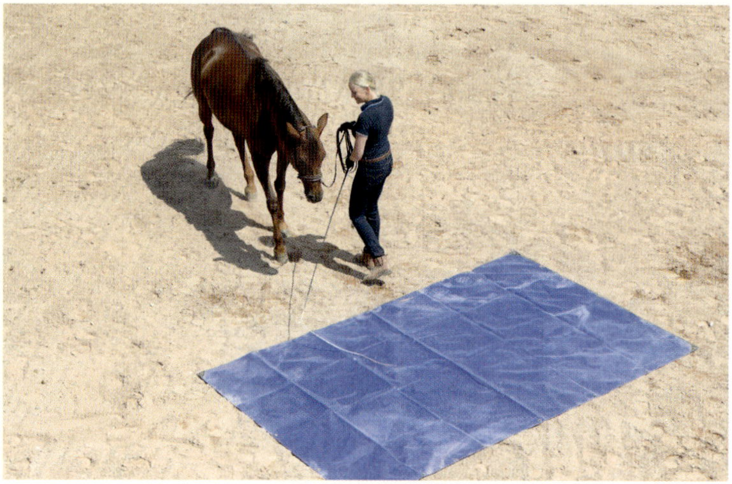

… und Rückzug …

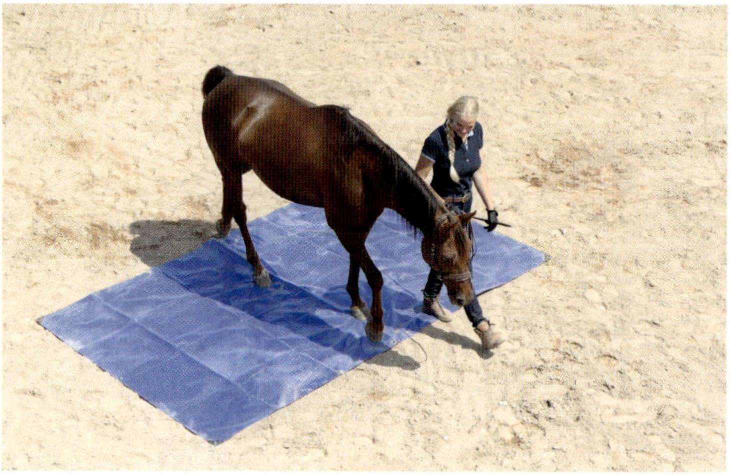

… bis das Pferd ganz entspannt über die Plane geht.

zu trainieren stärkt überdies Eure Beziehung: Das Pferd merkt, dass Du es nicht überforderst, sondern seine Sorgen ernst nimmst.

- Annäherung und Rückzug: Ich habe in all den Jahren die Erfahrung gemacht, dass viele kleine Schritte wichtiger sind als ein schneller, großer Erfolg. Um ein Pferd mutiger und gelassener zu machen, nutze ich daher gerne das Prinzip von Annäherung und Rückzug. Dieses Prinzip vermittelt dem Pferd, dass ich seine Sorgen ernst nehme und gleichzeitig die Situation im Griff habe. Außerdem vermeidet man damit, dass es zu einer Volleskalation kommt. So findet das Pferd Schritt für Schritt Vertrauen in neue Aufgaben. Ein Beispiel: Angenommen ich möchte, dass mein Pferd über eine Plane geht, gehe ich so vor:
1. Im ersten Schritt möchte ich lediglich, dass sich mein Pferd kognitiv mit dem unbekannten Gegenstand beschäftigt. Das kann im Fall der Plane sein, dass das Pferd in die Halle kommt und die Plane aus der Entfernung bemerkt. Das ist bereits ein erster wichtiger Schritt!
2. Jetzt setze ich bereits mit einem Rückzug an: Ich bleibe stehen, sorge für Entspannung, indem ich das Pferd den Kopf absenken lasse (siehe Seite 40) und richte das Pferd danach ein paar Schritte rückwärts. Wichtig: Ich lasse das Pferd immer gerade rückwärts gehen (nicht umdrehen und weggehen o.ä.).
3. Dann kommt wieder die Annäherung: Ich fordere das Pferd auf, sich der Plane zu nähern. Nach ein paar Schritten (manchmal kann es auch nur ein einziger Schritt sein), folgt wieder der Rückzug mit Stehenbleiben, Kopfabsenken und Rückwärtsrichten.
4. Dann kommt wieder die Annäherung, dann wieder der Rückzug und so weiter, bis das Pferd immer mutiger wird und ganz entspannt über die Plane geht.

Kurze Pause mit Kopfabsenken.

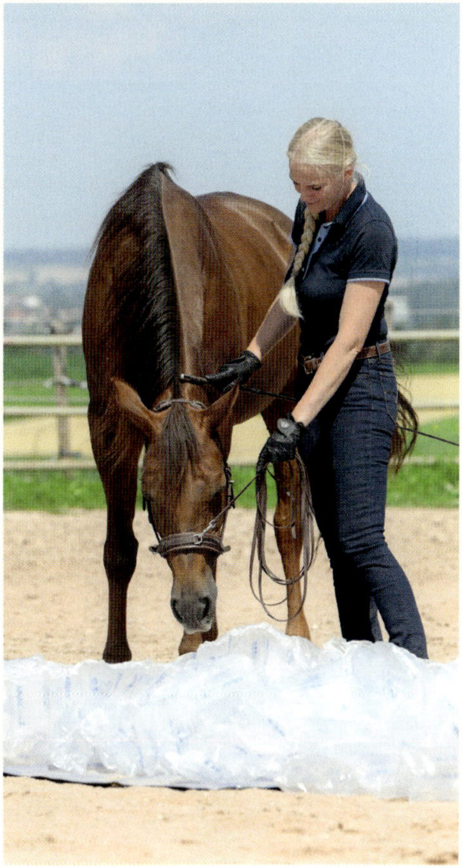

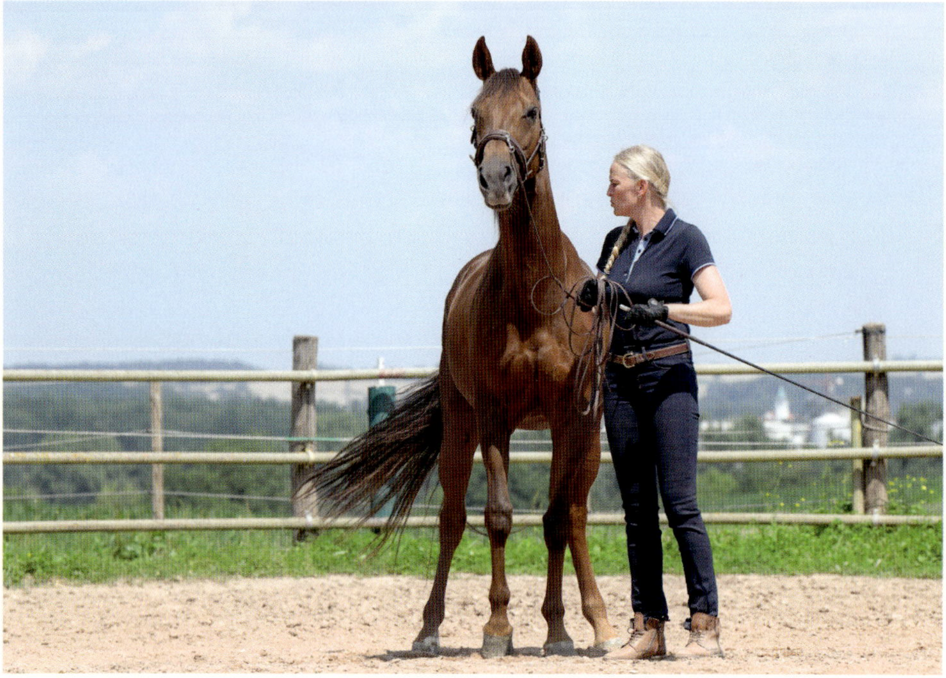

Chex me hat etwas vermeintlich Gruseliges entdeckt und stellt sich hoch auf.

Wann ist ein guter Zeitpunkt, um den Rückzug anzutreten? Grundsätzlich sollte man die Annäherung stoppen und den Rückzug antreten (Stehenbleiben, Kopfabsenken, Rückwärtsrichten), wenn das Pferd (noch) entspannt ist. »Noch« deswegen, weil wir beim Prinzip von Annäherung und Rückzug stets an der sogenannten »Cutting Edge«, also an einer Schneide, arbeiten. Wir wollen, dass das Pferd einen kleinen Fortschritt macht und bringen es über die Annäherung ganz leicht aus seiner Komfortzone, gleichzeitig müssen wir aber unbedingt verhindern, dass die Situation eskaliert, weil wir sonst das Vertrauen des Pferdes verlieren. Die Cutting Edge ist bei vielen Pferden häufig nur ein einziger Schritt! Darüber sollten wir uns bewusst sein. Ich empfehle Dir daher, ganz genau auf das Verhalten Deines Pferdes zu achten und am besten schon den Rückzug anzutreten, noch bevor Dein Pferd sich anspannt oder hoch aufstellt (Freeze-Modus). Denn dann ist es oft nicht mehr weit, bis das Pferd flüchtet oder sogar angreift (Fight-or-Flight-Modus). Und das gilt es unbedingt zu vermeiden! Mehr dazu auch auf Seite 113.

- Timing: Dein Pferd entscheidet binnen weniger Sekunden, ob es reagieren und flüchten muss oder ob der Reiz irrelevant ist. Deswegen ist gerade beim Gelassenheitstraining das richtige Timing sehr wichtig!

- Pausen: Gelassenheitstraining ist richtig anstrengend für den Pferdekopf. Meiner Erfahrung nach ist nach maximal 20 Minuten bei den meisten Pferden mit der Konzentration Schluss. Dann brauchen sie eine Auszeit auf dem Paddock oder der Weide, um das Gelernte zu verarbeiten und den Lernstress, den es durchaus beim Training geben kann, abzubauen. Darüber hinaus solltest Du während dem Training auch immer wieder Mini-Pausen einlegen.
- Loben: Beim Gelassenheitstraining könnte ich ausflippen vor Begeisterung. Indem man das Pferd überschwänglich mit freundlichen Worten lobt (»Fein gemacht«, »Super«), motiviert man sein Pferd unglaublich und macht es richtig mutig. Das Belohnungszentrum vom Gehirn setzt daraufhin Wohlfühlhormone wie Dopamin frei. Das ist ein Motivationsbeschleuniger, der Lust auf mehr macht. Dein Pferd wird das Verhalten gerne wiederholen. Lob erhält überdies den Fleiß und die Pferde ziehen regelrecht zu Neuem statt zu fliehen. Natürlich kannst Du Dein Pferd auch gerne streicheln, ihm einen Keks oder etwas anderes anbieten, was für das Pferd ein gutes Lob darstellt (beispielsweise Schrittpause, Kopfabsenken, Kraulen).

Fein gemacht, Chex me!

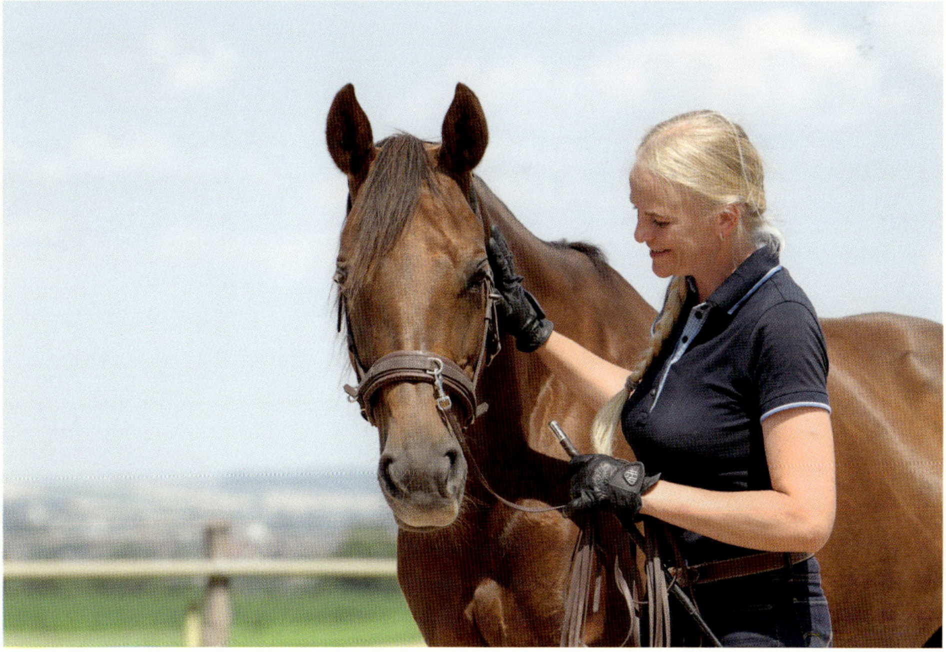

Leckerlis finde ich im Übrigen völlig okay. Mein Pferd darf auch betteln und mich fragen, ob es einen Keks bekommen darf. Das mache ich ja auch, wenn ich etwas gerne haben möchte. Was ich allerdings nicht möchte, ist, wenn ich mal Nein sage und mein Pony daraufhin motzt oder nölt.

Wie vermittle ich meinem Pferd, dass es keine Angst zu haben braucht?

Immer wieder werde ich gefragt, wie man das Pferd beim Gelassenheitstraining am besten führt, um ihm Sicherheit zu geben, sprich ob hinter sich, neben sich oder voraus, indem man das Pferd schickt. Wie bei vielen solchen Themen habe ich auch hier kein Dogma. Ich empfehle, das Pferd so zu führen, wie man sich am wohlsten fühlt und welche Führposition dem Pferd guttut.

Grundsätzlich habe ich in den vergangenen Jahren jedoch die Erfahrung gemacht, dass die meisten Pferde am liebsten dem Menschen zunächst hinterherlaufen nach dem Prinzip vom Führen und Folgen (siehe Seite 41) und ganz nach dem Motto »Regle Du das mal erst an der Front, ich komme nach«. Dieses Entenmarschprinzip gibt vielen Pferden Sicherheit. Indem sie sehen, dass der Mensch die Furcht einflößende Situation erfolgreich bewältigt (und dabei nicht gefressen wird), werden sie auch mutiger und laufen dem Menschen hinterher, ohne sich dabei groß zu sorgen.
Wenn Du jedoch das Gefühl hast, dass das Pferd beim Führen und Folgen Dir vor

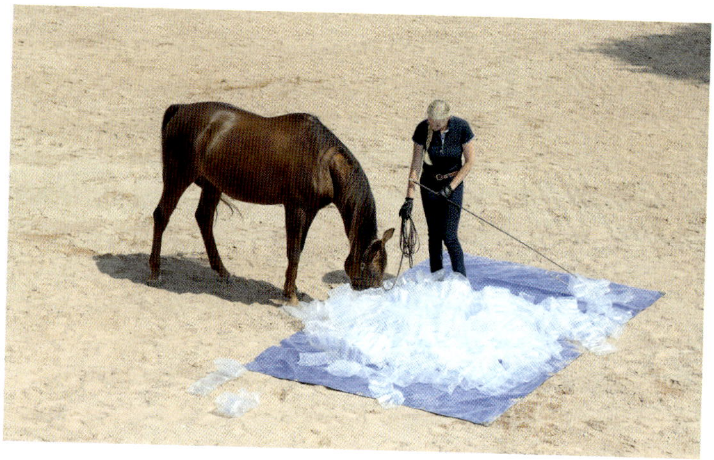

Wenn ich vorausgehe weiß Chex me, dass sie sich keine Sorgen zu machen braucht und alles in Ordnung ist.

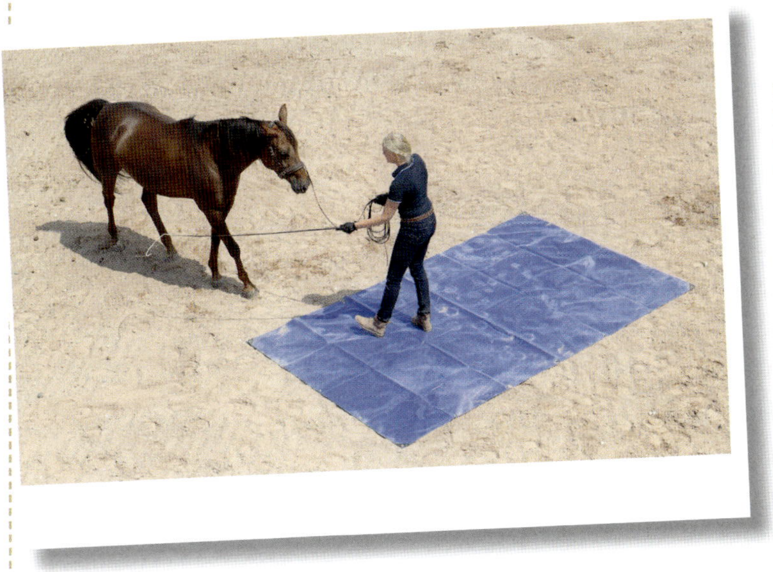

Die Arbeit nach meinem Raumkonzept funktioniert auch beim Gelassenheitstraining!

Angst am liebsten auf den Arm springen oder Dich über den Haufen rennen würde und das für Euch beide echt blöd enden könnte, würde ich mich tendenziell eher neben das Pferd auf Kopf-Hals-Höhe stellen und nach meinem Raumkonzept arbeiten (Seite 37).

Die Arbeit mit dem Raumkonzept gibt dem Pferd einen klaren Rahmen und somit Sicherheit und lässt es ruhiger/konzentrierter werden. Darüber hinaus lernt das Pferd auch unseren privaten Raum zu akzeptieren, also dass es nicht in uns reinspringen darf. Gleiches empfehle ich auch bei hochsensiblen sowie tendenziell aggressiven Pferdetypen oder den kleinen Dramaqueens, die sich gerne mal in eine Situation reinsteigern.

Immer wieder beobachte ich Reiter, die ängstliche, aggressive oder hypersensible Pferde an einem Gelassenheitshindernis sofort schicken, sprich ihr Pferd vorauslaufen lassen. Sie wägen sich damit in Sicherheit, dass das Pferd sie in dieser Position nicht umrennen kann. Aber das ist ein Trugschluss! Schicken ist mitunter das Schwierigste für ein Pferd im Gelassenheitstraining, denn man fordert es auf, sich ganz allein um die Furcht einflößende Situation zu kümmern. Das kann zu Überforderung und einem Vertrauensverlust führen! Denk nur mal an eine Pferdeherde und was sie tut, um Sicherheit zu geben. Natürlich gibt es in der Pferdeherde auch Führer, die andere Pferde vorausschicken, wie den Hengst in der Herde. Aber sie schützen das Herdenmitglied in der neuen Situation dadurch nicht, sondern setzen es der Gefahr aus (Stichwort »Kanonenfutter«) und schützen damit nur sich selbst.

Ich schicke ein Pferd erst voraus, wenn Führen und Folgen sowie Raumarbeit mit dem Furcht einflößenden Objekt gut klappen. Richtig angewendet macht Schicken Pferde dann tatsächlich noch mutiger und selbstsicherer!

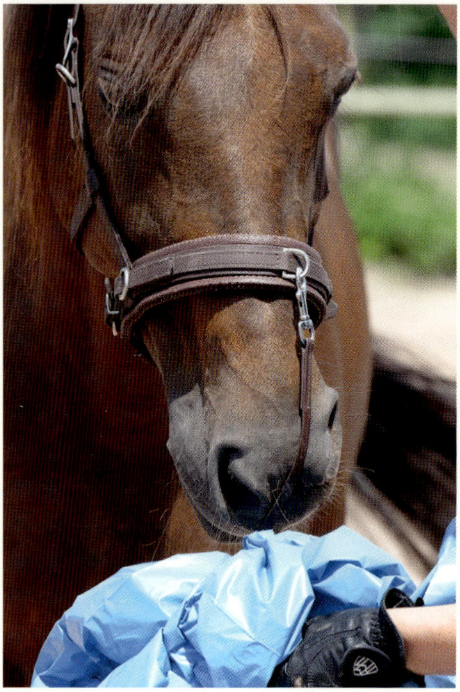

Chex me schnuppert am Müllsack.

3.5 Meine Lieblingsübungen im Gelassenheitstraining

Auf den folgenden Seiten findest Du meine absoluten Gelassenheits-Übungslieblinge, die ich mit jedem Pferd mache. Bitte beachte, dass für alle Übungen meine in Kapitel 3.4 beschriebenen Trainingsprinzipien gelten. Beispielhaft erwähne ich die Prinzipien auch bei einzelnen Übungen, um zu verdeutlichen, worauf es ankommt. Die Prinzipien bei jeder Übung komplett aufzuführen, würde jedoch den Rahmen dieses Buches sprengen. Dafür bitte ich um Verständnis.

1. Müllsack

Ja, ein Müllsack ist hässlich, aber sehr nützlich. Das gilt auch fürs Pferdetraining. Mit einem leeren Sack kann ich beispielsweise eine flatternde Decke auf dem Pferderücken oder eine Jacke des Reiters im Sattel simulieren. Der Müllsack kann in einer für das Pferd bedrohlichen Höhe oder sogar aus einem toten Winkel auftauchen. Darüber hinaus macht ein Müllsack sehr merkwürdige Geräusche. Ein weiterer Vorteil: Einen Müllsack hat jeder Pferdebesitzer beziehungsweise Reiter zu Hause, sodass Du sofort ohne großen Aufwand mit dem Gelassenheitstraining starten kannst.

Welcher Müllsack eignet sich fürs Training?
Ich unterscheide drei Steigerungsformen:

1. der dünne gelbe oder durchsichtige Sack, der nur wenig raschelt
2. der dunkelblaue mittelstarke Sack
3. der sehr stabile königsblaue Sack

Starte bitte immer mit dem dünnen, gelben Sack, um das Pferd schonend daran zu gewöhnen. Akzeptiert das Pferd den dünnen Müllsack, kannst Du mit dem dunkelblauen, mittelstarken Sack weiterarbeiten und erst zum Schluss wechselst Du zur »Hardcore-Variante«, dem königsblauen Sack.

So geht's: Anfangs kannst Du den Müllsack ganz klein zusammenknüllen, bis er die Form eines kleinen Balls hat. Zeige Deinem Pferd zunächst den zerknüllten Sack.

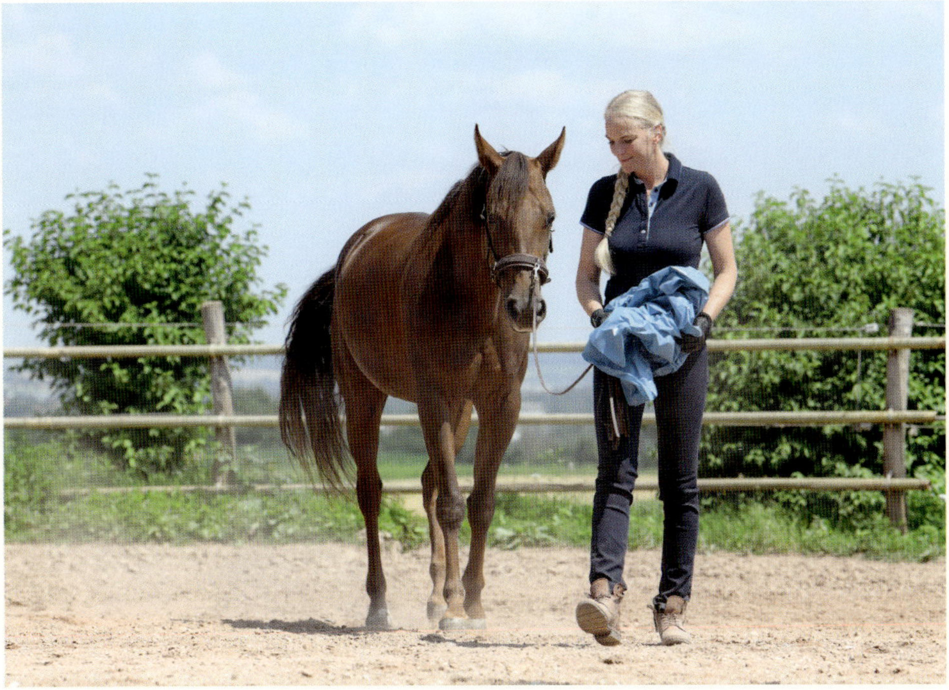

Ich halte den Müllsack und gehe voraus. Das Pferd befindet sich nun in der treibenden Position. Das macht Pferde unglaublich mutig!

Ob ich ein Pferd am Müllsack oder einem anderen unbekannten Gegenstand schnuppern lasse, hängt sehr stark vom Pferdetyp ab. Nicht jedes Pferd ist so extrovertiert, dass es den Sack untersuchen will. Die Gefahr: Bei einem unsicheren/ängstlichen Pferd kann es passieren, dass das Pferd sich zwar überwindet, den Sack mit der Nase anzustupsen, der Sack aber ein komisches Geräusch beim Berühren macht und das Pferd dann eine negative Erfahrung mit dem unbekannten Gegenstand abspeichert, die ich dann erst wieder in Ordnung bringen muss.

Eine Lern-Erleichterung für Pferde, die sehr kritisch sind oder sich vor dem Müllsack gruseln, ist die umgekehrte Psychologie. Diese Technik ist super effektiv und einfach umzusetzen:

1. Gehe erst mal mit dem Müllsack weg vom Pferd. Halte den Sack zunächst am besten vor Dich und fordere das Pferd auf, Dir zu folgen. Das Pferd befindet sich nun in der sogenannten treibenden

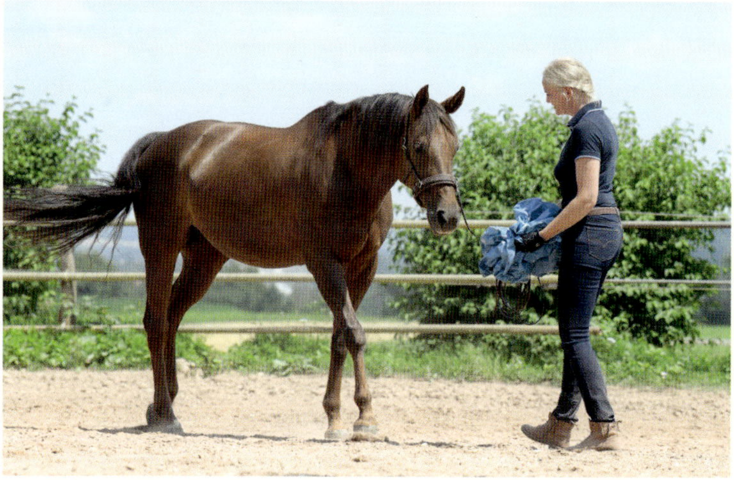

Im nächsten Trainingsschritt halte ich den Müllsack zwischen Pferd und mich und gehe weiter rückwärts.

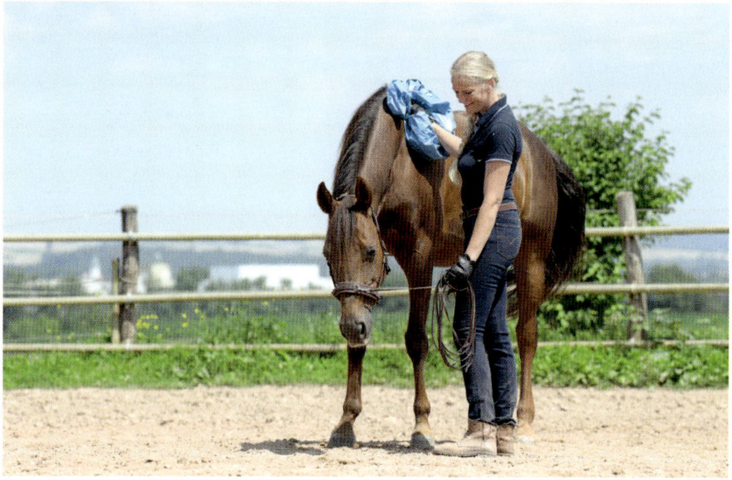

Für die meisten Pferde ist es anfangs in Ordnung, wenn man sie mit dem unbekannten Gegenstand an der Schulter berührt.

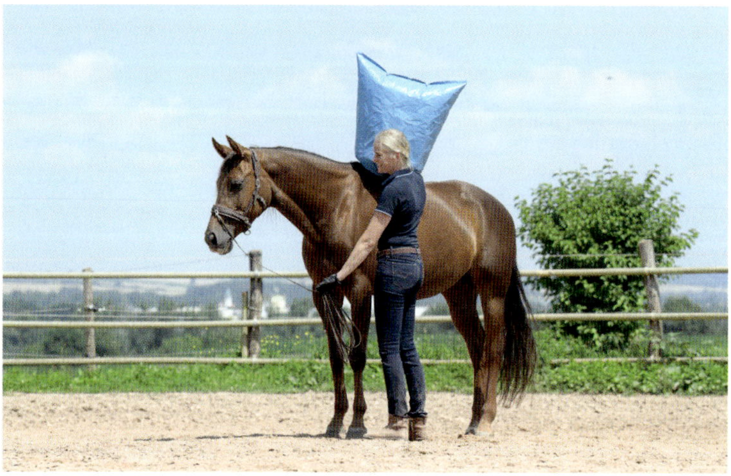

Chex me hat auch vor dem mit Luft gefüllten Müllsack keine Angst.

Position, sprich es lernt, dass alles Gruselige vor ihm weicht und es hat das Gefühl, dass es den Reizauslöser steuern kann. Das macht Pferde unglaublich mutig und lässt die Angst im Nu schwinden. Darüber hinaus befindet sich der Müllsack im Sichtfeld, wo das Pferd dreidimensional sehen kann, sprich es kann die Distanz zum Gruselmonster besser abschätzen. Allein das kann für das Pferd schon eine echte Erleichterung sein. Klappt das, drehst Du Dich zum Pferd um, gehst rückwärts und hältst den Müllsack nun zwischen Euch beide. Arbeite hier mit Annäherung und Rückzug, um das Pferd nicht zu überfordern.

2. Gehe danach mit dem klein geknüllten Müllsack zuerst an die Schulter des Pferdes. Bleibt es gelassen, wenn Du dort stehst, berührst Du das Pferd mit dem Sack an der Schulter. In diesem Bereich ist es für die allermeisten Pferde anfangs in Ordnung und nicht so gruselig. Arbeite hier mit Annäherung und Rückzug, um das Pferd nicht zu überfordern (Sack dranhalten, Sack wegnehmen und Pause mit Kopfabsenken, Sack wieder dranhalten und so weiter). Klappt das, wechselst Du die Seite und machst dasselbe Spiel an der anderen Pferdeschulter.
3. Erst wenn das auf beiden Seiten gut funktioniert, arbeitest Du Dich an die »heikleren« Körperpartien vor. Das sind Hals, Rücken, Kruppe und Beine. Ziel ist, dass Du Dein Pferd mit dem Müllsack am ganzen Körper abstreichen kannst und es dabei ganz gelassen bleibt.
4. Klappt das, füllst Du den Müllsack mit etwas Luft und berührst mit dem »Luft-Sack« das Pferd. Der Sack ist nun etwas größer und macht mehr Geräusche. Starte jetzt auch wieder an der Pferdeschulter. Reibe das Pferd zunächst damit ab.
5. Um den Reiz weiter zu erhöhen, kannst Du das Pferd mit dem Sack am ganzen Körper abklopfen: Dazu hältst Du den Müllsack am besten mit einer Hand fest und klopfst das Pferd mit Deiner Hand ab. Indem der Müllsack dann immer wieder Deinen Handrücken berührt, entstehen vermeintlich Furcht einflößende Geräusche.

Wichtig:

- Gehe niemals drohend mit dem Müllsack auf das Pferd zu, sonst verhältst Du Dich in den Augen des Pferdes wie ein Raubtier und das Pferd wird Dir nicht vertrauen.
- Bleibe mit dem Müllsack stets auf einer Seite des Pferdes und gehe damit nicht über die Rückenlinie. Der Sack würde aus Sicht des Pferdes plötzlich im anderen Auge auftauchen und das Pferd könnte dann in Deine Richtung scheuen.

Der Schlüssel zum Erfolg – moderne Lerntheorie:
Wir wollen das Pferd desensibilisieren, sprich in die Lage versetzen, dass

es den Reiz – in diesem Fall den Müllsack – als nicht mehr wichtig/relevant einstuft. Damit Dein Pferd lernt, einen unangenehmen Reiz auszuhalten und diesem künftig nicht mehr ausweicht, nutzt Du bei dieser Übung am besten die sogenannte operante Konditionierung mit negativer Verstärkung. Das bedeutet: Wenn Du den Sack einmal ans Pferd hältst, wird dieser erst entfernt, wenn das Pferd das erwünschte Verhalten wie Stillstehen zeigt. Dann erst erfolgt der Rückzug (Gegenstand wegnehmen, Pause und Kopfabsenken). Am besten setzt Du auch noch eine positive Verstärkung nach: Du lobst das Pferd sofort mit einem Leckerli, Deiner Stimme oder einer ausgiebigen Streicheleinheit, weil es so tapfer war. **Das Pferd lernt auf diese Art und Weise etwas ganz Wertvolles, das Euch für alle weiteren Übungen nützt (ja sogar für Euer ganzes gemeinsames Leben): Flucht ist falsch, Nachdenken und eine Alternative suchen (in diesem Fall Stehenbleiben und Aushalten) ist richtig.** Weil sich diese Lernerfahrung nicht beim ersten Mal sofort im Pferdekopf festsetzt, solltest Du die Übung mehrfach wiederholen.

Operante Konditionierung

Im Gegensatz zur Gewöhnung (siehe Seite 89) ist die operante Konditionierung ein bewusster Vorgang. Hierbei tritt ein Verhalten immer häufiger auf, weil es verstärkt wird, sprich das Pferd dafür eine Belohnung erhält. Dafür muss es grundsätzlich offen sein, sprich die Belohnung muss etwas sein, was es gerne haben/erreichen möchte. Eine Belohnung kann das Nachlassen von Druck (negative Verstärkung) sowie ein Leckerli oder Lob (positive Verstärkung) sein. Beides ist – richtig eingesetzt! – hochwirksam und ein toller Lernbeschleuniger.

2. Schirm

Ein Regenschirm ist einer der schrecklichsten Gegenstände, der uns im Stallalltag begegnen kann. Bei Regen kommt er auf jedem Ausritt vor. Manche Spaziergänger meinen es dann besonders gut und klappen den Regenschirm vor dem Pferd ein, um ihn dann doch auf Höhe des Pferdes wieder aufzuklappen. Und plötzlich wird für das Pferd aus dem Stock ein Ungeheuer. Pferde erschrecken sowohl wegen des »Klack«-Geräusches als auch wegen dem plötzlich auftauchenden Gegenstand, der oft aus einem toten Winkel erscheint.

So geht´s:

1. Zeige Deinem Pferd zunächst den zugeklappten Schirm und berühre es dann am ganzen Körper damit. Gehe hierbei Schritt für Schritt so vor, wie ich es bei der Übung »Müllsack« beschrieben habe.

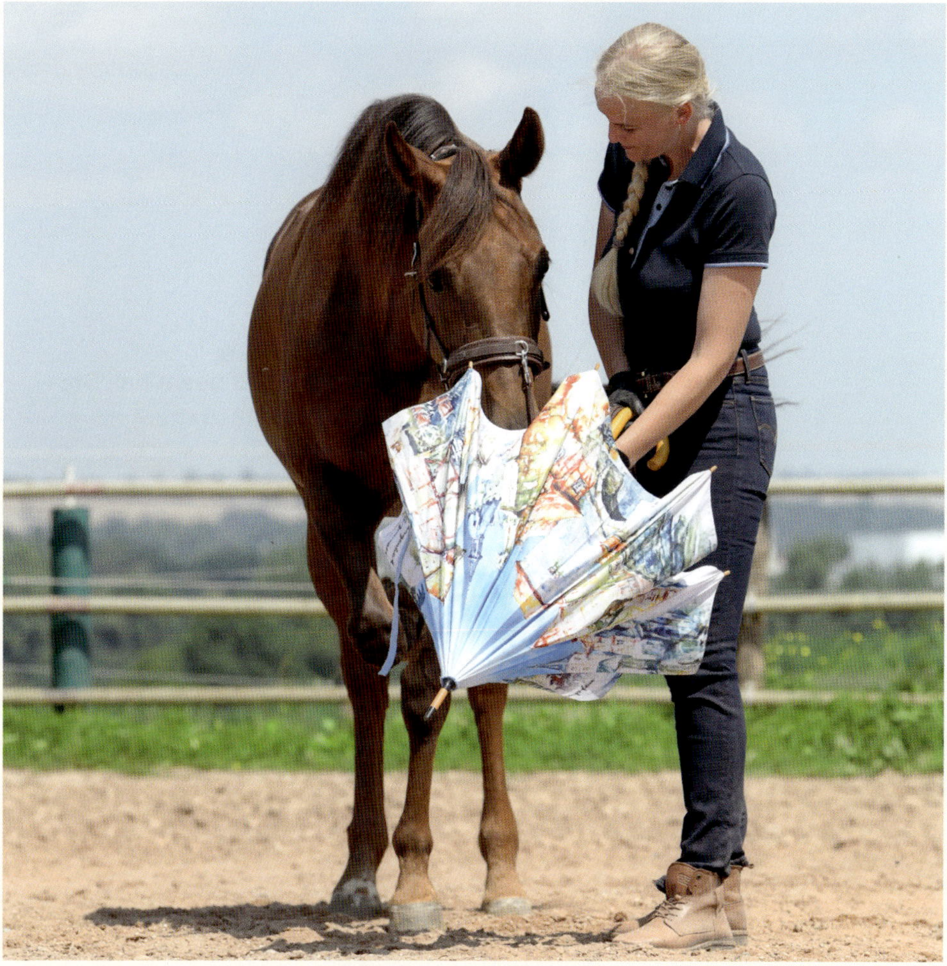

Ich zeige Chexme den Schirm und sie möchte daran schnuppern.

2. Im Anschluss gewöhnst Du Dein Pferd ans Auf- und Zuklappen aus einer Entfernung, in der das Pferd dabei gelassen bleibt. Klappe den Schirm anfangs erst langsam auf und zu, dann immer schneller (Reizsteigerung). Achte darauf, den Schirm zunächst nicht über Dir, sondern lieber vor Dir auf- und zuschnappen zu lassen. Du stehst dabei zwischen Pferd und Schirm.
3. Verringere allmählich den Abstand zwischen Pferd und Schirm.
4. Besonders coole Pferde akzeptieren es auch, wenn man den Schirm über den Rücken und den Kopf schwenkt oder ihn dort sogar auf- und zuklappt.

Der Schlüssel zum Erfolg – moderne Lerntheorie:
Wie bereits bei der Übung »Müllsack«

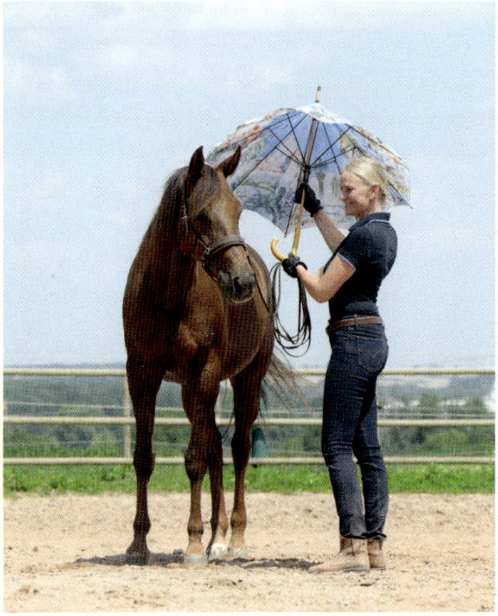

Ich gewöhne Chex me an das Auf- und Zuklappen des Schirms.

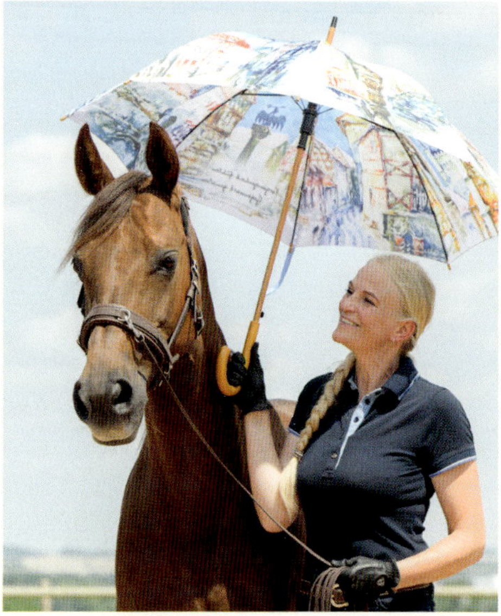

So eine coole Maus!

nutzen wir hier das Prinzip von Annäherung und Rückzug sowie die operante Konditionierung mit negativer (der Schirm wird beim Zeigen des erwünschten Verhaltens weggenommen/nicht mehr auf- und zugeklappt) und positiver Verstärkung (Loben). Darüber hinaus empfehle ich auch hier bei sehr kritischen oder ängstlichen Kandidaten die umgekehrte Psychologie anzuwenden (siehe Seite 105).

3. Plane

Planen rascheln nicht nur, Pferde wissen auch nicht, was sich darunter befindet. Zudem fordert eine Plane die Augen heraus: Je höher der Kontrast, desto schwieriger ist es für das Pferd einzuschätzen, was die Plane überhaupt ist. Pferdeaugen tun sich schwer, von Hell auf Dunkel umzuschalten. Helle und dunkle Flecken nebeneinander am Boden tauchen im Alltag oft auf, etwa wenn die Sonne auf den Hallenboden scheint und Gegenstände Schatten werfen oder auf einem Turnier Scheinwerfer genutzt werden. Außerdem ist die Arbeit mit einer Plane eine tolle Vorbereitung fürs Verladen.

So geht´s:

1. Breite Deine Plane flach aus und beschwere sie mit Sand, damit der Wind sie nicht wegweht und ein Hängenbleiben vermieden wird.
2. Im ersten Schritt möchte ich lediglich, dass sich mein Pferd kognitiv mit dem unbekannten Gegenstand beschäftigt. Das kann im Fall der Plane sein, dass das Pferd in die Halle kommt und

die Plane aus der Entfernung bemerkt. Das ist bereits ein erster wichtiger Schritt.

3. Jetzt setze ich bereits mit einem Rückzug an: Ich bleibe stehen, sorge für Entspannung, indem ich das Pferd den Kopf absenken lasse (siehe Seite 40) und richte das Pferd danach ein paar Schritte rückwärts. Wichtig: Ich lasse das Pferd immer gerade rückwärts gehen (nicht umdrehen und weggehen o.ä.).
4. Dann kommt wieder die Annäherung: Ich fordere das Pferd auf, sich der Plane zu nähern. Nach ein paar Schritten (manchmal kann es auch nur ein einziger Schritt sein) folgt wieder der Rückzug mit Stehenbleiben, Kopfabsenken und Rückwärtsrichten.

Tipp: Um die Übung dem Pferd leichter zu machen, kannst Du die Plane auch zunächst ganz schmal zusammenfalten und von Versuch zu Versuch ausbreiten.

5. Dann kommt wieder die Annäherung, dann wieder der Rückzug und so weiter, bis das Pferd immer mutiger wird und ganz gelassen über die Plane geht.

Wichtig:

- Ich lasse Pferde nicht über die Plane rennen oder darüberspringen. Mit solch stürmischen Kandidaten, die nur »schnell,

Mit Pferden, die nur »schnell, schnell, schnell« im Kopf haben, mache ich gerne Raumarbeit, um das Pferd dazu zu bringen, kontrolliert das Hindernis zu bewältigen.

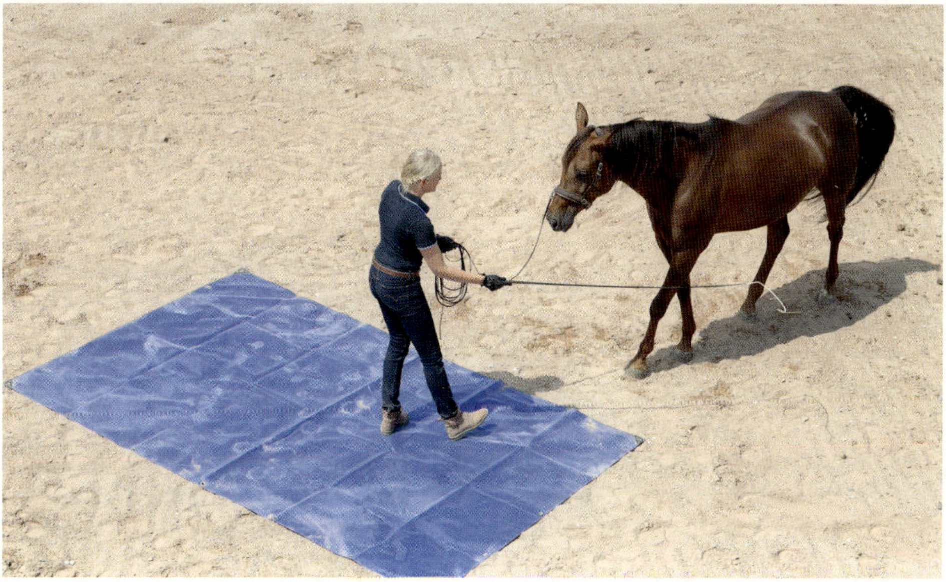

schnell, schnell« im Kopf haben, mache ich lieber Raumarbeit (siehe Seite 37), um das Pferd dazu zu bringen, kontrolliert das Hindernis zu bewältigen. Dabei bestimme ich die Dynamik sowohl nach vorne als auch nach hinten, indem ich die Pferde – wenn sie versuchen, nach vorne zu schießen – vor der Plane anhalte und ein paar Schritte gerade rückwärts richte. Dabei bestimme ich auch das Tempo des Rückwärts. Dann schließe ich von hinten den Raum und gestatte dem Pferd, langsam nach vorne Richtung Plane zu gehen. Versucht es wieder nach vorne zu drängeln, schicke ich es wieder gerade rückwärts. Diesen Vorgang von Annäherung und Rückzug wiederhole ich so oft, bis das Pferd ganz entspannt vor der Plane bleiben kann und in der Lage ist, ruhig über die Plane zu gehen. Dieses Vorgehen ist nicht nur sicherer für mich, sondern ich möchte auch nicht, dass Pferde das Drüberstürmen als Lösungsweg für sich abspeichern und dieses Verhalten ebenfalls in anderen gruseligen Situationen abrufen.

- Hindere das Pferd am seitlichen Ausweichen. Lasse das Pferd nur gerade über die Plane gehen. Das ist eine wahre Lektion fürs Leben. Das erleichtert Dir auch in anderen Situationen wie dem Verladen das Leben, weil Du durch das Kontrollieren und gerade Vorwärts- sowie Rückwärtsgehen von Anfang an unterbindest, dass das Pferd auf die Idee kommt, links oder rechts an einem Reizauslöser wie einer Plane, einem Hänger und so weiter vorbeizuziehen. Deswegen ist es auch ganz wichtig, nicht vor der Plane umzudrehen oder abzuwenden, um einen Rückzug zu vollführen, sondern gerade rückwärts zu gehen, denn das Abwenden birgt die Gefahr, dass Pferde dann den Lösungsansatz wählen, den Reizauslöser zu umgehen.

6. Geht das Pferd ganz entspannt über die Plane, kannst Du das Pferd in der Longierposition über die Plane schicken. Dazu führst Du am besten das Pferd an und lässt es anschließend um Dich herum über die Plane kreisen (beide Hände).
7. Ganz coole Pferde darfst Du sogar in die Plane einpacken. Dazu wickelst Du die Plane als länglichen Schlauch und legst ihn über Schulter und Widerrist. Klappt das, kannst Du die Plane nach vorne bis zur Mitte des Halses und nach hinten bis zur Flanke ausbreiten. Bitte das Pferd dabei nicht an den Ohren mit der Plane berühren.
8. Jetzt ist Dein Pferd bereit, mit Kontrasten zu spielen: Dazu kannst Du schwarze und weiße Planen nutzen. Lege sie wie ein Schachfeld nebeneinander. Das simuliert weiße Schneehaufen im Winter oder schattige Abschnitte auf einem Reitplatz im Sommer.

4. Knalltütenpark

Nachdem das Pferd die Plane akzeptiert hat, steigere ich den Schwierigkeitsgrad, indem ich Luftpolstertaschen auf der Plane auslege. Die sammle ich beispielsweise von Paketen, die ich geschickt bekomme. Alternativ kannst Du Polstertaschen auch überall dort kaufen oder bestellen, wo es Verpackungsmaterial gibt. Die Pferde lernen durch die Luftpolstertaschen, dass etwas unter ihnen nachgibt und es auch mal knallen kann. Das simuliert Äste, die unter den Hufen knacken oder Hängerrampen, die leicht nachgeben.

So geht's:

1. Lege zunächst nur wenige Polstertaschen auf die Plane, sodass die Plane noch zu sehen ist. So kann das Pferd in die Lücken zwischen ihnen ausweichen und muss nicht gleich auf die Polstertaschen treten. Falls Deine Luftpolster lange Schlangen sind, reiße sie am besten in kleinere Stücke, damit sich Dein Pferd nicht so leicht darin verfängt und so schlechte Erfahrungen sammelt. Bei Pferden, die eher ängstlich sind, nehme ich zunächst leere Luftpolstertaschen (also nur die Hülle).
2. Bleibt das Pferd cool, kannst Du die ganze Plane mit Luftpolstern vollpacken. Erst führst Du Dein Pferd darüber und achtest beim Vorauslaufen dabei, nicht gleich alles zum Knallen zu bringen. Klappt das, kannst Du Dein Pferd auch drüber schicken.

Stress, Angst und Panik erkennen

Streng genommen besteht das ganze Leben aus Stress – beim Pferd wie beim Menschen: Sobald etwas Neues kommt, läuft im Körper blitzschnell ein bestimmtes Schema ab und macht den Organismus bereit für Leistung, Flucht oder Angriff. Das ist biologisch sehr sinnvoll. Hält der Stress jedoch lange an, hat er negative Folgen und kann sogar richtig krank machen (siehe Seite 25).

Auch Gelassenheitstraining läuft fürs Pferd nicht ganz ohne Stress ab.

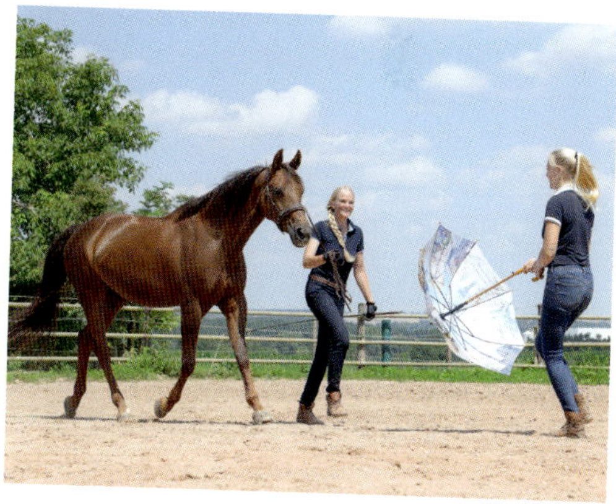

Gelassenheitstraining läuft fürs Pferd nicht ganz ohne Stress ab. Schließlich geht es darum, die Stresstoleranzgrenze des Pferds Schritt für Schritt nach oben zu verschieben. Aber man kann es so gestalten, dass das Pferd es gut bewaltigen kann.

Schließlich geht es darum, die Stresstoleranzgrenze Deines Pferdes Schritt für Schritt nach oben zu verschieben. Jedoch ist dieser Stress nur von kurzer Dauer und somit nicht gesundheitlich schädlich, denn im Gelassenheitstraining arbeiten wir an der sogenannten »Cutting Edge«, also an einer Schneide. Einerseits wollen wir, dass das Pferd einen Fortschritt macht und bringen es ein Stück weit aus seiner Komfortzone, was natürlich mit Stress verbunden ist, andererseits müssen wir aber unbedingt verhindern, dass die Situation eskaliert, indem wir zu viel verlangen, weil wir sonst das Vertrauen des Pferdes aufs Spiel setzen. Die Cutting Edge ist ein sehr schmaler Grat und macht bei vielen Pferden nur einen einzigen Schritt aus!

Um den Stress fürs Pferd beim Gelassenheitstraining (ebenso in allen anderen Situationen) so gering wie möglich zu halten, empfehle ich Dir, ganz genau auf das Verhalten Deines Pferdes zu achten und stets eine Pause (gerne mit Kopfabsenken) einzulegen, noch bevor Dein Pferd sich überhaupt anspannt oder hoch aufstellt (Freeze-Modus). Denn dauert es oft nicht mehr lange, bis das Pferd flüchtet oder sogar angreift (Fight-or-Flight-Modus). Und das gilt es unbedingt zu vermeiden!

Vorsicht vor Reizüberflutung!
Kennst Du das? Das Pferd ist innerlich angespannt, äußerlich aber total ruhig … und dann explodiert es plötzlich ohne Vorwarnung. Das kann passieren, wenn Pferde ständig mit Angst konfrontiert sind und sie keine Wahl haben als die Situation auszuhalten, sich dabei aber überhaupt nicht wohlfühlen. Dann sind sie irgendwann überfordert und es fehlt nur noch ein einziger Tropfen, der das Fass zum Überlaufen bringt, und das Pferd geht »aus dem Nichts« ab.

Solche Pferde wirken danach sehr entspannt. So manch ein Reiter klopft sich da selbst auf die Schulter nach dem Motto: »Dem hab ich's gezeigt. Mit so einer Aktion kommt der bei mir nicht durch.« Tatsächlich ist das Pferd nicht zufrieden und entspannt, sondern komplett erschöpft und ausgelaugt.

Wiederum andere Pferde erscheinen beispielsweise auf dem Turnier total brav, können aber nicht die gewünschte Leistung abrufen. Auch hier kann die Ursache eine Reizüberflutung sein.

Weitere typische Anzeichen einer sogenannten Reizüberflutung (engl. Flooding) können sein: Das Pferd steht ständig unter Spannung, findet keine Ruhe, kann sich nicht konzentrieren und ist anfälliger für Krankheiten und Verletzungen. Wiederum andere Pferde werden depressiv.

Wenn Dein Pferd Anzeichen einer Reizüberflutung zeigt, musst Du bitte sofort reagieren. Sonst kann es für Dich, Dein Pferd und alle Mitmenschen sehr gefährlich werden. Nimm das Pferd am besten bitte sofort aus der stressigen Situation, schaue, dass seine Grundbedürfnisse befriedigt werden, und gib ihm vor allem eine Pause.

Neben Stress und Angst gibt es noch die schiere Panik. Was ist der Unterschied? Pferde, die Angst haben, sind trotzdem noch bewusst handlungsfähig. Pferde in Panik sind hingegen nicht mehr ansprechbar und nur noch instinktgesteuert. Es gibt einen einfachen Trick, mit dem Du herausfinden kannst, ob Dein Pferd noch lernbereit ist: Biete ein Leckerli aus der Hand an. Wenn Pferde in Panik sind, fressen sie nichts mehr.

Verfällt das Pferd in Panik, rate ich Dir, das Training sofort abzubrechen und so lange zu unterbrechen, bis sich das Pferd wieder beruhigt hat. Danach startest Du unbedingt mit einer leichteren Aufgabe.

Schau also unbedingt mal genau hin, was Dein Pferd zu sagen hat. Allein von der Körperhaltung sowie dem Augen- und Ohrenspiel kannst Du sehr viel ableiten und weißt genau, wie es Deinem Pferd gerade geht:

Die Augen sind der Spiegel der Seele. Hier zeigen sich Freude, Neugier, Begeisterung, aber auch Angst und Schmerz. Achte beim Training bewusst auf die Augen Deines Pferdes. Sind sie weich, zwinkert das Pferd oder kneift es die Augen zu? Entspannte Pferdeaugen weisen darauf hin, dass es wach und interessiert ist. Bei Panik reißen Pferde die Augen weit auf, manchmal sieht man in solch einer Situation sogar das Augenweiß.

Auch am Maul kannst Du Furcht gut erkennen. Ein zufriedenes Pferd hat ein weiches Maul mit einem entspannten Kiefergelenk. Ein verspanntes Pferd zeigt eine zugekniffene Maulpartie. Auch eine lang gezogene Unter- oder Oberlippe deutet darauf hin, dass das Pferd angespannt ist. Aggressive Pferde fletschen die Zähne.

Die Ohren sind wie Radarantennen. Aufmerksame, entspannte Ohren spielen immer wieder – allerdings nicht hektisch. Im Gelassenheitstraining zeigen die Ohren immer wieder in Richtung Gegenstand, horchen aber auch wieder nach hinten. Nervöse Pferde zeigen sehr viel Ohrenspiel. Aggressive Pferde legen die Ohren flach nach hinten.

Auch Hals und Rücken sagen eine Menge darüber aus, wie erregt das Pferd ist. Je höher Hals und Kopf getragen werden und je fester der Rücken ist, desto angespannter ist das Pferd. Je erregter das Pferd ist, desto höher trägt es seinen Schweif. Manche Tiere klemmen ihn bei Angst auch ein.

Wichtig: Im Training gilt es immer, die Körpersprache im Gesamten zu lesen.

Darüber hinaus gibt es noch so viel mehr, was jeder Reiter über das Verhalten der Pferde wissen sollte. Eine komplette Auflistung würde den Rahmen dieses Buches sprengen und ich selbst bin auch keine Pferdeverhaltensforscherin. Ich empfehle Dir zu diesem Thema lieber die Kurse und Bücher meiner lieben Trainerkollegin Dr. Vivian Gabor zu besuchen beziehungsweise zu lesen. Sie hat sich auf Pferdeverhalten spezialisiert und ich selbst kontaktiere sie auch immer wieder gerne bei Fragen.

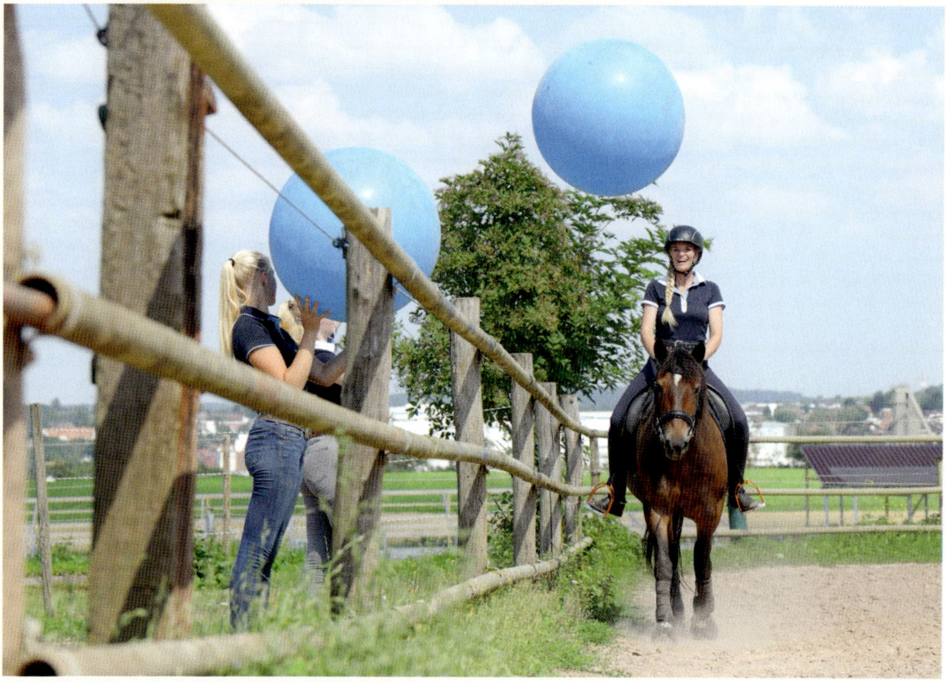

Mit Bällen kann ich zum Beispiel einen Wildwechsel gut simulieren.

5. Bälle

Plötzlich kommt etwas aus dem Nichts angerollt oder sogar geflogen. Mit Bällen kann ich zum Beispiel einen Wildwechsel gut simulieren. Ein Bekannter von mir geriet mal in eine Gruppe von Rehen. Das Pferd bekam Panik, stieg und kippte nach hinten über. Als das Pferd zu mir in Beritt kam, überlegte ich, wie man solch eine Situation trainieren kann. So entstand diese Trainingsidee:

So geht's:

1. Gewöhne das Pferd erst an einen Ball (am besten einen Gymnastik-ball), wie wir es auch an Müllsack und Schirm gewöhnt haben, damit das Pferd verinnerlicht, dass ein Ball grundsätzlich nichts Schlimmes ist.
2. Schnapp Dir einen Helfer und ein bis zwei Gymnastikbälle. Bitte den Helfer, sich hinter einem Zaun oder einer Bande mit den Bällen zu positionieren, sodass man ihn und die Bälle nicht sieht. Du führst Dein Pferd im Schritt entlang der Bande oder des Zauns. Lauf auf derselben Seite, von der auch die Bälle geworfen werden, damit Du nicht im Weg stehst, wenn das Pferd einen Satz weg von den Bällen macht.

Zunächst soll der Helfer die Bälle einfach nur »aus dem Nichts« vor das

Pferd werfen. Bleibt Dein Pferd dabei cool, kann der Helfer die Bälle auch auf Höhe des Pferdes über die Absperrung werfen. Dabei muss der Helfer nur bitte darauf achten, das Pferd nicht am Kopf zu treffen. Klappt das, kann der Helfer die Bälle auch hinter dem Pferd werfen.
Ich würde dabei auf jeden Fall sicherstellen, dass Dein Pferd Dich nicht überholt, indem Du vor ihm den Raum schließt. Außerdem solltest Du darauf gefasst sein, dass das Pferd versucht, nach dem Ball auszutreten. Bitte pass dabei sehr gut auf!

6. Radfahrer

Fast jeder Reiter ist schon mal beim Spaziergang oder Ausritt einem Radfahrer begegnet und weiß, wie gruselig manche Pferde diese Gefährte finden – vor allem, weil die meisten Radfahrer »aus dem Nichts« auftauchen und auch nicht vorher klingeln oder anders auf sich aufmerksam machen.

So geht's:

1. Führe Dein Pferd geradeaus und bitte einen Helfer, zunächst mit genügend Abstand vor dem Pferd herumzufahren. So kann sich das Pferd zumindest schon mal an die Person, das Gefährt und die Geräusche gewöhnen. Du kannst auch den Radfahrer vorausfahren lassen und das Pferd in die treibende Position bringen.
2. Klappt das, soll der Helfer zunächst von vorne kommend an Euch vorbeifahren. Das ist für Pferde oft wesentlich einfacher.
3. Wenn das Pferd dabei cool bleibt, kann der Radfahrer Euch von hinten überholen – zunächst bitte in einem etwas größeren Abstand. Fordere, bevor der Radler Euch zu nahe kommt, die Aufmerksamkeit vom Pferd, indem Du es leicht zu Dir stellst. Gerade Radfahrer nähern sich meist zunächst leise und erscheinen erst im Blickfeld des Pferdes, wenn sie bereits nah bei ihm sind. Auch ein Schultervor oder Schulterherein kannst Du nutzen, um Reize von hinten ins Sichtfeld des Pferdes zu holen und gleichzeitig die Konzentration des Pferdes auf Dich zu verbessern.

Fahrradfahrer sind eine besondere Herausforderung.

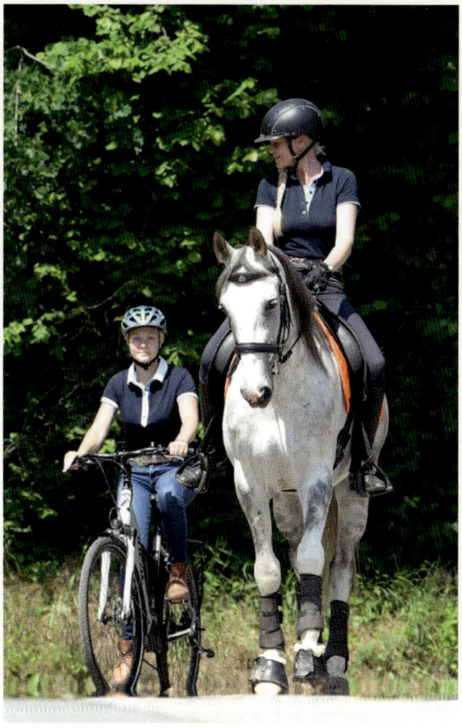

4. Konnte Dein Pferd den Radfahrer einige Male aus dem Augenwinkel sehen und blieb dabei gelassen, kannst Du es schließlich geradegerichtet weitergehen lassen, wenn der Fahrradfahrer an Euch vorbeifährt.

7. Hallenschreck

Das größte Monster überhaupt ist zweifelsohne der Hallenschreck! Dieses Problem ist sehr weit verbreitet. Manche Pferde haben richtig Mühe, sich einer Hallenecke oder anderen Stelle in der Halle zu nähern. Sie finden sie richtig gruselig.

So geht's: Einen Hallenschreck müssen wir nicht groß nachstellen, den gibt es in fast jeder Halle bereits. Falls nicht, bitte einen Helfer sich hinter der Bande zu verstecken und dort ein paar laute Geräusche zu machen, beispielsweise eine Plastikflasche zu zerknüllen … und schon hast Du einen Hallenschreck.
Mein Lösungsansatz ist abhängig vom Pferdetyp. Habe ich ein von Natur aus eher unerschrockenes, mutiges Tier oder ein Pferd, das tendenziell gerne aus vielen Dingen ein kleines Drama macht, würde ich es am Hallenschreck energisch und bestimmt vorbeitreiben.
Handelt es sich um ein Pferd, das vom Charakter her eher ängstlich ist, kreisele ich es langsam an die Ecke heran. So lernt das Pferd Runde um Runde, dass sich in der Ecke (oder dahinter) keine Monster verstecken. Man kann auch ausprobieren, ob das Pferd seitwärts oder rückwärts am Hallenschreck vorbeigeht und es so angenehmer findet. Andere Pferde haben keine Angst mehr, wenn man

Na, wer guckt denn da hinter der Bande hervor? Sind das etwa die kleinen Double-Divide-Stallmonster?

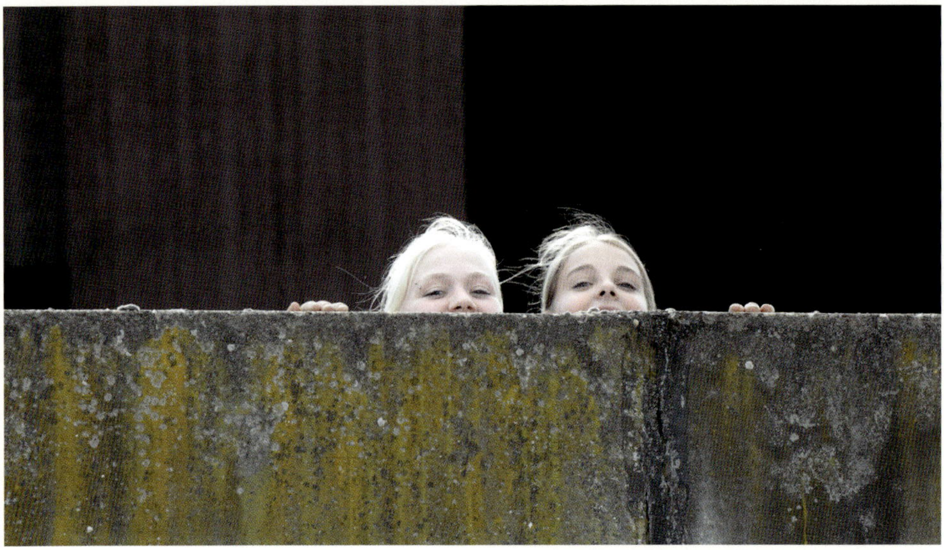

Pylonen parallel zur Bande aufstellt und sich darauf konzentriert, zwischen Bande und Pylonen durchzulaufen. Pferd und Mensch haben so eine Aufgabe und müssen sich beide konzentrieren. Das allein lässt oft den sprichwörtlichen Knoten platzen.

8. Zum Weiterüben

1. Klappen alle Übungen mit dem Pferd am Boden, kannst Du gerne auch aufsteigen und ein gerittenes Gelassenheitstraining absolvieren.
2. Pferde mögen nicht so gerne Veränderungen. Bereits kleinste Veränderungen im Umfeld oder Trainingsablauf können das Pferd manchmal bereits ganz schön stressen. Daher müssen wir unsere Pferde gelassener machen, indem wir sie immer wieder mit neuen Situationen konfrontieren.

Um die Stresstoleranzgrenze Deines Pferdes noch weiter nach oben zu verschieben, empfehle ich Dir daher meine Übungen an verschiedenen Orten zu machen (damit meine ich auch verschiedene Plätze in der Halle, auf dem Platz oder komplett andere Orte) und auch das »Schreck-Equipment« immer mal wieder zu wechseln. Variiere stets ein bisschen, damit Dein Pferd immer mehr Routine mit neuen Situationen bekommt und sich dadurch nicht mehr so leicht aus der Ruhe bringen lässt.

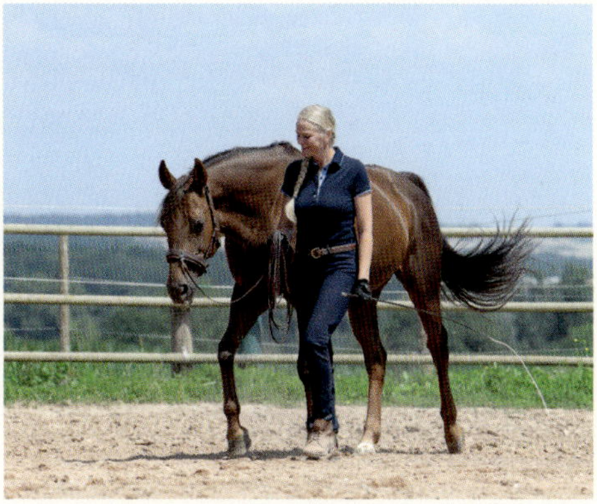

Der Mensch muss am Boden und im Sattel stets eine verlässliche Führungsperson sein, die dem Pferd Schutz und Sicherheit gibt.

3.6 Und dann haben wir noch den Menschen!

Beim Gelassenheitstraining dürfen wir ruhig auch an uns selbst arbeiten und nicht immer nur am Pferd! Ein guter Besitzer beziehungsweise Reiter trägt für sich selbst Sorge, sieht sich auf Augenhöhe mit dem Pferd, ist aber auch klar in dem, was er nicht will. Pferde lieben es, von einem geerdeten Menschen souverän geführt zu werden. Wenn etwas nicht klappt, ist der souveräne Mensch nicht emotional, sondern sucht nach einer anderen Lösung. Er gibt dem Pferd den Freiraum, Fehler zu machen und ist nicht sein Babysitter.
In all den Jahren habe ich mehrere Dinge ausgemacht, die Pferde verunsichern und für die wir selbst verantwortlich sind. Hier kommen einige Punkte, die im Übrigen nicht nur entscheidend für ein erfolgreiches Gelassenheitstraining sind, sondern fürs ganze Pferdeleben:

1. Die Angst des Pferdes kann mit einer unzureichenden Führungsposition des Menschen in Zusammenhang stehen. Ist der Reiter nicht in der Lage, dem Pferd ausreichend Schutz und Sicherheit zu geben, reagiert dieses in vermeintlich bedrohlichen Situationen auf eigene Faust in arttypischer Weise. Der Mensch muss am Boden und im Sattel stets eine verlässliche Führungsperson sein, die dem Pferd Schutz und Sicherheit gibt, vor der es aber ebenso Respekt haben sollte. Scheuenden Pferden fehlt oft Vertrauen zum Menschen. Achte mal auf Deine eigene Körpersprache: Ist sie klar oder manchmal zögerlich? Pferde, die einen guten Leader haben, folgen nach dem Entenmarsch-Prinzip: Der Mensch geht vor, das Pferd kommt nach. Die Körpersprache des Menschen überträgt sich sofort aufs Pferd. Deswegen: Sicher vorangehen, nicht zögern und klar sein in den Kommandos. Wie Du Deine Führungsposition und Führungskraft verbesserst, liest Du im Buchteil »Gut erzogen«, wie Du das Vertrauen stärkst im Kapitel »Gut gelassen«.
2. Unterschiedliche Empfindung von Pferd und Mensch: Zum Beispiel stuft der Reiter ein Objekt wie einen Mülleimer am Wegrand als ungefährlich ein und treibt das etwas ins Stocken geratene Pferd mit Sporen oder Gerte vorwärts. Das Pferd empfindet durch die energischen Hilfen nur noch mehr Angst. Es entsteht ein Teufelskreis und die Scheureaktion kann von Mal zu Mal heftiger ausfallen!
3. Einwirkung des Reiters: Eine harte Hand, ein zu scharfes Gebiss oder eine unnatürlich tiefe Kopfhaltung wie die Rollkur provozieren Stress, Anspannung und Angst. Eine sonst harmlose Situation kann das Pferd so zum Explodieren bringen.
4. Angst/Anspannung/negative Emotionen/emotionaler Stress des Menschen: Pferde haben sehr feinfühlige Antennen für unsere Empfindungen. Sie merken, wenn wir gut gelaunt oder angespannt sind. Das bestätigen mittlerweile diverse Untersuchungen. Sind Lebewesen in der Umgebung des Pferdes angespannt, zeigen Anzeichen von Stress und/oder Angst, wertet das Pferd dies als Hinweis darauf, dass irgendwo eine Bedrohung lauert, die es selbst noch nicht wahrgenommen hat, die anderen Lebewesen aber schon. Austricksen lassen sich Pferde nicht. Aus diesem Grund sollte auch jemand, der eigentlich Angst hat, sich nicht auf ein Pferd setzen. Solch eine »Mutprobe« oder falsche Eitelkeit kann sehr schnell sehr gefährlich werden. Manche Pferde reagieren darauf so heftig, dass sie sogar versuchen, das Nervenbündel auf ihrem Rücken loszuwerden. Ausnahmen bilden hier immer jene Pferde, die gut ausgebildet, routiniert und durch positive Erfahrungen in ihrem eigenen

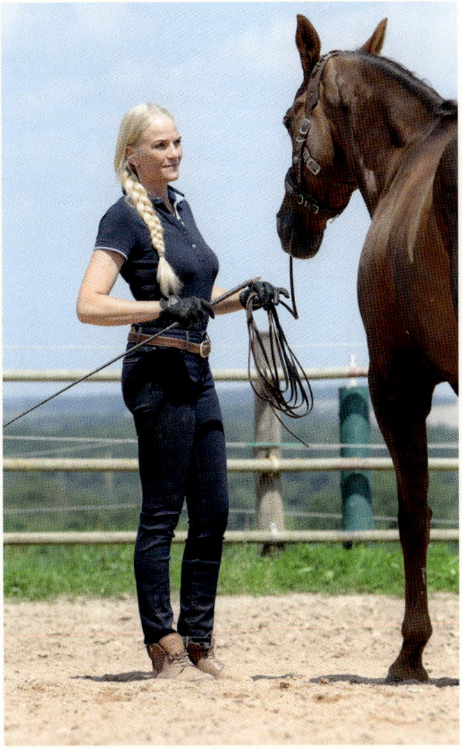

Pferde haben sehr feinfühlige Antennen für unsere Empfindungen. Sie merken, ob wir gut gelaunt oder angespannt sind.

Selbstbewusstsein und Mut gestärkt wurden und dadurch eine gewisse Gelassenheit sowie Toleranz aufgebaut haben.

5. Erlerntes Verhalten: Pferde werden durch einen ängstlichen Menschen geradezu darauf konditioniert, vor jedem bedrohlichen Gegenstand zu scheuen.
6. Überforderung: Diesen Punkt finde ich sehr wichtig, weil er häufig unterschätzt wird. So mancher Reiter fordert von seinem Pferd einfach zu viel, bis das Pferd irgendwann entweder völlig ausgebrannt ist, in sich gekehrt und auf Hinnehmen programmiert oder ein komplettes Nervenbündel. Wenn ich solchen Pferden ins Gesicht schaue, bricht es mir fast das Herz. Wie kann man das einem Lebewesen nur antun?
7. Widersprüchliche Signale: Viele Menschen benutzen gleichzeitig gegensätzliche Hilfen, die das Pferd verunsichern können.
8. Negative Gedanken: Nicht zu unterschätzen ist die Kraft der Gedanken. Vanni, eine sehr gute Freundin, hat mal zu mir gesagt: »Wer Scheiße denkt, zieht auch Scheiße an«. Der Spruch ist natürlich etwas derb, aber er ist so wahr! Ich finde, die innere Einstellung des Reiters beziehungsweise Besitzers ist extrem wichtig. Wer schon mit der Haltung ins Training geht, dass das heute eh nicht klappen wird, der wird auch sein Pferd nicht gut überzeugen können. Darüber hinaus haben negative Emotionen wie Sorgen, Wut und Zorn im Pferdestall nichts verloren. Sie tragen nichts Produktives bei und sollten daher lieber andernorts »entladen« werden.

Positive Emotionen und Gedanken machen uns hingegen leistungsfähiger und steigern die Sicherheit. Wer sich vorstellt, wie er es gerne hätte, und eben nicht, was er nicht will, wird mehr Erfolge verzeichnen. Davon bin ich nicht nur fest überzeugt, sondern das belegen auch wissenschaftliche Studien.

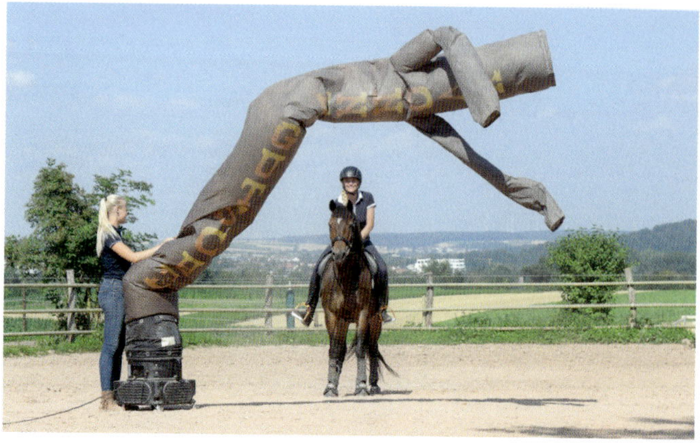

Selbst Flatterpuppe Hugo kann Stunt-Profi Bailey nicht schocken!

Hugo – die absolute Horror-Picture-Show für Pferde

Hugo ist der wohl größte Pferdeschreck, den es gibt. Meine Cousine hat die Flatterpuppe mal vor einem Imbisswagen gesehen und mir ein Video der tanzenden Puppe geschickt. Ab da war für mich klar: So etwas brauche ich unbedingt auch!

Ich nutze die Flatterpuppe im Gelassenheitstraining super gerne und zwar nicht unbedingt fürs Training vom Pferd, sondern als Übung für den Besitzer beziehungsweise Reiter. Denn wie ich schon zu Beginn dieses Kapitels geschrieben habe, finde ich es extrem wichtig, dass man lernt sein Pferd richtig einzuschätzen. Dementsprechend nutze ich Hugo, um dem Menschen zu vermitteln, wie nah er sich mit seinem Pferd an den Reizauslöser heranwagen kann, bevor es zur Volleskalation kommt. Daraus mache ich gerne in meinen Gelassenheitskursen ein Spiel:

Ich bitte die Teilnehmer, sich Hugo zu nähern, aber nur so weit, wie es für das Pferd noch erträglich ist. Wessen Pferd Angst bekommt und losdüst, der hat verloren. Es ist sehr interessant zu beobachten, dass manche Pferde total cool dabeibleiben und Hugo sogar anstupsen wollen. Wiederum andere stehen am anderen Hallenende und sind immer noch völlig schockiert über das, was sie da gerade sehen. So unterschiedlich kann die Angstreaktion der Pferde sein! Für den Reiter ist das Training mit Hugo ideal. Indem wir eine absolut krasse Stresssituation provozieren, lernt so mancher Mensch sein Pferd mal wirklich kennen und kann danach besser einschätzen, welchen Abstand er auch in anderen gruseligen Situationen wählen muss, damit es nicht gefährlich wird.

Im Übrigen gibt es bei diesem Spiel selten Verlierer, sprich Reiter, deren Pferde kopflos davonrennen. Denn kaum jemand traut sich in diesem fortgeschrittenen Stadium des Gelassenheitstrainings, das gewonnene Vertrauen seines Pferdes aufs Spiel zu setzen. Dieser Lernschritt ist sehr wichtig – fürs ganze Pferdeleben!

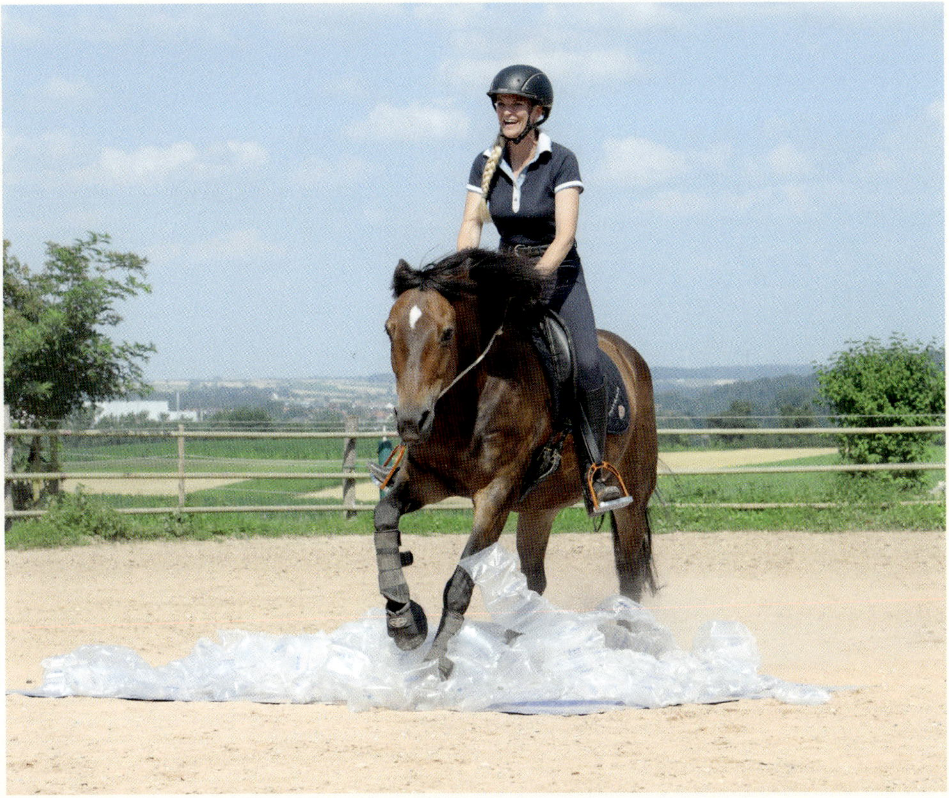

Ich übe mit Bailey regelmäßig unsere Stunt-Hindernisse. Das gibt ihr Sicherheit.

3.7 Einmal Gelassenheitstraining gemacht = reicht fürs ganze Leben?

Ganz so einfach ist es leider nicht. Ich empfehle Dir – wie eigentlich mit allen meinen Übungen – das Erlernte immer wieder aufzufrischen, um für Routine und Sicherheit zu sorgen. Ob man das Training einmal in der Woche oder nur einmal im Jahr wiederholen sollte, ist von Pferd zu Pferd ganz unterschiedlich. Ich mache mit meinen eigenen Pferden regelmäßig Gelassenheitstraining und übe vor jeder Stunt-Show mit Bailey alle Hindernisse. Nichtsdestotrotz – und das betone ich an dieser Stelle ganz deutlich, damit niemand mit dem Finger auf mich zeigt, wenn meine Bailey in einer Show scheut – kann selbst das erfahrenste und nervenstärkste Pferd der Welt sich mal vor etwas gruseln. Aber grundsätzlich gut ausgebildete und an den Hilfen stehende Pferde lassen sich in so einem Fall meist ohne größere Probleme und in relativ kurzer Zeit wieder unter Kontrolle bringen, was uns zum dritten Baustein meines neuen Trainingskonzeptes bringt: »Gut gerillen«.

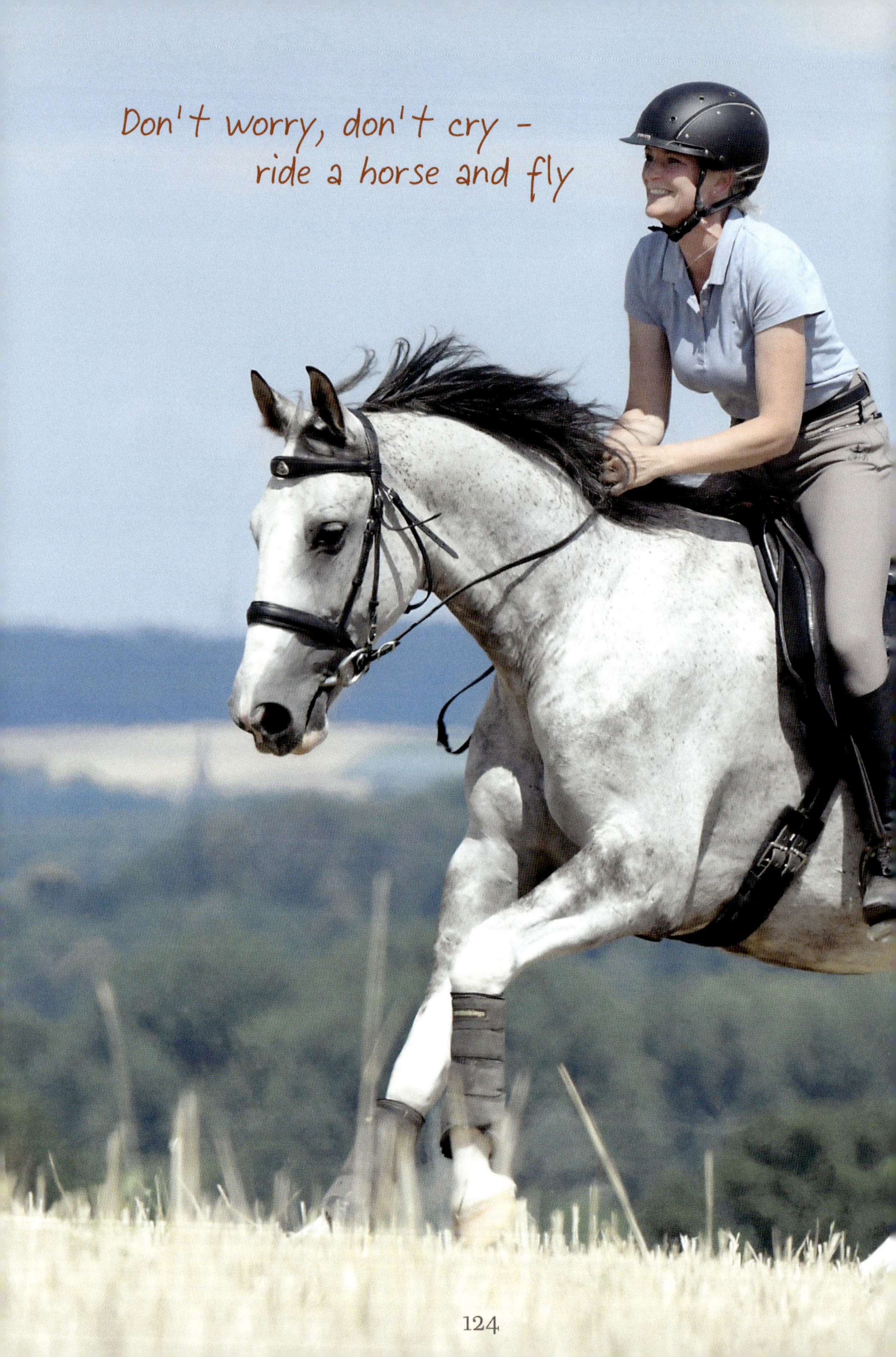

Don't worry, don't cry -
ride a horse and fly

4. Gut geritten – Rittigkeitsübungen für mehr Sicherheit

Nach so vielen neuen Übungen am Boden lade ich Dich ein, jetzt zunächst einen Moment mit mir zu entspannen. Schließ doch bitte mal kurz Deine Augen und stell Dir vor, wie Du mit Deinem Pferd über Felder und Wiesen, am Meer oder durchs Aachener Stadion galoppierst ...
Spürst Du den Wind in Deinen Haaren? Dein Pferd lässt sich ganz leicht reiten. Es macht alles, worum Du es bittest. Ihr beide seid eine Einheit, ein richtig tolles Team.
Im Traum geht alles immer ganz leicht. Und in Wirklichkeit? Hand aufs Herz: Wie einfach und sicher lässt sich Dein Pferd reiten? Mit diesem letzten Kapitel meines neuen Trainingskonzeptes möchte ich Dir helfen, dass Dein Traum Realität wird. **Denn ich bin fest davon überzeugt, dass jedes Pferd das Potenzial dazu hat, ein richtig toller und sicherer Partner unterm Sattel zu werden.** Wir müssen das Training nur richtig angehen ...
Mit den ersten beiden Bausteinen »Gut erzogen« und »Gut gelassen« hast Du schon eine super gute Voraussetzung dafür geschaffen und bist Deinem Traum einen großen

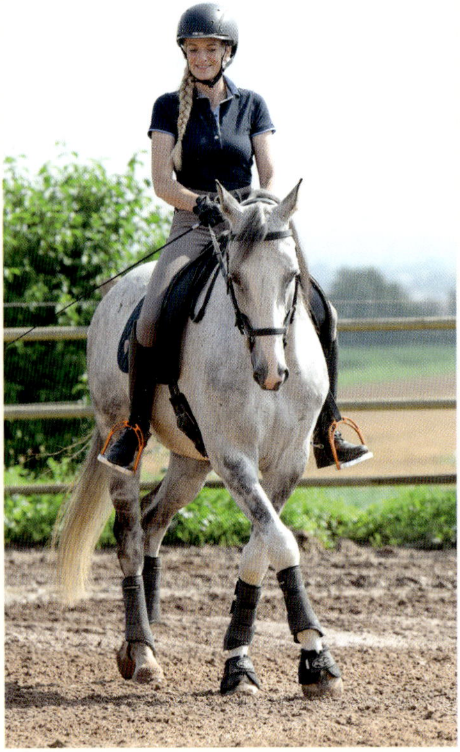

Alles dreht sich beim dritten Baustein meines neuen Trainingskonzeptes um das Thema Rittigkeit. Denn Rittigkeit ist meiner Meinung nach gleichzusetzen mit Sicherheit.

Schritt nähergekommen. **In diesem Kapitel erkläre ich Dir MEINEN Weg beim Reiten für den Baustein »Gut geritten«.** Mit den Übungen in diesem Kapitel habe ich sehr gute Erfahrungen gesammelt und möchte dieses Wissen gerne mit Dir teilen. Vielleicht ist das ein Weg, der auch Dir hilft, aus Deinem Pferd einen sicheren Partner unterm Sattel zu machen.

Alles dreht sich beim dritten Baustein meines neuen Trainingskonzeptes um das Thema Rittigkeit, denn Rittigkeit ist meiner Meinung nach gleichzusetzen mit Sicherheit. Ein rittiges Pferd, wie zum Beispiel meine Bailey oder Chex me, lässt sich super fein reiten und kann meine Hilfen im höchsten Maße umsetzen. Darüber hinaus ist es lernbereit, konzentriert, fleißig und körperlich sowie geistig im Gleichgewicht, sprich losgelassen. Pferd und Reiter sind im Flow.

Es macht nicht nur richtig Spaß, so ein Pferd zu reiten, sondern die Rittigkeit schraubt auch den Sicherheitsfaktor enorm nach oben: **Ein aktiv an den Hilfen stehendes Pferd erschrickt nicht so oft.** Das beobachte ich nicht nur bei meinen sowie den mir anvertrauten Pferden, das bestätigen auch mehrere wissenschaftliche Untersuchungen, die ich zu diesem Thema gefunden habe.

Und wenn selbst ein grundsätzlich rittiges Pferd mal erschrickt (ja, das kommt auch mal bei mir vor – man kann Pferde schlichtweg nicht an alles auf dieser Welt gewöhnen), dann habe ich ein rittiges Pferd nach einem Schreckmoment innerhalb kürzester Zeit wieder unter Kontrolle. Auch das finde ich extrem wichtig. Ein Beispiel: Angenommen ich bin mit Chex me im Gelände unterwegs. Plötzlich springt ein Reh aus dem Gebüsch. Chex me nimmt zwar den Kopf hoch und ich spüre, wie sie sich anspannt. Indem ich sie jetzt leicht stelle und in ein Schulterherein schicke, kommt sie schnell wieder runter und weiter geht's ganz entspannt durchs Gelände.

Ein rittiges Pferd bleibt außerdem brav am Straßenrand stehen und wartet, bis alle Autos vorbeigefahren

sind. Es akzeptiert zum einen die Hilfen des Reiters (man kann es ganz fein anhalten – es geht nicht dagegen) und nörgelt nicht rum, wann es jetzt endlich weitergehen darf. Stattdessen bleibt das Pferd ganz cool stehen und wartet auf mein nächstes Signal. Es vertraut darauf, dass ich immer Herrin der Lage bin und entscheide, wann wir wohin gehen, wie weit wir gehen (auch bei Gefahr) und so weiter. Das ist das Prinzip von »Wer bewegt wen?« beim Reiten (haben wir bei der Bodenarbeit auch gemacht – siehe Seite 36).
Ein rittiges Pferd hat außerdem eine gute Körperwahrnehmung sowie Balance. **Meiner Erfahrung nach besteht ein direkter Zusammenhang zwischen Schreckhaftigkeit und Balance/Körpergefühl.** Pferde mit Balanceproblemen sind deutlich schreckhafter, nervöser und wachsamer als Pferde, die eine gute Balance und ein gutes Körpergefühl haben. Ich glaube, das hängt damit zusammen, dass sie aufgrund der fehlenden Balance auch wachsamer sein müssen, weil sie nicht so gut flüchten könnten, wenn akute Gefahr droht. Deswegen finde ich es wichtig den Pferden zu helfen, eine gute Balance unterm Reiter zu entwickeln, denn es lässt sie entspannter und selbstsicherer werden. Auch das geht mit meinen Rittigkeitsübungen in diesem Kapitel.
Ein Beispiel: Ich hatte mal ein Pferd in Beritt, das absolut keine gute Balance unterm Sattel hatte. Vielmehr hatte die kleine Stute richtig Mühe, ihre Beine im Galopp in der Kurve so zu sortieren, dass sie nicht stolperte und ins Straucheln geriet. Aufgrund dieser Problematik war sie total unsicher und schreckhaft. Dieses Verhalten verschwand erst, als sie lernte, ihren Körper besser wahrzunehmen und sich im Gleichgewicht unterm Reiter zu bewegen.

Ich stelle mir das immer so vor, wie wenn ich auf einem Schwebebalken balancieren müsste. Wenn man nicht gut balancieren kann, rutscht man dabei automatisch in die Überforderung und wird ängstlicher. Wenn man dann noch einen schlabbernden Rucksack (analog zum Reiter) trägt, potenziert sich das Ganze. Mithilfe meiner Rittigkeitsübungen (und auch schon zuvor mit der Klassischen Handarbeit) verbessert man im übertragenen Sinne den Gang über den Schwebebalken.

Wie Du siehst, ist das Thema Rittigkeit sehr wichtig und vielschichtig. **In diesem Kapitel zeige ich Dir einige Übungen, mit denen Du die Rittigkeit Deines Pferdes richtig toll verbessern kannst.** Sehr wichtig ist mir jedoch Dir gleich zu Beginn zu sagen, dass sich Rittigkeit nicht von einem auf den anderen Tag ans Pferd zaubern lässt. Rittigkeit ist ein gutes Stück Arbeit und braucht viel Zeit sowie Geduld. Aber die Mühe lohnt sich!

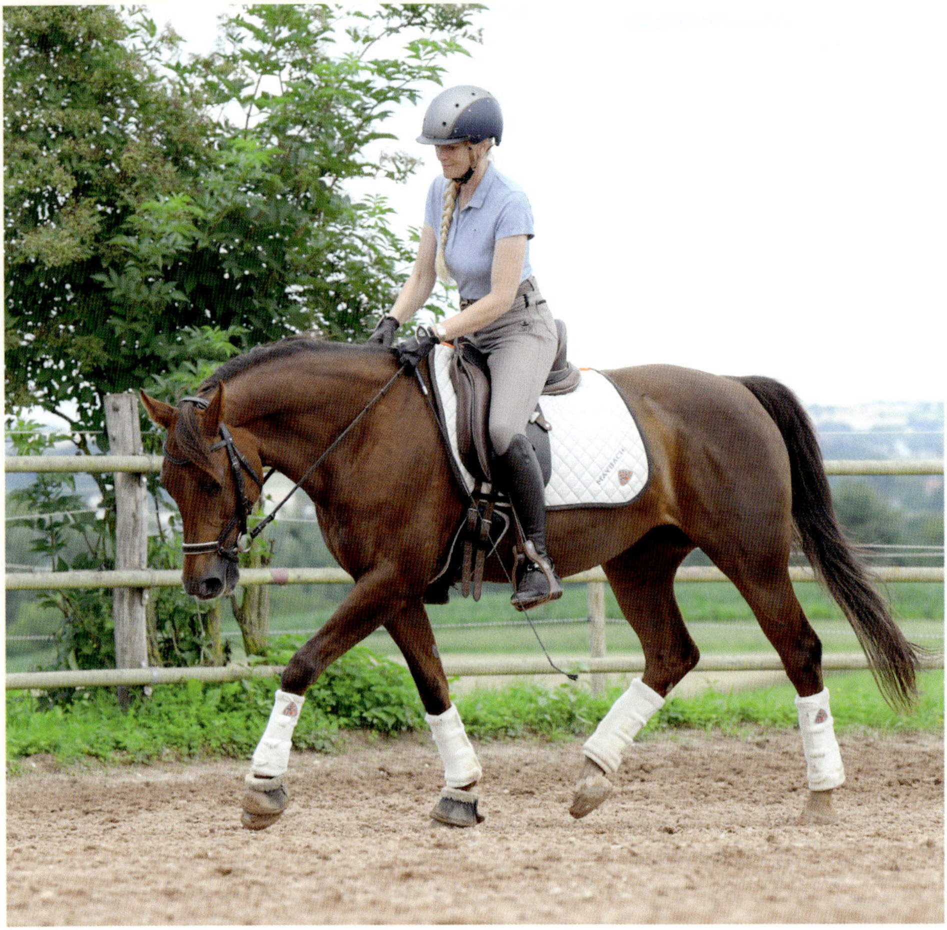

Hat ein Pferd ein gutes Körpergefühl und kann sich schön in Balance bewegen, ist es weniger schreckhaft.

Und ganz wichtig: **Du schaffst das, auch wenn Du kein Dressur- oder Western-Profi bist!** Das war ich auch nicht. Wie Du vielleicht weißt, komme ich aus der Westernreiterei, genauer gesagt bin ich mit der Disziplin Reining aufgewachsen. Dabei kommt es vor allem darauf an, dass Pferde Manöver wie einen Sliding Stop, einen fliegenden Galoppwechsel oder einen Spin korrekt ausführen können. Wie der Reiter dabei auf dem Pferd sitzt, ist dabei eher nebensächlich, ebenso wie das korrekte Reiten von Seitengängen. Solche Dinge waren dementsprechend auch für mich neu, als ich anfing, mich etwas mehr mit der dressurgemäßen Gymnastizierung von Pferden zu beschäftigen. Aber ich muss sagen, ich habe richtig Freude daran gefunden und finde viele Übungen sehr sinnvoll – gerade unter dem Aspekt der Sicherheit.

Aus diesem Grund habe ich mir einige Lektionen für mein neues Trainingskonzept herausgepickt, die ich wichtig für jedes Pferd und jeden Reiter finde – ganz egal ob Du Dressur, Springen, Western oder sonst etwas reitest. Ich kann Dir nur raten, die Übungen einfach mal auszuprobieren. **Falls etwas nicht auf Anhieb klappt, dann verzweifle bitte nicht daran.** Auch ich komme immer wieder an Punkte, an denen ich zunächst nicht weiterkomme. Das ist ganz normal, wenn man einen Schritt heraus aus der Komfortzone wagt und ist absolut nicht schlimm. Im Gegenteil: Dann bist Du an dem Punkt, an dem Du wachsen und zum nächsten Level springen kannst.
Wenn Du absolut nicht weiterkommst, kannst Du Dich auch gerne bei mir melden und ich versuche Dir zu helfen (oder berichte mir von Deinen Erfolgen). Du erreichst mich bei Facebook, Instagram, unter www.yvonne-gutsche.de, telefonisch unter 0172 480 7827 und per Mail unter info@yvonne-gutsche.de

In diesem Sinne: Raus aus der Komfortzone und rein ins Vergnügen!

An dieser Stelle möchte ich mich noch ganz herzlich bei Mirjam Wittmann und Horst Becker bedanken, die mich in den vergangenen Jahren in Sachen Dressur gecoacht und auf meinem Weg intensiv begleitet haben. Miri ist Doppel-Weltmeisterin der Working Equitation und Horst ein richtig toller klassischer Dressurausbilder. Beide haben maßgeblich ihren Teil dazu beigetragen, dass ich die Dressur lieben gelernt habe. Darüber hinaus hat sich zwischen uns eine wunderbare Freundschaft entwickelt, für die ich sehr dankbar bin. Gemeinsam schauen wir über den Tellerrand hinaus. Das finde ich einfach großartig und es bereichert mein Leben unglaublich! Danke für alles, Miri und Horst!

Immer raus aus der Komfortzone und Neues ausprobieren wie beispielsweise Seitengänge!

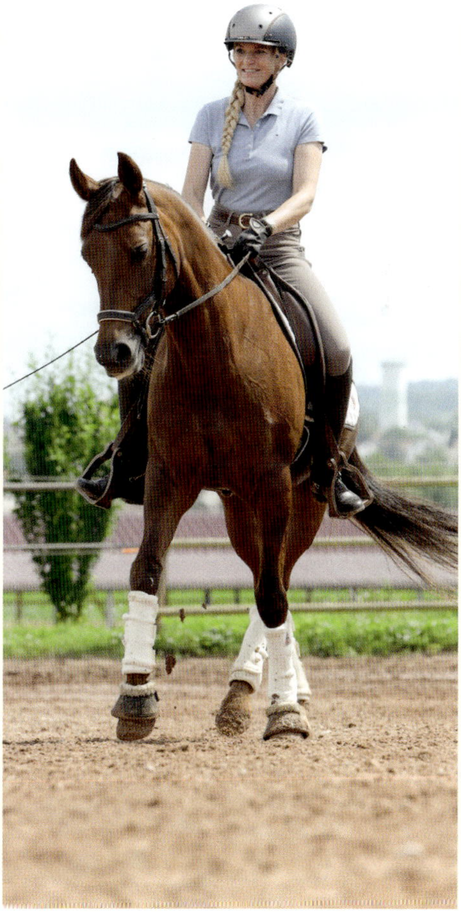

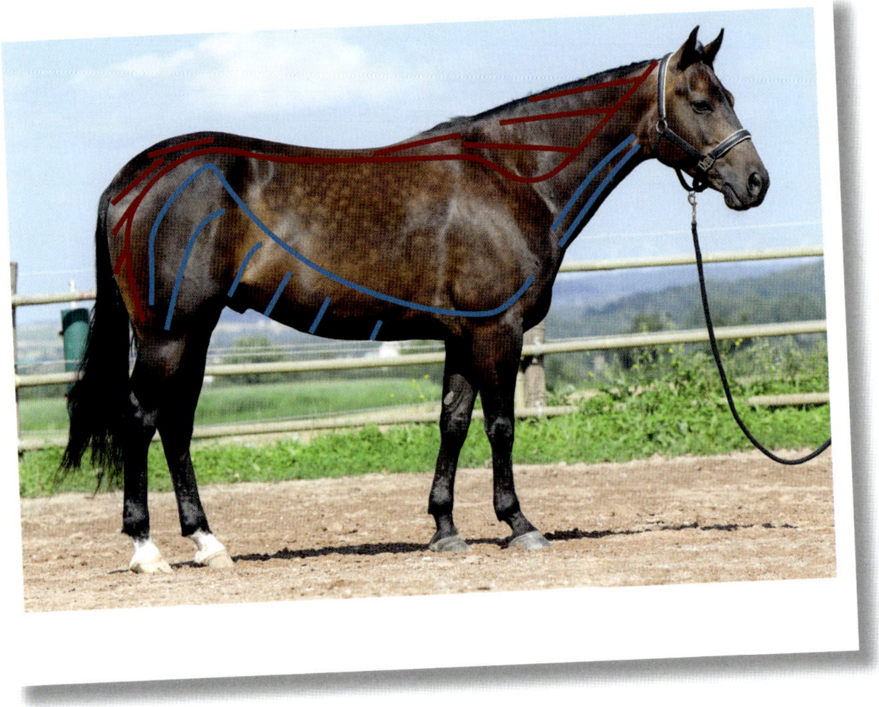

Die dorsale und ventrale Muskelkette

Außer Kontrolle – warum viele Pferde auf der Flucht kaum zu stoppen sind und wie man es ohne Zügelzug hinbekommt

Erschrickt sich das Pferd und spurtet los, ziehen viele Reiter reflexartig am Zügel. Leider bringt das oft wenig. Genauso gut könnten wir versuchen, einen ICE mit bloßen Händen anzuhalten. Warum ist das eigentlich so? Ich bin der Frage mal nachgegangen:

Angst versetzt das Pferd in Fluchtbereitschaft. Im Pferd startet ein automatisches SOS-Programm. Dieser Automatismus sorgt zunächst dafür, dass das Nervensystem vom Ruhenerv, dem Parasympathikus, zum Gegenspieler, dem Sympathikus umschaltet.

Daraufhin werden größere Mengen Stresshormone in die Blutbahn abgegeben, Puls- und Atemfrequenz steigen und die für eine Flucht unwichtigen Organe wie der Verdauungsapparat werden nicht mehr so gut versorgt, um keine Energie zu verschwenden. Auch das Immunsystem wird heruntergefahren. In diesem Moment geht es ausschließlich ums Überleben.

Natürlich wird auch Muskulatur in Aktion versetzt, besonders die Muskulatur der dorsalen Muskelkette (Streckerkette). Dazu zählen die Muskeln, die oberhalb der Wirbelsäule liegen wie beispielsweise die Muskeln der Hinterhand, damit das Pferd lossprinten kann. Ebenso sind die Rückenmuskeln unter Hochspannung und der Kopf wird so hoch wie möglich getragen, um besser sehen zu können.

Das Gehirn wird hingegen auf Reptilienniveau heruntergefahren, damit das Pferd nicht beginnt darüber nachzudenken, ob es nun nach rechts oder nach links weglaufen soll, sondern einfach so schnell es kann geradeaus rennt.
Versucht der Reiter in solch einer Situation, das Pferd durch Zügelzug zu stoppen, erhöht das oft nur die Anspannung des Tieres, denn ziemlich sicher denkt ein Pferd im Fluchtmodus nicht darüber nach, ob der Druck im Maul vom Reiter ausgelöst wird. Das Reptiliengehirn vermutet, dass es von einem Raubtier gepackt wurde. Und das Pferd rennt lieber weiter.

Die Kunst besteht meiner Erfahrung nach vielmehr darin, das Pferd dazu zu bringen, dass es vom Sympathikus wieder auf den Ruhenerv (Parasympathikus) umschaltet.

Dabei können wir dem Pferd helfen! Im Kapitel »Gut erzogen« habe ich Dir hierfür bereits das Kopfabsenken beschrieben. Leider eignet sich diese Übung nicht im Notfall, also wenn das Pferd am Durchgehen ist, sondern sorgt eher für Entspannung in Trainingspausen. Aus diesem Grund nutze ich bei durchgehenden (oder auch »nur« sehr angespannten) Pferden einen anderen Mechanismus, um das Pferd vom Sattel aus wieder zu beruhigen: Ich versuche die ventrale Muskelkette (Beugerkette) anspringen zu lassen. Hierunter fallen alle Muskeln, die unterhalb der Wirbelsäule liegen, wie beispielsweise die Bauchmuskulatur.

Um die ventrale Muskelkette bei einem durchgehenden Pferd zu aktivieren, lenke ich es auf eine Kreisbahn (Zirkel oder Volte – je nach Geschwindigkeit, damit wir nicht auf der Nase landen, wenn wir abwenden). Sobald ich das Pferd auf der Kreisbahn habe, laufen gleichzeitig im Pferd zwei, sich eigentlich ausschließende Reaktionen ab, nämlich Biegung, die mit Bauchmuskelaktivität und einer Dehnung der Muskelkette auf der Außenseite einhergeht, und die sympathikusgesteuerte Verspannung der Oberlinie. Dabei hemmen sie sich gegenseitig und die »stärkere« setzt sich durch, denn beide Muskelketten können nicht gleichzeitig angespannt sein. Setzt sich die ventrale Kette durch, entspannt das Pferd und lässt den Hals wieder etwas fallen. So durchbreche ich die Angst-Nervositäts-Kette auf körperlicher Ebene. Wissenschaftler nennen das übrigens eine reziproke Hemmung.

Wenn nicht genügend Platz vorhanden ist, um auf eine Kreisbahn abzuwenden, schicke ich das Pferd in ein Schultervor, Schulterherein oder Travers – je nach Ausbildungsstand und Situation. Mit diesen Lektionen setze ich zum einen die Energie des Erschreckens spielerisch in Arbeit um und die Pferde müssen ihre Muskeln der ventralen Kette aktivieren. So übernimmt auch dann wieder der Parasympathikus. Darüber hinaus wirken bekannte Übungen beruhigend, weil dabei eine sogenannte Reizüberschattung stattfindet. Die Aufmerksamkeit des Pferdes wird vom Angstauslöser weggelenkt. Wichtig hierfür: Das Pferd muss die Lektionen bereits aus dem FF kennen.

4.1 Wie kann ich die Rittigkeit und somit auch die Sicherheit meines Pferdes verbessern?

Zunächst ist als Basis immens wichtig, dass das Pferd von seiner Muskulatur her überhaupt in der Lage ist, einen Reiter schadensfrei tragen zu können, denn Pferde sind von ihrer Anatomie her eigentlich nicht zum Reiten gemacht. Ich bereite die Muskulatur meiner und der mir anvertrauten Pferde mit einem Mix aus Bodenarbeit inklusive Gelassenheitstraining, Spaziergängen, Longieren und klassischer Handarbeit auf das Tragen eines Reiters vor. Einige Anregungen dafür findest Du in den Kapiteln »Gut erzogen« und »Gut gelassen«. Das Basistraining in seiner ganzen Ausführung zu erklären, würde den Rahmen dieses Buches sprengen. Dafür bitte ich um Dein Verständnis.
Mir ist es an dieser Stelle einfach wichtig, ein Bewusstsein dafür zu schaffen, dass wir von unseren Pferden nicht erwarten können, dass sie unterm Sattel ruhig und gelassen bleiben, wenn wir uns auf untrainierte Muskulatur setzen. Wer das macht, verhält sich in meinen Augen nicht nur hochgradig unfair gegenüber seinem Pferd, sondern provoziert auch höllische Schmerzen, die wiederum zu Widersetzlichkeiten sowie einer erhöhten Schreckhaftigkeit führen, und darüber hinaus schlimmstenfalls langfristige gesundheitliche Schäden verursachen können.

Ist mein Pferd körperlich in der Lage, mich schadensfrei zu tragen, möchte ich, dass es sich locker, balanciert und taktrein in allen drei Grundgangarten vorwärts bewegen kann – auch vorwärts-abwärts. Denn nur ein Pferd, welches psychisch und physisch losgelassen ist, kann zu seiner vollen Leistungsbereitschaft und -fähigkeit kommen und ist nicht zuletzt auch weniger schreckanfällig.

Wie finde ich heraus, ob mein Pferd im Takt geht?
Den richtigen Takt kann man hören und fühlen. Um das richtige Gespür dafür zu bekommen, empfehle ich Dir, bei Gelegenheit explizit zu diesem Thema eine Schulung zu machen. Die Aha-Effekte sind einfach nur gigantisch!

Diese sogenannte Losgelassenheit als Basiselement sollte in jedem Moment und auf jedem Stand der Ausbildung vorhanden sein und ist damit die Voraussetzung für jegliche Anforderung. So steht es in den FN-Richtlinien Band 1. Dieser Meinung kann ich mich voll und ganz anschließen. Mit den Übungen in »Gut erzogen« und »Gut geritten« hast Du schon wichtige Bausteine für dieses Basiselement der Reiterei gelegt. Dein Pferd dürfte allein dadurch schon sehr viel entspannter unterm Sattel sein. Mit lösenden Übungen

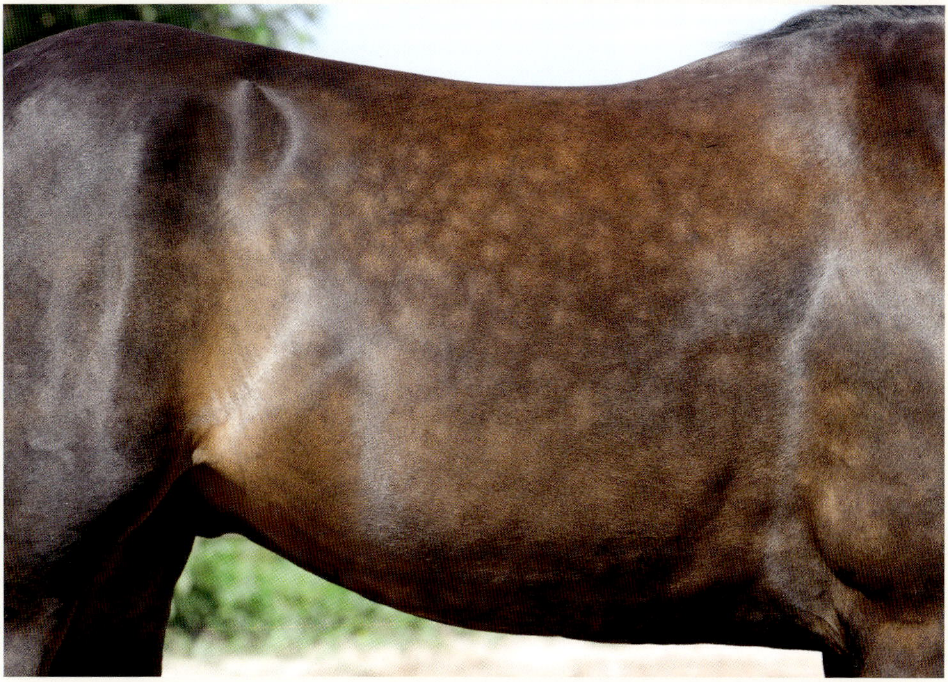

Ein gut bemuskelter Pferderücken ist das A und O fürs Reiten!

Amour kann sich in allen drei Grundgangarten locker, balanciert und taktrein bewegen.

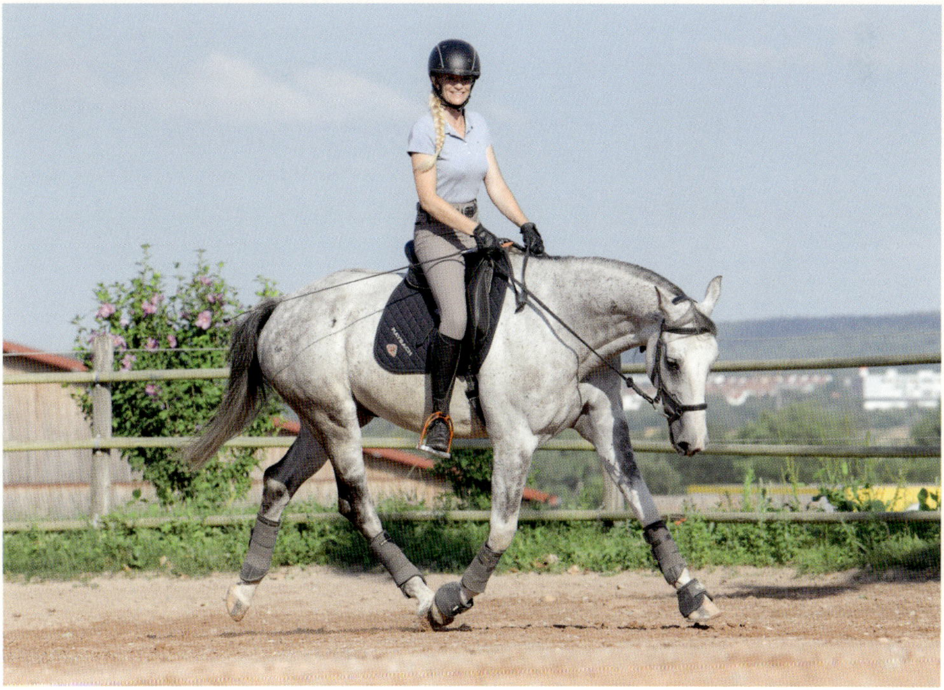

unterm Sattel, wie auch in diesem Kapitel beschrieben, kann ich die Losgelassenheit weiter fördern.

Zeichen der Zufriedenheit – wie erkenne ich die innere und äußere Losgelassenheit bei meinem Pferd?

Hier ein paar wichtige Merkmale:

- der zufriedene Gesichtsausdruck (Auge, Mimik, Ohrenspiel)
- der gleichmäßig schwingende Rücken
- das geschlossene, tätige (kauende) Maul
- der getragene, mit der Bewegung pendelnde Schweif
- das »Abschnauben« als Anzeichen dafür, dass sich das Pferd auch innerlich entspannt hat
- das Pferd fußt weich auf

Chex me sieht sehr zufrieden aus!

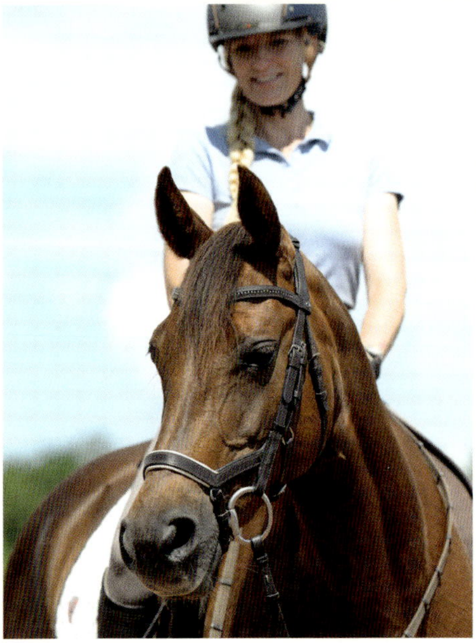

Soll ich bei Anspannung lieber absteigen?

Anmerkung vorweg: Ich meine hierbei keine Anspannung durch ein Erschrecken oder Unsicherheit, sondern eine Anspannung beim Reiten, weil das Pferd beispielsweise etwas Neues lernt. Wenn Dein Pferd beim Reiten aus Angst angespannt ist, dann findest Du auf Seite 130 Infos, wie Du damit am besten umgehst.

Ich finde, dass eine kurze Anspannung bei neuen Übungen ganz normal ist. Das geht auch mir immer wieder so. Total spannungsfrei zu reiten, ist sowieso utopisch. Manchmal kann es sogar nötig sein, Spannungen für ein paar Minuten zu ignorieren und das Pferd über einen kritischen Punkt hinweg zu reiten. Du darfst danach nur nie vergessen, sofort wieder für Entspannung zu sorgen, wie beispielsweise durch ein »Kopfabsenken« (siehe Seite 40), denn dauerhaft auf einem angespannten Pferd zu reiten, ist grob verschleißend. Das belastet Gelenke, Muskeln und so weiter in einem unnatürlichen Maße. Und Spannungen dürfen auch nicht mit bestimmten Lektionen verbunden sein. Generell sollte ein Pferd auch bei anspruchsvoller Arbeit entspannt bleiben – so meine Meinung.

Ein echter Sicherheits- und Rittigkeits-Booster sind meiner Erfahrung nach Seitengänge. Indem Pferde vorwärts gehen und dabei ihre Vorder- sowie Hinterbeine kreuzen, verbessern sich viele Dinge:

1. Mithilfe von Seitengängen lassen sich Spannungen in der Lösungsphase in viel kürzerer Zeit beheben als wenn man das Pferd stundenlang nur geradeaus gehen lässt.
2. Seitengänge sind Gymnastizierung pur. Die Pferde werden super geschmeidig unter dem Sattel – unter anderem, weil Seitengänge der Mobilisation sowie Geraderichtung (Stichwort: »angeborene Körperschiefe«) dienen.
3. Die Pferde stehen aktiv an den Hilfen und lassen sich extrem fein sowie leicht reiten.
4. Seitengänge sind ein echtes Krafttraining. Viele Muskelpartien werden gezielt trainiert.
5. Das Körpergefühl verbessert sich enorm. Das Pferd lernt seinen Körper besser zu koordinieren. Je besser das Körpergefühl Deines Pferdes ist, desto besser kann es seine Hufe gezielt platzieren oder im Wald beim Ausritt Unebenheiten ausgleichen ohne ins Stolpern zu geraten. Denn je besser es sich wahrnimmt, desto leichter fällt es ihm, seine Gliedmaßen gezielt zu bewegen. Das führt auch zu mehr Selbstsicherheit.
6. Wer sein Pferd seitwärts schickt, lenkt die Konzentration auf sich und bringt Ruhe ins Pferd.
7. Ein wichtiger Sicherheitsaspekt: Seitengänge helfen im Notfall auch, das Pferd wieder zu beruhigen. Kreuzen Pferde ihre Beine, wird anatomisch bedingt die ventrale Muskelkette und damit auch der Parasympathikus aktiviert. Das holt das Pferd wieder aus seinem »Tunnel« und macht es ansprechbar für die Hilfen des Reiters (siehe dazu auch Seite 130).
8. Mit Seitengängen können wir dem Pferd charmant das Prinzip von »Wer bewegt wen?« beim Reiten erklären (siehe Seite 36). Das Pferd lernt, dass wir immer Herrin/Herr der Lage sind und genau sagen, wann wir wohin, wie viele Schritt und so weiter gehen. Das gibt Sicherheit!
9. Last but not least: Seitengänge helfen auch dem Reiter, seine Hilfengebung zu verfeinern.

Kannst Du schon Seitengänge reiten? Für viele Reiter ist spätestens nach dem Schenkelweichen Schluss mit Seitwärtsbewegungen. Aber die anderen Lektionen kann man auch lernen! Aus diesem Grund lade ich Dich ein, Dich mit diesem Thema etwas mehr zu beschäftigen und habe nachfolgend mehrere Übungen für Dich ausgesucht, die Du gut lernen und ins Training integrieren kannst.

Hier ein Überblick, weil man bei den Seitengängen gerne mal durcheinanderkommt:

Es gibt Reiten in Stellung und Schultervor als Vorübungen für das Schulterherein sowie Konterschulterherein, bei denen das Pferd gegen die Bewegungsrichtung gestellt ist und sich ums innere Bein biegt. Dann kommen Travers, auch Kruppeherein genannt, und die Konterlektion Renvers dazu. Dabei wird das Pferd mit der Bewegungsrichtung gebogen und vorwärts-seitwärts geführt. Die Kür: Bei der Traversale verlegt der Reiter das Travers auf eine diagonale Linie. Schenkelweichen mache ich auch total gerne, jedoch ist das Pferd dabei nur gestellt und nicht gebogen. Aus diesem Grund wird das Schenkelweichen offiziell nicht als Seitengang bezeichnet.

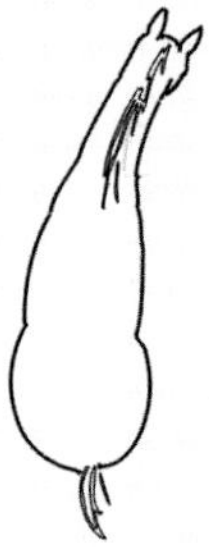

Stellung/Schultervor

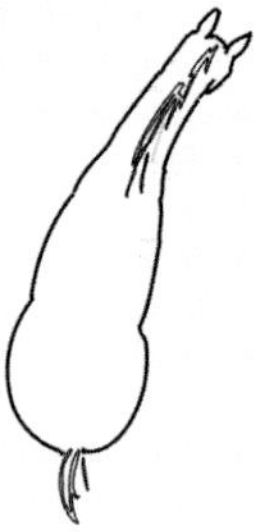

Schulterherein

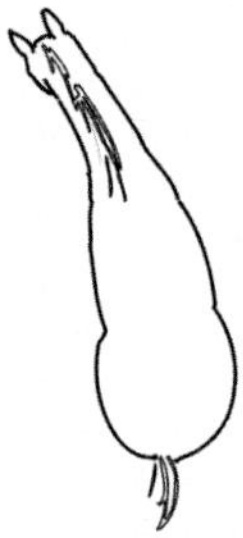

Konterschulterherein

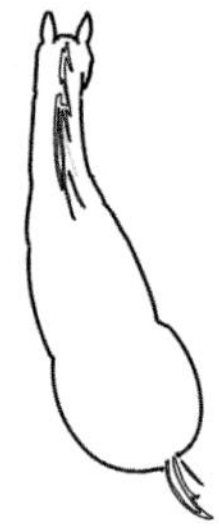

Travers

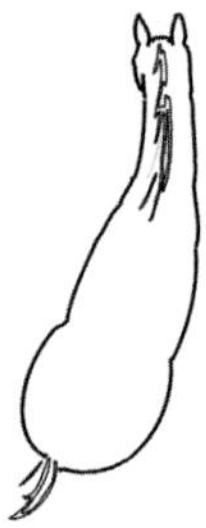

Renvers

Wichtige Tipps für das Reiten von Seitengängen:

- Wenn Pferde Seitengänge bereits am Boden gelernt haben, wie ich sie im Kapitel »Gut erzogen« beschrieben habe, tun sie sich unterm Reiter sehr viel leichter.
- Reite Seitengänge immer in einem ruhigen, kontrollierten Tempo und achte darauf, den Takt beizubehalten.
- Kommt es zu einem Schwungverlust, einer Taktstörungen oder wird das Pferd fest auf einer oder beiden Seiten, solltest Du die Übung sofort abbrechen,

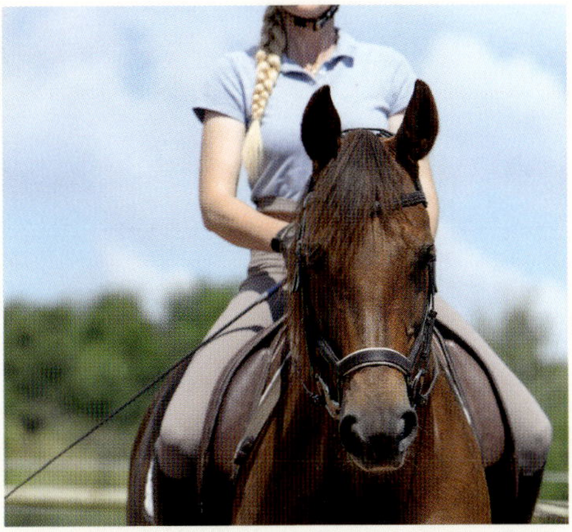

Alle Übungen werden in einer leichten, konstanten Anlehnung geritten.

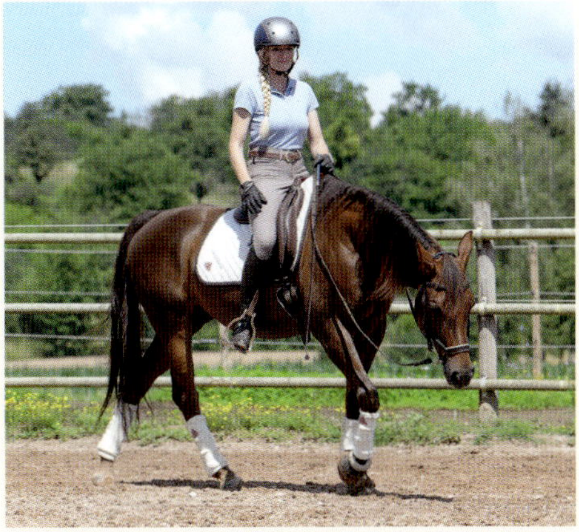

Ich lasse meine Pferde zwischendurch immer wieder am langen Zügel gehen.

geradeaus reiten und erneut ansetzen.

- Reite alle Übungen in einer leichten, konstanten Anlehnung. Das gilt sowohl für Dressur- als auch für Westernpferde. Das ist wie bei einer Ballerina, die den Zehenstand lernt. Sie übt zunächst immer an einer Stange oder wird gehalten. So ähnlich verhält es sich auch bei unseren Pferden. Ich habe bessere Erfahrungen mit einer leichten Anlehnung gemacht, als wenn man gleich von Beginn an mit losen Zügeln reitet.
- Weniger ist mehr: Verlange anfangs nur wenige, dafür aber qualitativ gute Schritte, um das Pferd nicht zu überbeanspruchen und den Spaß daran zu erhalten.
- Der Schlüssel zum Erfolg liegt darin, sich bereits mit kleinen Erfolgserlebnissen zufrieden zu geben, sprich wenn Pferd ein Schulterherein gut gemacht hat, übt man es an dem Tag nicht noch zehnmal.
- Allerdings bedeutet das im Umkehrschluss: Wenn ein Pferd sich nicht benimmt oder dagegen geht, bleibe ich ruhig und beharrlich dran, bis es nachgibt, sonst konditioniere ich das Pferd auf das falsche Verhalten. Geht das Pferd beispielsweise gegen den Schenkel und ich gebe nach, kann das ein für das Pferd belohnendes/bestätigendes Verhalten sein (negative Verstärkung). Das Wegnehmen von Druck kann unter Umständen vom Pferd als »Ich habe alles richtig gemacht« interpretiert werden. Dementsprechend steigen die Chancen, dass das Pferd dieses Verhalten beim nächsten Training wieder an den Tag legt und somit gegen den Schenkel geht – ohne bösen Hintergedanken, denn es glaubt ja, dass dieses Verhalten richtig ist. Hier muss man sehr vorsichtig

sein. Unsere Pferde lernen blitzschnell und plötzlich hat man das Pferd auf etwas konditioniert, was man gar nicht wollte.
- Die Übungen sind sehr anstrengend fürs Pferd. Lege daher zwischendurch immer wieder Pausen ein, in denen sich das Pferd strecken und erholen kann (zum Beispiel im Stehen mit Kopfabsenken oder eine Schrittpause am langen Zügel).
- Mache ich die Übung richtig? Um zu wissen, ob man die Übung korrekt reitet, ist es anfangs sehr hilfreich, einen Helfer am Boden zu haben, der einem sagt, wann der Seitengang korrekt ist und wann das Pferd wie gewünscht fußt. Super sind natürlich auch Spiegel zur Überprüfung.

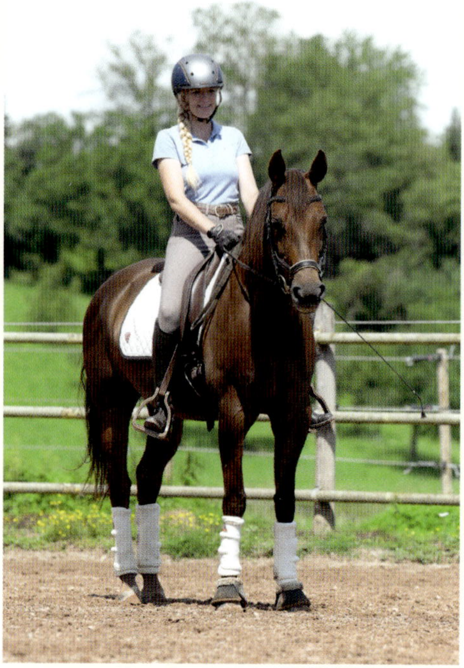

Eine der allerwichtigsten Rittigkeits-Übungen für mehr Sicherheit ist ruhiges Stehen. Chex me kann das sehr gut!

4.2 Meine Lieblings-Rittigkeitsübungen für mehr Sicherheit

1. Stillstehen

Eine der wichtigsten Rittigkeitsübungen für mehr Sicherheit ist ruhiges Stehen. Meinen und den mir anvertrauten Pferden bringe ich das als Erstes bei, denn nichts ist nerviger als ein rumhampelndes Pferd beim Aufsteigen und nichts ist gefährlicher als ein Pferd, das beim Ausritt auf eine viel befahrene Straße tänzelt. Darüber hinaus ist Stehenbleiben auch fürs tägliche Training sinnvoll. Stell Dir vor, Du hast so einen Zappelphilipp unter Dir und willst ihm etwas Neues beibringen. Der hört Dir einfach nicht zu! Aus diesem Grund lernen alle meine und die mir anvertrauten Pferde ruhig stehen zu bleiben – egal wie lange und egal was um sie herum passiert. Sie warten geduldig auf mein nächstes Signal und vertrauen darauf, dass ich immer Herrin der Lage bin und entscheide, wann wir wohin gehen, wie weit wir gehen (auch bei Gefahr) und so weiter. Das ist das Prinzip von »Wer bewegt wen?« beim Reiten (haben wir bei der Bodenarbeit auch gemacht – siehe Seite 36).

So geht's: Stehtraining ist schwierig und einfach zugleich. Schwierig, weil

es Dir viel Konsequenz abverlangt, einfach, weil Du es zu jeder Zeit und an jedem beliebigen Ort üben kannst. Es hilft Deinem Pferd allerdings, wenn Du anfangs einen Ort zum Üben wählst, der dem Pferd vertraut ist und wo es sich wohlfühlt.
Steigere die Stehzeit von Training zu Training. Fang an bei wenigen Sekunden und steigere Dich gerne bis hin zu rund 30 Minuten. Wenn ich im Training zu den langen Stillstehphasen mit meinen Pferden komme, unterrichte ich dabei andere Reiter, unterhalte ich mich mit anderen Personen oder telefoniere sogar. Ich möchte, dass mein Pferd nicht das Gefühl hat, dass ich es mit Adleraugen überwache, sondern eine Stehpause als etwas Angenehmes zu schätzen lernt. Es kann in dieser Zeit gerne völlig entspannen.
Achte trotz der Gemütlichkeit oder Ablenkung durch Gespräche aufs Pferd und korrigiere es sofort, wenn es sich von seinem Stehplatz verdünnisiert, indem Du das Pferd wieder auf seinen Platz zurück dirigierst. Entzieht sich Dein Pferd beispielsweise rückwärts, kannst Du es auch mit dem Hinterteil an der Bande parken, um den Raum hinter Euch zu schließen. Nach und nach übe ich das Stillstehen auch unter Ablenkung, etwa wenn jemand anderes Gelassenheitstraining mit seinem Pferd in der Halle macht oder ich stelle mich an den Straßenrand bei uns am Hof. Der Kreativität sind hierbei keine Grenzen gesetzt. Hauptsache, man passt das Schwierigkeitslevel an das Können des Pferdes an.

2. Stehen in Stellung

Kann das Pferd ruhig stehen bleiben, können wir jetzt etwas variieren. Das Stehen in Stellung kennt Dein Pferd bestenfalls schon von der klassischen Handarbeit am Boden (siehe Seite 66). Es ist für mich eine absolute Grundübung, die ich gerne zu Beginn jedes Trainings mit allen meinen sowie den mir anvertrauten Pferden mache, denn beim Stehen in Stellung baue ich eine erste feine Kommunikation mit dem Pferd aus dem Sattel auf und verbessere die Nachgiebigkeit im Genick. Darüber hinaus etabliere ich so ein Signal, das ich für alle weiteren Übungen benötige. Das Stellen des Pferdekopfes ist die Voraussetzung dafür, dass sich ein Pferd auch biegen lässt, was mir auch in kritischen Situationen sehr nützlich sein kann. (Die hier etablierte Schenkelhilfe regt das Pferd an, die ventrale Muskelkette zu aktivieren, siehe Seite 130.)

Wie sieht eine korrekte Stellung aus?

Unter Stellung verstehe ich, dass mein Pferd seinen Kopf im Genick seitlich wendet. Dabei bleibt die Halsbasis gerade. Sonst biegt sich nichts im Pferd! Im Sattel erkennst Du eine korrekte Stellung daran, dass nur das innere Pferdeauge und der inneren Nüsternrand gerade so zu sehen sind. Siehst Du mehr als das, ist Dein Pferd überstellt.

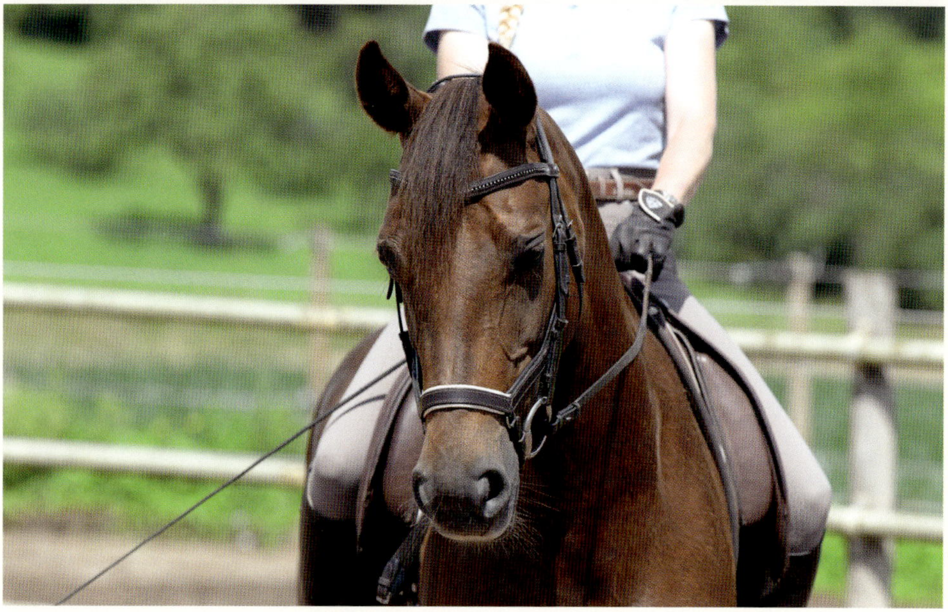

Beim Stehen in Stellung ist der Pferdekopf leicht zur Seite gestellt.

So geht's: Nach dem Aufsteigen setzt Du Dich zunächst gleichmäßig in den Sattel. Jetzt wollen wir das Pferd zunächst nach links stellen. Dazu spannst Du Dein Kreuz leicht an und legst den linken Schenkel an den Pferdebauch. Zu diesem Zeitpunkt machst Du noch nichts mit den Zügeln. Das ist mir super wichtig!
Erst wenn das Pferd auf diese Hilfe nicht den Kopf nach links dreht, nimmst Du den inneren Zügel sanft an, indem Du die Hand leicht anhebst. Bleib geduldig dran, bis das Pferd den Kopf nach links dreht. Der Oberkörper bleibt dabei gerade nach vorne ausgerichtet. Wichtig: Gebe gleichzeitig mit dem rechten Zügel so viel nach, dass das Pferd den Kopf drehen kann, aber trotzdem eine Verbindung bestehen bleibt.
Um dem Pferd zu zeigen, dass sein Verhalten richtig ist, gibst Du anfangs sofort wieder langsam und vorsichtig nach (nicht Zügel wegschmeißen!), wenn sich Dein Pferd korrekt gestellt hat. Gib dem Pferd Zeit zu verstehen, was Du von ihm möchtest. Nach und nach kannst Du die Zeit des Stehens in Stellung verlängern.
Hampelt das Pferd dabei herum, solltest Du ruhiges Stehenbleiben sowie Stehen in Stellung am besten vom Boden aus üben, bis das richtig gut klappt.
Übe das Stehen in Stellung beim Reiten nach links und rechts. Im Idealfall lässt sich Dein Pferd im Stand ganz entspannt und idealerweise bereits auf die jeweilige Schenkelhilfe nach links oder rechts stellen. Der Zügel ist dabei fast überflüssig.

Wie losgelassen bist Du?

Wir verlangen Losgelassenheit vom Pferd. Das geht aber nur, wenn auch wir entspannt im Sattel sind. Aber wie oft kommen wir gestresst in den Stall und wollen schnell noch eine Runde reiten, bevor es ab auf die Couch geht? Oft klappt an solchen Tagen nichts: Das Pferd steht unter Hochspannung und schreckt ständig zur Seite.

Nicht wenige Reiter sind dann frustriert und versuchen das Pferd durch heftige Einwirkung gefügig zu machen. Ich finde das in hohem Maße unfair. Das Pferd reagiert lediglich instinktiv auf unsere Anspannung, denn Pferde sind Meister im Spiegeln unserer Gefühle! Darüber hinaus verspielt ein grober Reiter auch mühsam aufgebautes Vertrauen und fügt seinem Pferd im schlimmsten Fall Schmerzen zu.

Aus diesem Grund rate ich Dir: Steig niemals auf, wenn Du angespannt oder genervt bist. Mach lieber etwas anderes, was auch Dir guttut, und am nächsten Tag sieht die Welt schon wieder ganz anders aus. Auch wir dürfen lernen, den Druck herauszunehmen und loszulassen.

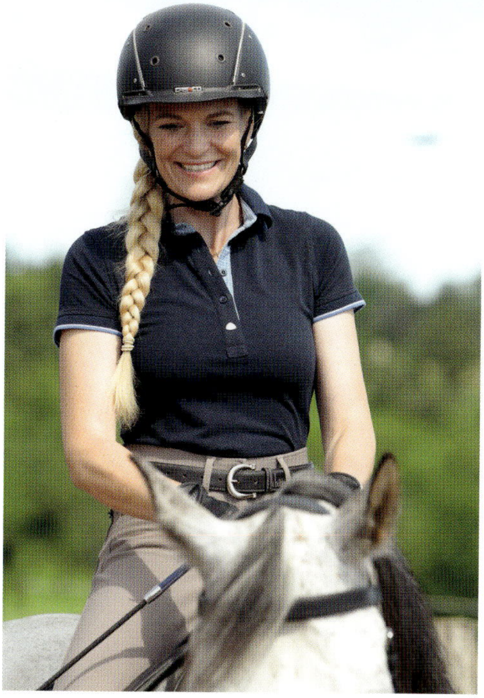

Das Pferd spürt ganz genau, ob wir glücklich und entspannt oder gestresst sind.

3. Zirkel und Volte

Vielleicht ertappst Du Dich gerade, wie Du beim Lesen der Überschrift diese Übung überblättern willst nach dem Motto »Kann ich schon!« Ich empfehle Dir, sie gerade deswegen zu üben, denn der Teufel steckt im Detail: Der Kreis soll richtig schön gleichmäßig rund sein und das ist

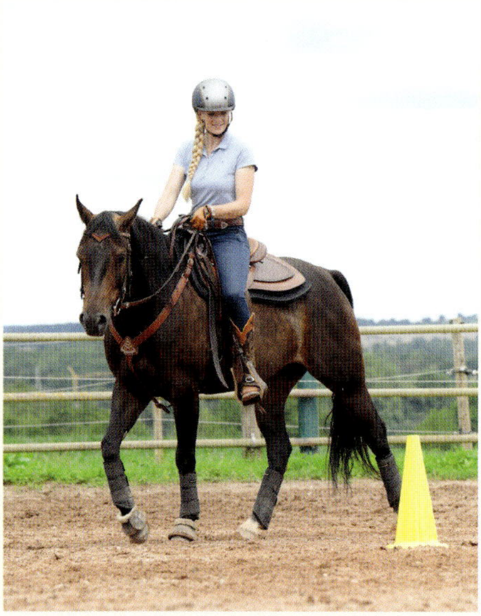

Beim Reiten von Volten und Zirkel achte ich darauf, dass der Kreis möglichst rund ist.

mitunter gar nicht so einfach, gerade wenn man beispielsweise keine richtige Bandenanlehnung wie beim Mittelzirkel hat. Man lernt, exakt runde Bahnfiguren zu reiten, das Pferd über den Sitz zu wenden und seine Hilfen besser aufeinander abzustimmen.
Für mich sind Zirkel und Volten darüber hinaus absolut unerlässlich als Vorbereitung auf die Seitengänge. Gerade zu Beginn einer Trainingseinheit sind diese beiden Übungen effektive Lockerungsübungen fürs Pferd, weil man bereits eine geringgradige Biegung vom Pferd verlangt. Während sich die Muskulatur auf der inneren Seite der Kreisbahn verkürzt, dehnt sich die Muskulatur außen. Das macht innen kräftig und außen geschmeidig. Zirkel und Volten fördern außerdem Hinterhandaktivität und Geraderichtung.

Was ist der Unterschied zwischen Stellung und Biegung?
Ganz vereinfacht ausgedrückt: Die Stellung betrifft nur das Genick des Pferdes, die Biegung umfasst den ganzen Pferdekörper und geht von Kopf bis Schweif. Betrachtest Du Dein Pferd von oben, dann siehst Du, dass der gesamte Körper in der Biegung längs gebogen ist – wie eine Banane.

So geht's: Schnapp Dir für die Übung am besten ein Hütchen und stelle es in die Kreismitte, um einen guten Fokus zu haben. Reite im Schritt auf dem Zirkel. Die Pylone ist Dein Kreismittelpunkt, den Du nicht aus den Augen verlierst. Drehe dabei den Oberkörper mit. Der innere Gesäßknochen wird etwas mehr belastet. Lege den äußeren Schenkel verwahrend zurück. Der innere Schenkel treibt am Gurt. Der innere Zügel sorgt für die korrekte Stellung nach innen, indem Du die Hand leicht anhebst. Der äußere Zügel lässt diese Stellung zu und begrenzt das Pferd nach außen. Setze Hand und Bein möglichst wenig ein.
Klappt das, kannst Du den Abstand zum Hütchen allmählich verkleinern, bis Du auf einer Volte bist. Du kannst die Übung auch gerne im Trab oder Galopp reiten. Um das Pferd gleichmäßig zu trainieren, reitest Du die Übung am besten abwechselnd auf beiden Händen.

Das Talent der Pferde liegt in unseren Händen

Ich nehme die individuellen Eigenheiten meiner sowie der mir anvertrauten Pferde sehr ernst und stimme mein Trainingsprogramm stets auf das jeweilige Pferd ab. Ein Schema F gibt es bei mir nicht. Zum einen liegt das daran, dass ich sowohl mit Warmblütern, Quarter Horses, Friesen, Tinkern, Arabern sowie anderen Rassen arbeite. Allein schon vom Körperbau her unterscheidet sich jedes Pferd enorm und ich bin der Meinung, dass das Gebäude eines Pferdes vorgibt, wie ich es reiten sowie ausbilden kann. Mein Amour hat beispielsweise einen tendenziell hoch angesetzten Hirschhals und ein leichtes Genick. Ihn muss ich anders trainieren als meine Bailey mit ihrem etwas fülligeren Hals. Darüber hinaus bestimmt die Anatomie auch die Biomechanik, sprich wie sich das Pferd bewegt. Und so kann ich von einem Quarter Horse wie meiner Chex me nicht erwarten, dass sie sich so ganggewaltig bewegt wie mein Menorquin Xig. Ich kann es mit einem klugen Training aber durchaus schaffen, dass meine Chex me ihr volles Potenzial im Rahmen ihrer anatomischen Möglichkeiten zeigen kann.

Ebenso ist es mir sehr wichtig, auf die psychischen Eigenheiten sowie die special effects, wie ich es gerne nenne, des jeweiligen Pferdes einzugehen. Angenommen ich habe das Ziel, mein Pferd an einem sogenannten losen Zügel zu reiten, wie in der Westernreiterei üblich, dann muss ich schauen, ob mein Pferd vom Charakter her überhaupt dafür geeignet ist. Pferde, die etwas unsicherer sind, tun sich unter Umständen schwer damit. Sie fühlen sich mit einer leichten Anlehnung sehr viel sicherer und dann muss ich mich danach richten. So geht es mir beispielsweise mit Chex me, die die dressurliche Zügelanlehnung beim Reiten einfach braucht. Oder mein Menorquin Xig. Er sollte eigentlich mein Lehrpferd für die Dressur werden, jedoch stellte sich heraus, dass er dem Menschen gegenüber sehr verhalten war und Angst hatte, Fehler zu machen. Um ihm mehr Selbstvertrauen und Freude zu geben, motiviere ich ihn gerne mit Zirzensik. Das klappt super.

Darüber hinaus finde ich es sehr wichtig, nicht zu ungeduldig mit einem Pferd zu sein. Alles, wie beispielsweise die Rittigkeitsübungen in diesem Buch, ist ein Entwicklungsprozess (und Dein Pferd kann ja nicht ahnen, dass Du gerade mein Buch gelesen und einen neuen Plan hast). Man kann von einem Pferd nicht verlangen, dass es neue Lektionen von heute auf morgen perfekt beherrscht. Halte Dir lieber vor Augen, dass Du 365 Tage im Jahr Zeit hast, mit Deinem Pferd zu üben. Ich persönlich habe für jedes meiner und der mir anvertrauten Pferde einen langfristigen, groben Plan im Kopf, an dem ich mich orientiere, aber ich muss diesen an die jeweilige Tagesform anpassen. Da ist es völlig normal, dass an einem Tag mal alles super und am nächsten alles nicht so gut läuft. Hier darf jeder Reiter meiner Meinung nach etwas entspannter mit sich und seinem Pferd sein.

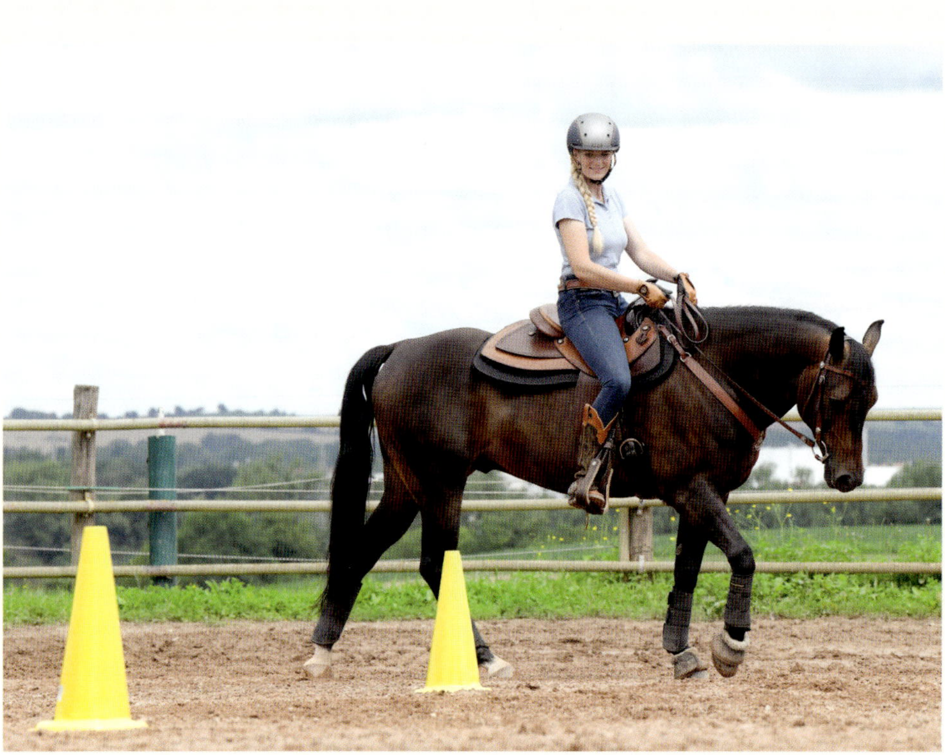

Bei der »Liegenden Acht« reite ich um jede Pylone eine Volte.

4. Liegende Acht

Die liegende Acht ist eine leichte Steigerung der vorangegangenen Übung »Zirkel und Volte«. Du kennst den Ablauf der Übung bereits von der Bodenarbeit (Körpersprachliches Longieren, Seite 54). Die liegende Acht besteht aus zwei Kreisen in unterschiedliche Richtungen. Dementsprechend haben Achterschlaufen die gleichen positiven Effekte aufs Pferd wie Zirkel und Volten, nur lockern und stärken sie die Muskulatur noch gleichmäßiger auf beiden Händen. Die ständigen Richtungswechsel machen darüber hinaus Pferde wacher und fleißiger.

So geht's: Schnapp Dir am besten zwei Hütchen und stelle jeweils eins in die Mitte vom unteren sowie oberen Zirkel. Dann reitest Du im Schritt zunächst rechte Hand auf der Zirkellinie um die erste Pylone (Hilfengebung siehe Übung »Zirkel und Volte«). In der Mitte zwischen den Hütchen angekommen, richtest Du das Pferd gerade und reitest eine Pferdelänge geradeaus, dann schaust Du zur zweiten Pylone und stellst das Pferd dabei um. Danach biegst Du auf die linke Hand um das zweite Hütchen ab.
Wichtig: Beide Kreise sollten gleich groß sein. Auch sollte das Pferd nicht über die innere Schulter in die Kreis-

mitte kippen. Ich bereite das Pferd darüber hinaus sanft auf die Richtungswechsel vor. Man neigt nämlich dazu, das Pferd beim Richtungswechsel etwas zu überfallen und im übertragenen Sinne fühlt sich das so an, als würde ich Dich einfach am T-Shirt packen und in eine andere Richtung ziehen. Das wollen wir nicht!
Wenn die liegende Acht im Schritt klappt, kannst Du sie auch traben oder im Galopp mit einfachen beziehungsweise fliegenden Wechseln absolvieren. Außerdem kannst Du den Abstand zwischen den Pylonen auch verringern, sodass Du zwei aneinandergereihte Volten reitest.

5. Übergänge sowie Tempiwechsel

Übergänge zwischen den Gangarten wie beispielsweise vom Trab in den Galopp und Tempiwechsel innerhalb einer Gangart sind für mich eine unverzichtbare Basis im täglichen Training. Mir ist es wichtig, dass die Pferde nicht einfach in eine andere Gangart »fallen« oder sich im Übergang raushebeln oder Ähnliches. Gleiches gilt für Tempiwechsel innerhalb einer Gangart. Auch sie sollten ganz geschmeidig ausgeführt werden können – sowohl in ein etwas schnelleres sowie langsameres Tempo.
Mit beiden Übungen fördere ich die Losgelassenheit sowie Versammlungsbereitschaft und somit letztendlich auch die Rittigkeit und vor allem die Sicherheit, denn viele Pferde lassen sich nur ungern zurücknehmen. Gleichzeitig lerne ich als Reiter

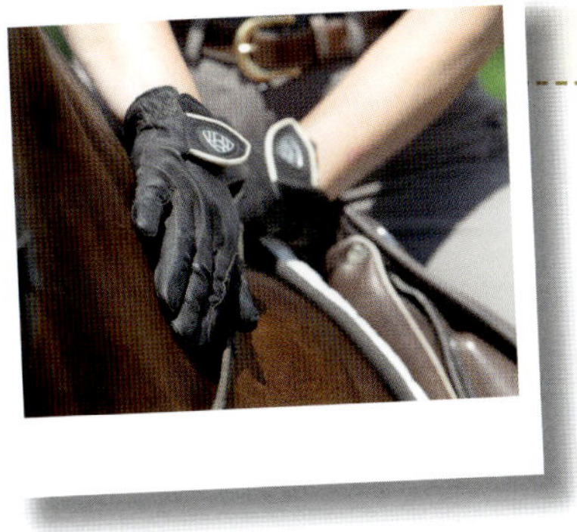

Ein Lob ist der beste Lernbeschleuniger!

Lernpsychologie beim Reiten

Beim Reiten arbeite ich sehr viel mit positiver und negativer Verstärkung. Beides können ultimative Lernbeschleuniger sein, wenn man sie richtig anwendet (wie bereits bei der Bodenarbeit und Gelassenheitstraining).

Positive Verstärkung: Wenn mein Pferd eine Übung richtig macht, freue ich mich wie ein Honigkuchenpferd und bin so stolz auf es, dass ich es überschwänglich lobe. Ich freue mich richtig und lasse das Pferd das auch wissen. Oft gibt es für gute Leistungen auch einen Keks. Das finden viele Pferde natürlich richtig klasse.
Die negative Verstärkung wende ich gerne bei Zügel- und Schenkelhilfen an, um mein Pferd noch sensibler und feiner auf meine Signale zu bekommen: Sobald das Pferd richtig reagiert, werde ich mit meinen Hilfen weicher oder nehme sie sogar ganz weg. Diese Methode ist für Pferde instinktiv verständlich, weil so auch die Kommunikation untereinander funktioniert und ich auf diese Weise auch meine Kommunikation mit dem Pferd sehr gut immer mehr verfeinern kann.

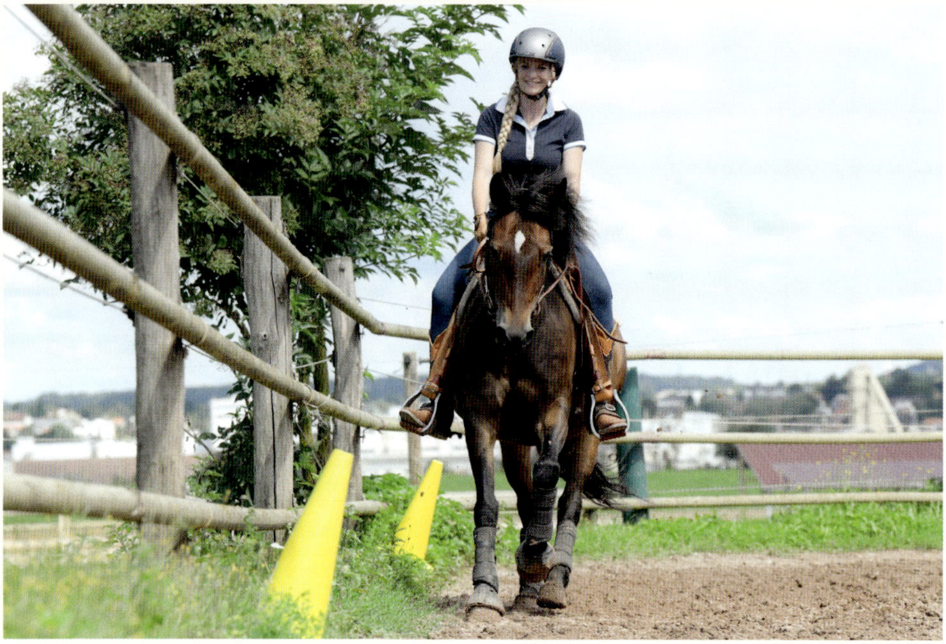

Für Tempiwechsel und Übergänge nutze ich gerne Fixpunkte wie beispielsweise zwei Hütchen. Das macht es mir und dem Pferd leichter.

bewusster, feiner und korrekter zu reiten, klare Hilfen zu geben und mit dem Pferd vermehrt über Sitz und Bein zu kommunizieren. Die Zügel brauche ich für Übergänge und Tempiwechsel im Prinzip nicht.

So geht's: Ich trainiere Übergänge vom Schritt zum Trab, vom Trab zum Galopp, vom Schritt zum Galopp und umgekehrt; Tempiwechsel innerhalb einer Gangart übe ich im Schritt, Trab und Galopp.
Um beides zu üben, suchst Du Dir am besten mehrere Fixpunkte in der Halle wie die Buchstaben an der Bande. Mir ist das präzise Ausführen sehr wichtig, sprich dass das Pferd beispielsweise auch da angaloppiert, wo ich es gerne möchte.

Hier ein Beispiel für einen Tempiwechsel im Trab: Am ersten Fixpunkt kippst Du Dein Becken etwas nach hinten und treibst Dein Pferd weich an Deine Hand. Dann geht's im versammelteren Tempo bis zum nächsten Punkt. Hier nimmst Du Hände und Oberkörper leicht nach vorne und treibst das Pferd wieder vermehrt nach vorne bis zum nächsten Fixpunkt und so weiter. Klappt das, kannst Du die Abstände zwischen den Tempiwechseln verringern. Das ist dann noch etwas schwieriger.
Wenn Du Dein Pferd aus seinem Komforttempo herausholst, kann es sein, dass es sich fest macht. In diesem Fall reite ich ein Schultervor oder Schulterherein (siehe nächste Übungen). So wird das Pferd wieder locker.

Ein Beispiel: Ich gehe ganze Bahn und lege mit dem Tempo an der langen Seite zu. An der kurzen Seite nehme ich das Pferd dann auf und in ein Schultervor, damit es sich nicht festmacht.

6. Schlangenlinien durch die Bahn

Sicherlich kennt jeder Reiter diese Übung – auch hier steckt der Teufel im Detail! Die Herausforderung: Das Pferd muss nach einer relativ engen Wendung wieder geradeaus gehen und sich dann in die andere Richtung biegen und stellen lassen. Solche schnellen Handwechsel sind eine super gute Gymnastizierung und verbessern spürbar die Akzeptanz von Schenkel-, Gewichts- und Zügelhilfen – alles wichtig für die Rittigkeit und somit die Sicherheit!
Ich reite die Schlangenlinien durch die Bahn in meiner Halle mit drei oder vier Bögen, je nach Ausbildungsstand des Pferdes. Drei Bögen sind für die meisten Pferde einfacher; bei vier Bögen werden die Kurven enger und es wird dementsprechend kniffliger. Für mich als Reiter besteht die große Herausforderung darin, die Halle richtig aufzuteilen, damit die Bögen gleich groß sind und das Pferd schön auf seiner Spur bleibt. Außerdem muss man aufpassen, dass man keine s-förmigen Bögen reitet, das Pferd in der Wendung nach innen fällt oder an der Bande zu früh abwendet.
Die Übung kann man im Schritt, Trab und Galopp mit einfachen beziehungsweise fliegenden Wechseln auf der Mittellinie machen. Man kann die Übung auch beliebig variieren, indem man beispielsweise Übergänge einbaut: Die Wendungen werden im Schritt, die geraden Linien im Trab geritten.

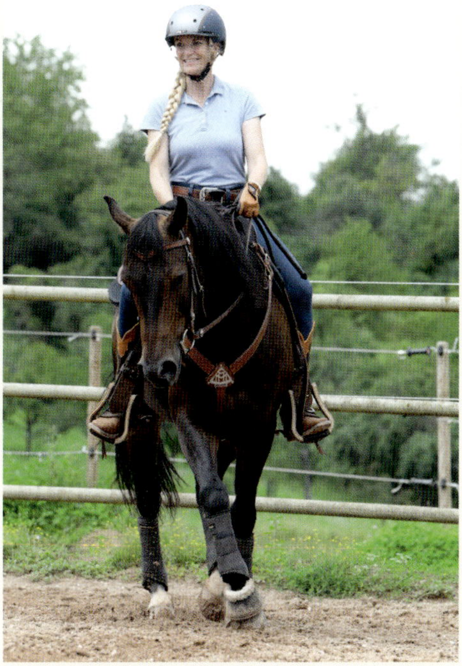

Schlangenlinien sind eine super gute Gymnastizierung!

7. Schenkelweichen

Streng genommen ist Schenkelweichen kein echter Seitengang, denn dabei wird nur eine Stellung im Genick verlangt, aber keine Biegung. Das Pferd bleibt also in sich gerade. Ich finde Übertreten trotzdem hervorragend, weil das Pferd nachgiebiger auf einen einseitig treibenden Schenkel zu

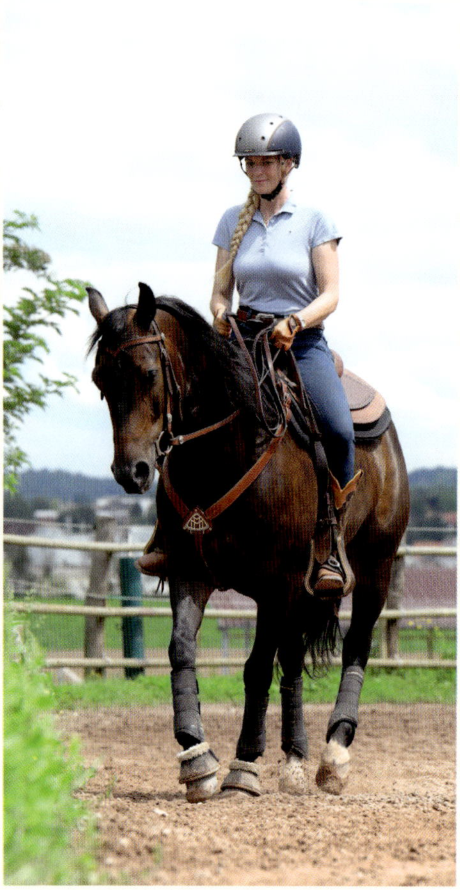

Otto kann Schenkelweichen schon gut!

reagieren lernt und ich es dadurch mehr auf meine Hilfen sensibilisiert bekomme. Dementsprechend ist Übertreten eine wunderbare Vorübung für die echten Seitengänge. Weitere Vorteile des Schenkelweichens: Übertreten im Schritt lockert das Pferd. Es mobilisiert die Pferdehüfte sowie andere Gelenke und aktiviert die Hinterhand sowie Bauchmuskulatur. Infolgedessen verbessern sich auch Dehnungsbereitschaft und Rückentätigkeit. Außerdem fördert es die Balance des Pferdes und bringt Ruhe ins Training. Der Reiter bekommt außerdem ein Gefühl dafür, wann das innere Hinterbein unter den Bauch fußt und lernt, seine Hilfen feiner aufeinander abzustimmen.
Beim Schenkelweichen erfolgt die Stellung im Genick entgegen der Bewegungsrichtung. Das Pferd geht auf vier Hufschlaglinien.

So geht's: Reite im Schritt ganze Bahn. Stelle den Pferdekopf leicht nach außen zur Bande und leite das seitliche Treten ein, indem Du mit dem äußeren Bein knapp hinter dem Gurt einen Impuls gibst und das Gewicht im Sattel leicht nach innen verlagerst. Das animiert das Pferd dazu, mit dem äußeren Hinterbein nicht direkt nach vorne zu fußen, sondern vorwärts-seitwärts. Dein inneres Bein liegt verwahrend hinterm Gurt. Es verhindert, dass die Hinterhand des Pferdes zu weit nach innen schwenkt. Der äußere Zügel sorgt für die korrekte Stellung nach außen, indem Du die Hand leicht anhebst. Der innere Zügel lässt diese Stellung zu und begrenzt das Pferd nach innen. Bei der Übung sitzt Du in Bewegungsrichtung.
Löse die Lektion am besten nach mehreren Seitwärts-Tritten auf, denn Schenkelweichen ist nicht für den Dauereinsatz gedacht. Bei dieser Übung wird ein maximales Kreuzen der Beine abverlangt. Das belastet Bänder, Sehnen und Gelenke. Setze die Lektion lieber nur in kurzen Reprisen ein und wähle stets ein ruhiges Tempo im Schritt oder Trab. Übe auch gerne auf beiden Händen.

Um die Übung zu variieren, kannst Du gerne mal ein Schenkelweichen auf dem Zirkel probieren. Dabei reitest Du zunächst im Schritt auf dem Zirkel um eine Pylone herum. Das Hütchen ist Dein Kreismittelpunkt, den Du die ganze Zeit anschaust.
Du kannst auch gerne mal ein Zickzack versuchen: Verkleinere den Zirkel zunächst mit ein paar seitlichen Tritten, dann richtest Du das Pferd wieder ganz normal auf der Zirkellinie aus. Nach wenigen Metern vergrößerst Du den Zirkel erneut und verkleinerst ihn wieder durch Übertreten.

Reiten in Innen- und Außenstellung

Vielen Pferden fehlen anfangs noch Balance und Tragkraft, um seitwärts gehen zu können. Besonders für solche Kandidaten finde ich das Reiten in einer einfachen Konterstellung wunderbar, um das Pferd langsam und spielerisch an solche Lektionen heranzuführen. Reiten in Außenstellung geht ganze Bahn oder auch auf gebogenen Linien wie einem Zirkel und lässt sich zwischendurch immer wieder prima einbauen. Ich mache es beispielsweise gerne so: Ich reite auf dem Zirkel und stelle das Pferd an der geschlossenen Seite nach außen. Das macht es Pferd und Reiter leichter, da man eine Begrenzung nach außen hat. Auf der offenen Seite stelle ich das Pferd wieder nach innen.

Reiten in Außenstellung kann man zwischendurch immer wieder gut einbauen.

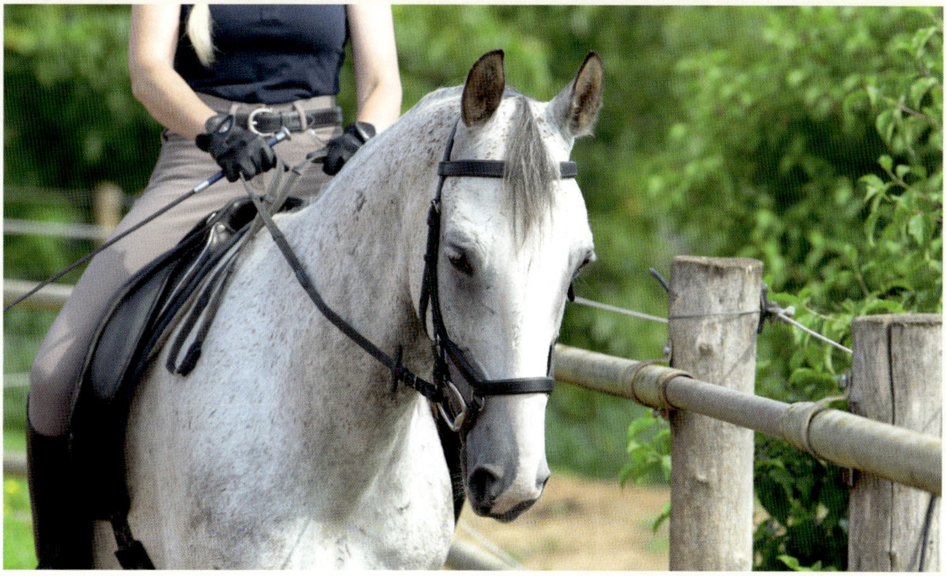

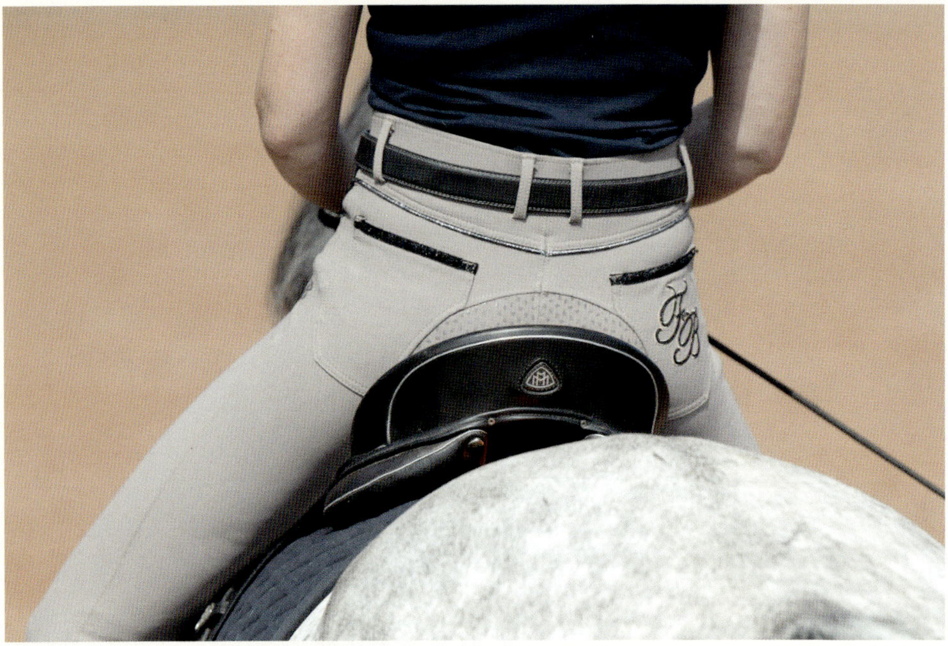

Fürs Schultervor braucht man meist nur ganz feine Signale.

8. Schultervor

Schultervor (auch als »Erste Stellung« bezeichnet) und Reiten in Stellung (»Zweite Stellung«, siehe nächste Übung) sind klassische Vorübungen für die eigentlichen Seitengänge wie Schulterherein, Travers und so weiter. Schultervor ist darüber hinaus eine tolle Lockerungs- und Aufwärmübung, hat eine geraderichtende Wirkung, fördert Versammlung sowie Durchlässigkeit und ist für mich mitunter zusammen mit dem Schulterherein sowie Travers (siehe nächste Seiten) die wichtigste Übung für mehr Sicherheit beim Reiten.
Beim Schultervor reitet man im Prinzip mit einem gebogenen Pferd geradeaus. Dabei kommt die Vorhand leicht nach innen. Die Abstellung ist allerdings nur ganz gering – hilfreich ist die Vorstellung, dass das Pferd mit der Vorhand nur ein paar Zentimeter vom ersten Hufschlag weg in die Bahn geführt werden soll.
Beim Schultervor tritt das Pferd mit dem inneren Hinterbein in Richtung zwischen die beiden Vorderbeine. Das äußere Hinterbein soll dabei aber auf der Spur des gleichseitigen äußeren Vorderbeins bleiben. So gehen die Beine Deines Pferdes auf 2,5 Hufschlaglinien.

So geht's: Es gibt mehrere Möglichkeiten, ein Schultervor zu reiten. Ich empfehle Dir für den Einstieg diese Variante: Reite mit Deinem Pferd im Schritt auf dem Zirkel (linke Hand).

Wenn Du auf die Gerade an der langen Seite kommst, hältst Du die Biegung vom Zirkel und reitest nur für einen Schritt den Zirkel weiter als wolltest Du abbiegen. Lass Dein Pferd nicht weiter als diesen einen Schritt auf dem Zirkel gehen. Es soll jetzt weiter geradeaus laufen, aber die Biegung beibehalten. Dazu gibst Du diese Hilfen:

- Der innere Zügel sorgt für die Stellung des Pferdes im Genick nach innen, der äußere Zügel begrenzt die Stellung und verhindert, dass das Pferd über die äußere Schulter ausfällt.
- Der innere Schenkel sorgt am Gurt für die Rippenbiegung und dafür, dass das innere Hinterbein etwas weiter nach innen – also zwischen die Spur der Vorderbeine – fußt.
- Besonders wichtig ist der äußere Schenkel: Er liegt verwahrend und verhindert, dass die Hinterhand nach außen ausweicht.

Klappt das, kannst Du das Schultervor nicht nur auf einer geraden Linie, sondern auch auf jeder anderen beliebigen Linie reiten. Ohne Anlehnung an eine Bande und auf gebogenen Linien ist die Lektion allerdings sehr viel schwieriger.

9. Reiten in Stellung

Mit dem Reiten in Stellung (»Zweite Stellung«) fange ich gerne erst nach dem Schultervor an, denn dann ist das innere Hinterbein des Pferdes bereits aktiviert und weicht beim Reiten in Stellung nicht so leicht nach innen aus.

Reiten in Stellung mache ich gerne auf einer Volte mit einer Pylone als Fixpunkt.

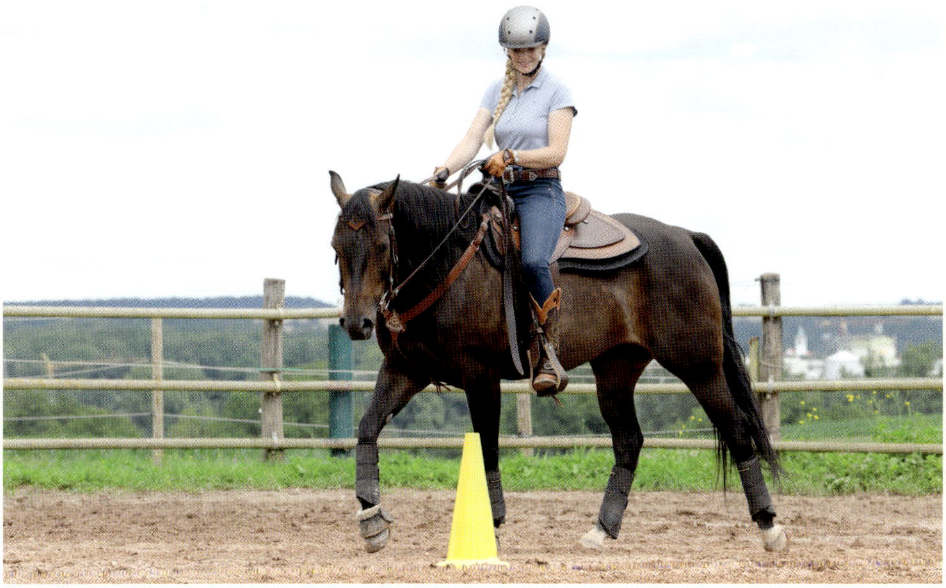

Für mich ist das Reiten in Stellung mit dem Schultervor der Anfang einer echten Kontrolle im Sinne von sicherem Reiten. Das Pferd wird alleine schon durch diese beiden Übungen sehr viel geschmeidiger und stabiler, was letztendlich die Schreckhaftigkeit des Tiers merklich herabsetzt und somit eine super gute Unfallprävention ist. Zum Beispiel verbessern wir dadurch die Balance unterm Reiter: Das Pferd fühlt sich plötzlich auf dem Zirkel nicht mehr an wie ein Motorrad in der Kurve, sondern wie eine Eisenbahn auf zwei Schienen: tragfähig und kontrolliert.
Auch beim Reiten in Stellung geht es darum, die Längsbiegung zu verbessern. Anders als beim Schultervor wird hier allerdings nicht das innere, sondern das äußere Hinterbein dazu veranlasst, schmaler zu spuren: Der äußere Hinterhuf soll etwas weiter nach innen fußen, sodass er von vorne zwischen den Vorderbeinen zu sehen ist. Diese Verschiebung ist aber nur sehr gering.

So geht's: Ich stelle mir für die Übung am liebsten eine Pylone in die Kreismitte und reite drumherum. Wie groß ich die Volte wähle, hängt davon ab, was dem Pferd zunächst am leichtesten fällt. Ich starte mit Stehen in Stellung und gehe direkt mit dem gestellten Pferd im Schritt auf die Kreisbahn. Dabei ermutige ich das Pferd mit einem leicht angehobenen inneren Zügel immer wieder, in Stellung zu bleiben. Damit das Pferd nicht der Stellung folgt und nach innen abbiegt, begrenzt mein inneres Bein und hält das Pferd gerade. Außerdem sorgt der Schenkel für die Längsbiegung des Pferdes. Ich bleibe dabei gerade und gleichmäßig im Sattel sitzen. Der äußere Zügel begrenzt die Stellung und verhindert, dass das Pferd über die äußere Schulter ausweicht und sich so der korrekten Längsbiegung entzieht.

Die Lektion kannst Du sowohl auf gebogenen als auch geraden Linien reiten. Klappt das, kann man die Übung auch im Trab und Galopp abfragen.

Ich persönlich baue bei fortgeschritteneren Kandidaten gerne Richtungswechsel ein und kombiniere dementsprechend die Übungen »Reiten in Stellung« und »Liegende Acht« (siehe Seite 144). Wechselt man die Hand, muss man das Pferd vor dem Wechsel von der einen Stellung in die andere (Umstellen) erst einmal sorgfältig geraderichten und erst dann die neue Stellung fordern. Dabei darf man nie einfach nur den nun äußeren Zügel weiter vorgeben und den inneren annehmen, sondern muss die Zügel entsprechend nachfassen beziehungsweise das Zügelmaß immer mal wieder korrigieren. Die Herausforderung besteht darin, dass sich das Pferd bei den Richtungswechseln nicht raushebelt. Um das zu vermeiden, muss man das Pferd gut vorbereiten.

Wie sicher sitzt Du im Sattel?

Wir erwarten von unserem Pferd, dass es ein sicherer und gelassener Partner unterm Sattel ist. Das geht aber nur, wenn auch wir uns beim Reiten richtig verhalten. Neben unseren Gefühlen (siehe Seite 141) spürt das Pferd ebenso ganz genau, WIE wir im Sattel sitzen. Daher bin ich der Überzeugung, dass ein schlecht sitzender Reiter ein erhebliches Sicherheitsrisiko darstellt.

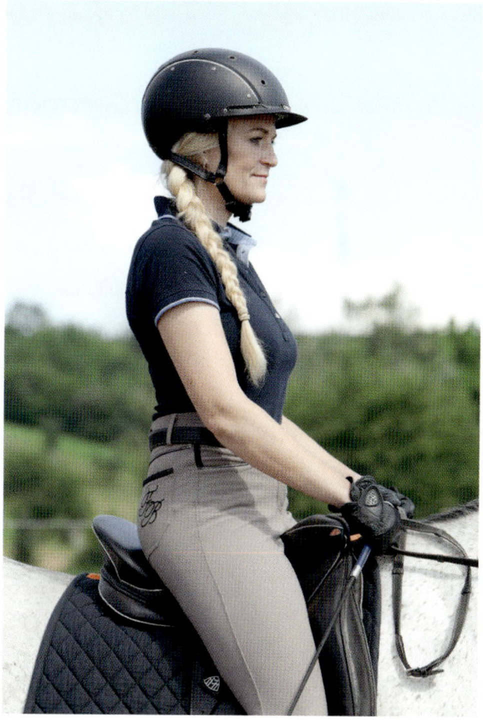

Auch der Sitz des Reiters ist ein sehr wichtiger Sicherheitsfaktor.

Unter »schlecht sitzen« fallen mehrere Möglichkeiten im Hinblick auf die Sicherheit wie beispielsweise: Es gibt Reiter, die viel zu schlabberig im Sattel sitzen und in einem Schreckmoment gerne mal nach vorne fallen. Und dann gibt es Reiter, die im Sattel klemmen. Beides sorgt zum einen dafür, dass das Pferd unsicher wird, sich fest macht und die reiterlichen Hilfen ignoriert. Zum anderen sendet ein schlecht sitzender Reiter widersprüchliche Signale, die ebenfalls zu erhöhter Unsicherheit führen und letztendlich die Schreckhaftigkeit des Pferdes nach oben schrauben können.

Bei der Reiterei, so wie auch im ganzen Leben, ist alles eine Frage der Balance, der Ausgeglichenheit und auch der Gelassenheit. Balance, Kraft und Gelassenheit sind wichtige Eigenschaften, die sich gegenseitig positiv bestärken und die nicht nur unser Leben mit und auf unserem Pferd bereichern. Alles, was in seinem Gleichgewicht ist, birgt eine innere Ruhe und Gelassenheit in sich und führt somit zu mehr Sicherheit.

Damit möchte ich fast behaupten, dass wahre Gelassenheit einem Zustand inneren Gleichgewichts entspringt, der wiederum eine würdevolle, selbstbewusste Haltung und Ausgeglichenheit, aber auch Selbstbeherrschung beinhaltet. Eine gelassene Haltung erlaubt es uns, jederzeit aus der Ruhe und daraus mit Bedachtheit zu handeln, wachsam, aktiv, aber auch entspannt. Diese grundlegenden Eigenschaften treffen sowohl auf den Menschen als auch auf das Pferd und natürlich auf die Zusammenarbeit beider zu.

An dieser Stelle möchte ich Dich bestärken, Deinen Sitz von einem guten Trainer überprüfen und gegebenenfalls schulen zu lassen. Auch ich habe mich auf diesen Weg gemacht und möchte hier gerne meine »Sitz«-Geschichte mit Dir teilen:
Ich gebe offen und ehrlich zu, dass ich bis vor ein paar Jahren zwar stets schön aufrecht und locker im Sattel gesessen habe; ich selbst würde mich aber von meinem heutigen Standpunkt aus damals eher zum Typ »Sitzschlamper« zählen. Ich konnte meinen Sitz schlichtweg einfach nicht effektiv einsetzen. Doch vor ein paar Jahren kam ich an den Punkt, wo ich gemerkt habe, welche Möglichkeiten sich auftun, wenn ich einen korrekten Sitz im Sattel einnehme und anfange, darauf richtig Wert zu legen. Es hat bei mir regelrecht »Klick« gemacht.

Je mehr ich mich mit der klassischen Dressur beschäftigte, desto mehr stand mir mein »Schlampersitz« im Weg. Also fing ich an, hier sehr viel achtsamer zu sein und an mir zu arbeiten. Dabei war ich mir auch nicht zu schade, als Profi-Trainerin und mit knapp 40 Jahren wieder Sitzschulungen in Anspruch zu nehmen. Im Gegenteil: Ich habe auch auf diesem Gebiet so viele tolle Sachen lernen dürfen, für die ich sehr dankbar bin.

Ich habe in den vergangenen Jahren einen eigenen Sitz entwickelt. Dabei handelt es sich um einen Mix aus dem Drehsitz aus der Doma Vaquera (natürliche aufrechte Sitzposition und Einwirkung über Oberkörper und Beckendrehung) in Kombination mit Elementen aus dem Centered Riding© (Reiten aus der Körpermitte) mit seinen wundervollen nützlichen inneren Bildern und Vorstellungen wie beispielsweise dem Zentrieren oder den gestapelten Kinderbausteinen.

Der Drehsitz deswegen, da er wunderbar auf alle Reitweisen zu übertragen ist und auch beim Westernreiten vorkommt. Dabei ist es ganz egal, ob später mal einhändig oder zweihändig geritten werden soll, denn die feine Einwirkung und das Leiten des Pferdes über mein Becken entstammen einer anspruchsvollen, einhändigen Reiterei. Übernehmen wir einen Teil davon, können wir unsere Arbeit mit dem Pferd verfeinern und ganz neue Horizonte zum Vorschein bringen.

Die Vereinigung dieser beiden Sitzmethoden hat dazu geführt, dass ich eine tiefere Verbindung zwischen mir und meinen Pferden spüre, die es mir letztendlich ermöglicht, dass ich mein Pferd nur über leichte Drehungen im Becken, minimale Gewichtsimpulse und ein Ausrichten des Oberkörpers leiten kann. Auf diese Weise entwickelt sich ein Reiten aus der Körpermitte und ein Leiten des Pferdes aus minimalen Rotationsbewegungen des Reiterbeckens. Dabei gilt der Grundsatz: Die Hand folgt der Bewegung des Oberkörpers.

Der Grundsatz »Die Reiterschulter führt die Pferdeschulter und die Reiterhüfte die Pferdehüfte« ist die Grundlage für ein Reiten über den Sitz mit minimalen

Hilfen. Denn allein unsere Sitzposition bringt das Pferd in Stellung und Biegung. Impulse der Beine und ein feines Mitschwingen im Reiterbecken bringen und halten das Pferd in Bewegung. Ein minimales Drehen der Reiterschulter ändert die Stellung des Pferdes, ohne dass wir etwas an unseren Händen und an den Zügeln verändern.
Ein Drehen von Oberkörper und Reiterbecken sowie ein leichtes Zurücknehmen der inneren Schulter, unterstützt von einer Änderung der Beinposition, bewirken beim Pferd eine Stellung und Biegung in die andere Richtung.

Kurzum: Ein guter Reitersitz ist so etwas wie ein Universalschlüssel zum Reiterfolg und zu mehr Sicherheit. Denn nur wer den Bewegungen des Pferdes geschmeidig folgt, kann feine Signale geben und sicher im Sattel sitzen.

10. Schulterherein

Jetzt kommen wir zum ersten echten Seitengang und meiner Meinung nach zu einer der absolut besten Übungen der gesamten Reiterei überhaupt sowie einer der wichtigsten Rittigkeitsübungen unter dem Aspekt der Sicherheit (zusammen mit Schulterherein und Travers), weil ich dabei die ventrale Muskelkette des Pferdes in Gang setze, die mir wiederum hilft, das Pferd unter Kontrolle zu bringen, wenn es sich mal erschrickt.

Auch der portugiesische Reitmeister Nuno Oliveira soll das Schulterherein als »Aspirin der Reiterei« bezeichnet haben: ein Mittel gegen alles. Denn wie das Medikament ist die Lektion vielseitig und effektiv: Zum einen fördert die Übung Schenkelakzeptanz, Tragkraft, Geraderichtung, Balance und Versammlungsfähigkeit, weil das innere Hinterbein des Pferdes verstärkt unter den Schwerpunkt fußt, zum anderen macht Schulterherein das Pferd beweglicher. Die äußeren Muskeln dehnen sich und die Pferdeschultern werden mobiler.

Das sorgt rein körperlich für die notwendige Losgelassenheit, die wir untern Sattel brauchen und die auch für mehr Sicherheit sorgt.
Beim Schulterherein ist das Pferd entgegen der Bewegungsrichtung gestellt und auch gebogen. Die Vorhand wird ins Bahninnere geführt, die Hinterhand bleibt auf dem Hufschlag. Die Seitwärtsbewegung erfolgt auf drei oder vier Hufschlaglinien.

So geht's: Reite zunächst im Schritt auf dem Zirkel um eine Pylone. Das

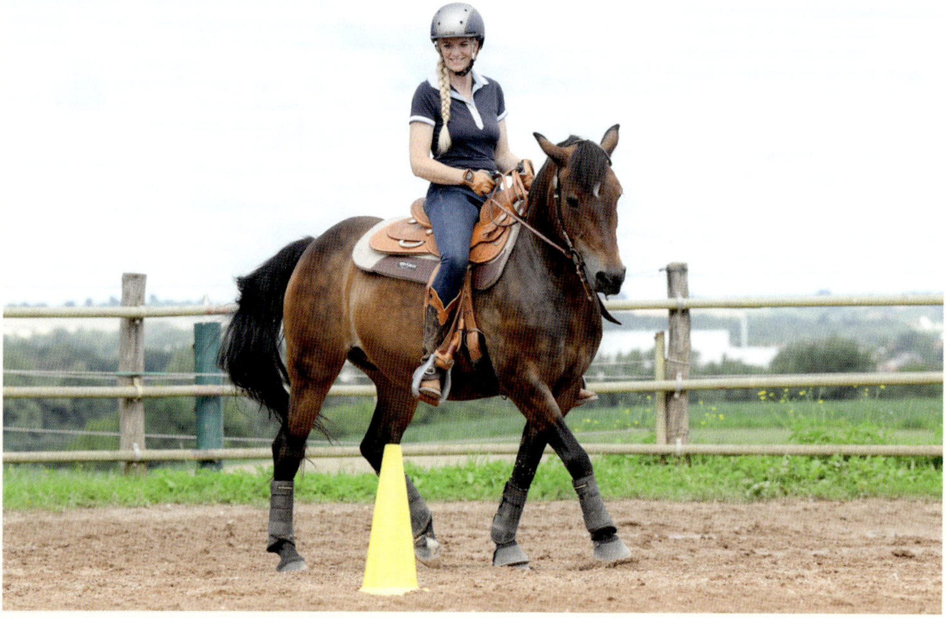

Bailey im Schulterherein auf einer Volte.

Hütchen ist wieder Dein Kreismittelpunkt, den Du stets anschaust. Der innere Zügel sorgt für die korrekte Stellung nach innen, indem Du die Hand leicht anhebst. Der äußere Zügel erlaubt die Stellung und wirkt begrenzend an der äußeren Pferdeschulter. Drehe den Oberkörper nach innen, als wolltest Du auf eine Volte abbiegen. Deine Schultern sollen parallel zu den Schultern Deines Pferdes mit in die Wendung gehen. Das Gewicht verlagerst Du dabei etwas mehr auf den inneren Gesäßknochen.
Hilfreich ist es außerdem, zwischen den Ohren des Pferdes hindurchzuschauen und nicht geradeaus auf den Hufschlag: Dadurch kommt die äußere Schulter automatisch etwas nach vorne und Du drehst Deinen Oberkörper richtig leicht nach innen.

Sobald die innere Pferdeschulter eine Hufschlaglinie nach innen versetzt ist, gibst Du mit Deinem inneren Bein knapp hinter dem Gurt einen Impuls für das Seitwärtstreten. Achte darauf, das Bein nicht zu weit zurückzulegen, sonst schiebst Du die Kruppe nach außen. Der äußere Schenkel liegt leicht verwahrend hinter dem Gurt und verhindert gegebenenfalls ein Ausweichen der Hinterhand.

Tipp: Weniger mit dem inneren Zügel machen ist mehr! Dreh lieber den Oberkörper mehr zur Pylone, dann dreht sich automatisch auch das Pferd.

Klappt das Schulterherein auf der großen, gebogenen Linie, kannst Du allmählich den Kreis verkleinern, bis Du Dich auf einer Volte befindest. Führe das Schulterherein bitte auf beiden Händen aus, um das Pferd auf beiden Körperseiten gleichmäßig zu gymnastizieren und um sicherzustellen, dass es auf beiden Seiten gelingt. Klappt das, kannst Du das Schulterherein auch im Trab und Galopp üben. Frage die Lektion auch auf geraden Linien ab.

11. Konterschulterherein, Travers und Renvers

Jetzt ist es nicht mehr weit bis zu allen anderen Seitengängen. Ich hoffe, Du bist bis zu diesem Punkt gut mit Deinem Pferd durchgekommen und merkst bereits, wie viel rittiger Dein Pony geworden ist! Ich empfehle Dir jetzt noch ein Konterschulterherein, Travers sowie Renvers zu probieren. Gerne erkläre ich Dir die Seitengänge der Reihe nach:

Konterschulterherein
Hierbei handelt es sich vom Prinzip her um ein spiegelverkehrtes Schulterherein. Der Unterschied: Das Pferd ist nicht mit dem Kopf in die Bahnmitte gestellt, sondern nach außen zur Bande. Dabei nimmt das äußere Hinterbein Last auf und die Vorderbeine kreuzen vermehrt. Die Hilfen für das Pferd sind die gleichen, als würdest Du ein Schulterherein reiten. Du kannst das Konterschulterherein auf geraden und gebogenen Linien sowie in allen Gangarten reiten.

Konterschulterherein an der langen Seite.

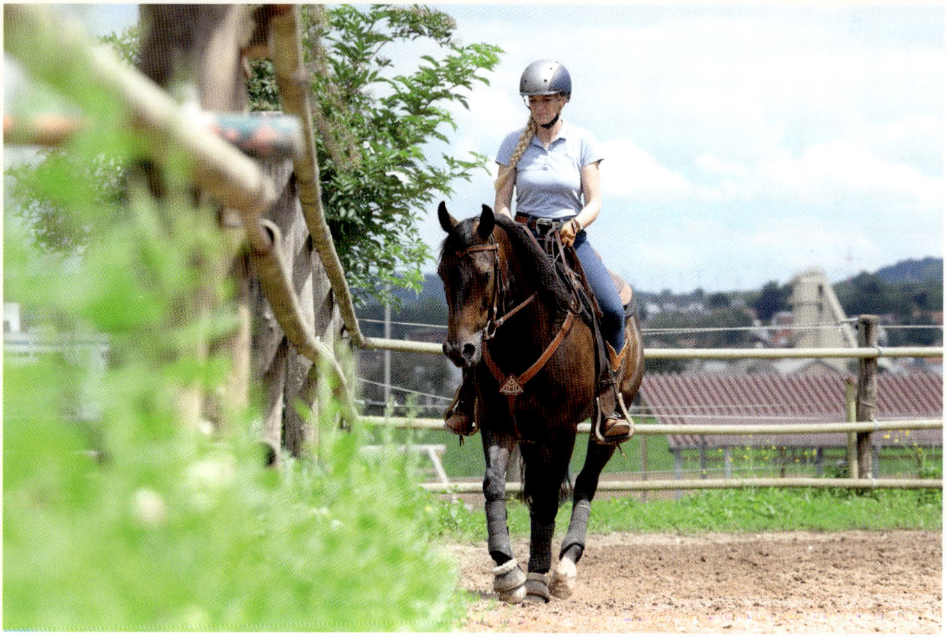

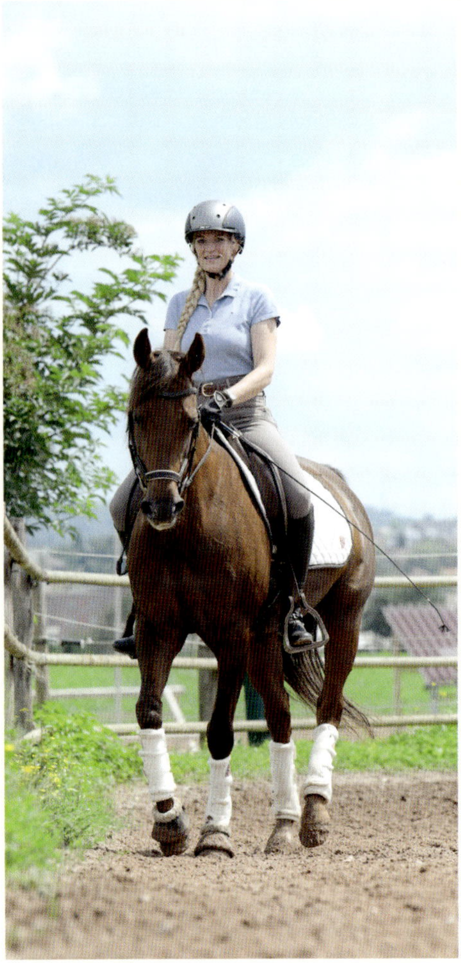

Chex me und ich lieben Travers!

Travers

Mit Travers und Renvers wird das Pferd auf die Traversalen (siehe nächste Seite) vorbereitet. Durch diese Lektionen wird die Hinterhand noch elastischer, da jetzt auch die Hinterbeine seitlich übertreten. Versammlung sowie Durchlässigkeit werden weiter gefördert.

Beim Travers (Kruppeherein) befindet sich die Vorhand auf dem ersten Hufschlag an der Bande, während die Hinterhand ins Bahninnere geführt wird. Das Pferd ist in Bewegungsrichtung gestellt und gebogen. Darüber hinaus ist es die logische Weiterentwicklung vom Reiten in Stellung (»Zweite Stellung«).

Das Travers ist für mich neben dem Schultervor und Schulterherein eine der wichtigsten Rittigkeitsübungen für mehr Sicherheit. Wenn ich diese Übung im Pferd verankert habe, kann ich dadurch das Pferd in einem Schreckmoment schnell wieder unter Kontrolle bringen.

So geht's: Gehe am besten im Schritt im Schulterherein ganze Bahn. An der langen Seite belastest Du dann den inneren Gesäßknochen etwas mehr und holst Dir mit dem äußeren Bein die Kruppe nach innen. Dein innerer Schenkel liegt dabei am Gurt und erhält Biegung sowie Schwung; der äußere animiert die Hinterhand, ins Bahninnere zu treten.

Zugegebenermaßen ist es etwas kniffig dem Pferd zu vermitteln, dass es Stellung und Biegung bei den ersten Traversversuchen beibehalten soll. Aus diesem Grund betone ich an dieser Stelle nochmals, anfangs nicht zu viel zu verlangen und sich bereits mit kleinen Erfolgen zufriedenzugeben. Du wirst sehen, beim nächsten Mal klappt es dann bestimmt schon etwas besser.

Wenn das Travers an der Bande klappt, kannst Du ebenso auf gebogenen Linien wie einem Zirkel üben. Klappt die Übung im Schritt, kannst Du auch gerne ein Travers im Trab versuchen.

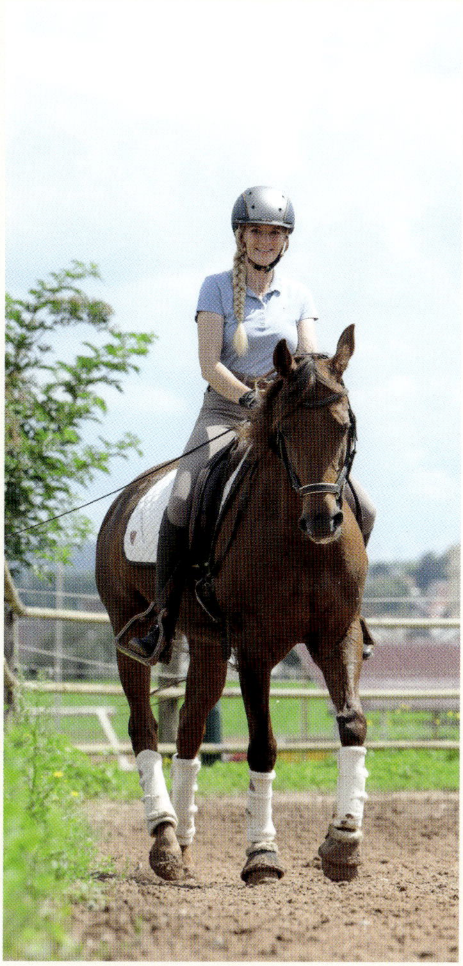

Renvers klappt auch ganz gut!

Renvers
Das Renvers ist ein spiegelverkehrtes Travers: Die Vorhand befindet sich jetzt auf dem zweiten Hufschlag, während die Hinterhand nach außen Richtung Bande geführt wird. Das Pferd ist in Bewegungsrichtung gestellt und gebogen. Die Hilfengebung entspricht der eines Travers.

12. Traversale

Kommen wir zum letzten Seitengang, der Traversale. Grundsätzlich ist diese Lektion nichts anderes als ein Travers auf einer Diagonallinie wie »Durch die ganze Bahn«. Der Pferdekörper soll dabei möglichst parallel zur langen Seite bleiben.
Ich finde, eine Traversale sieht einfach super schön und elegant aus. Das hat schon was!

Die Traversale wird auf einer Diagonallinie geritten.

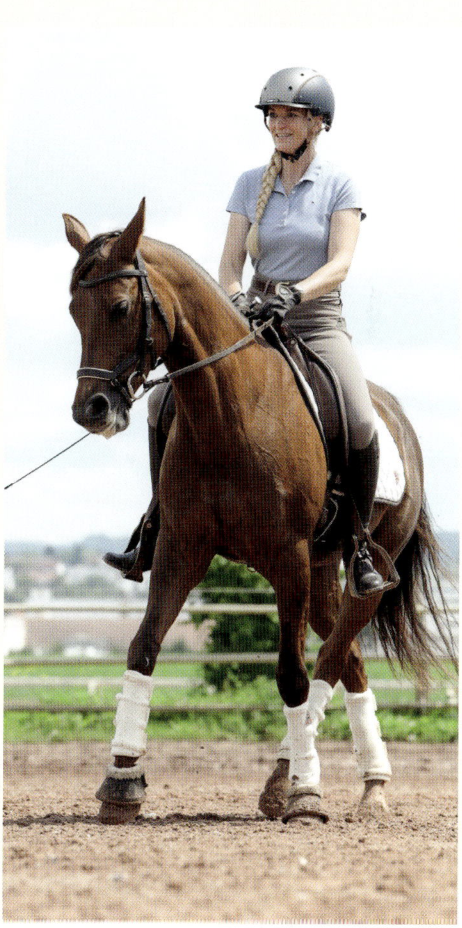

So geht's: Die Hilfengebung für die Traversalen entspricht der für ein Travers. Da man sich dabei allerdings im freien Raum bewegt, muss man besonders darauf achten, dass die Vorhand immer vorausgeht, also die Hinterhand die Vorhand nicht überholt.
Anfangs ist es empfehlenswert, nicht eine Diagonale ganz durchzureiten, sondern mehrere Tritte zu probieren, dann etwas geradeaus zu reiten und anschließend wieder ein paar Seitwärtsschritte einzuleiten.
Ich übe Traversalen zunächst im Schritt. Klappt das, kann man sie natürlich auch im Trab oder Galopp trainieren. Aber das ist dann schon wirklich hohe Dressur – einfach wunderschön!

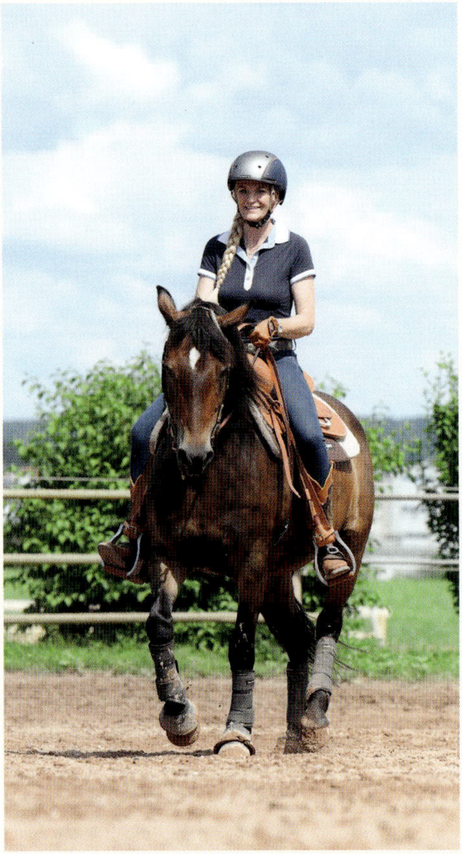

Ich liebe Seitengänge! Man kann sie wunderbar kombinieren und mit dem Pferd durch die Bahn tanzen.

13. Let's dance!

Klappen die Seitengänge, kannst Du sie wunderbar kombinieren und das Pferd auf diese Weise ganz geschmeidig durch die Bahn in alle Richtungen schieben beziehungsweise mit ihm tanzen. Ich liebe das! Es fühlt sich so großartig an und man wird richtig süchtig danach. Verschiedene Seitengänge aneinanderzureihen ist darüber hinaus einfach Gymnastik pur und die Rittigkeit verbessert sich enorm! Durch das Wechselspiel bekomme ich überdies meine Hilfen noch viel feiner aufeinander abgestimmt.

Hier ein paar Ideen für tolle Kombinationen (mache ich vor allem im Schritt und Trab):

- Schultervor/Schulterherein und Übertreten im Wechsel auf einer gebogenen Linie
- Schultervor/Schulterherein und Konterschulterherein im Wechsel auf einer geraden Linie
- Schultervor/Schulterherein und Travers im Wechsel auf einer geraden Linie
- Schultervor/Schulterherein und Travers im Wechsel auf einer gebogenen Linie

Ich gehe dabei gerne so vor: Ich starte immer mit einem Seitengang für ein paar Tritte, richte das Pferd dann ein paar Tritte geradeaus und wechsle in den anderen Seitengang. Das Geradeausreiten dient der Vorbereitung. Klappt das, kann ich auch geschmeidig sofort von einem in den anderen Seitengang wechseln.
Was ich auch liebe und von Horst Becker gelernt habe, ist die Übungsreihenfolge »Wiener Linien«. Dabei starte ich an der langen Seite mit einem Konterschulterherein, wechsle Mitte der kurzen Seite in ein Travers bis Mitte der langen Seite. Dort wende ich im Schritt ab, gehe eine halbe Schrittpirouette und reite im Renvers raus. Tataaa! Ich gebe zu, das ist nicht ganz einfach, aber macht mega Laune!
Ganz wichtig: Diese Kombinationen sind super anstrengend – ein echtes Krafttraining! Lass Dein Pferd daher zwischendurch immer mal wieder die Zügel aus der Hand kauen und gebe ihm Zeit zum Durchschnaufen.

14. Weitere sinnvolle Übungen, um die Rittigkeit und somit die Sicherheit zu verbessern

Anhalten mit und ohne Bein
Genauso wichtig wie das Vorwärtsreiten ist für mich auch das Anhalten. Damit meine ich nicht ein Anhalten mit Ziehen und Zerren am Zügel,

Genauso wichtig wie das Vorwärtsreiten ist für mich auch das korrekte Anhalten.

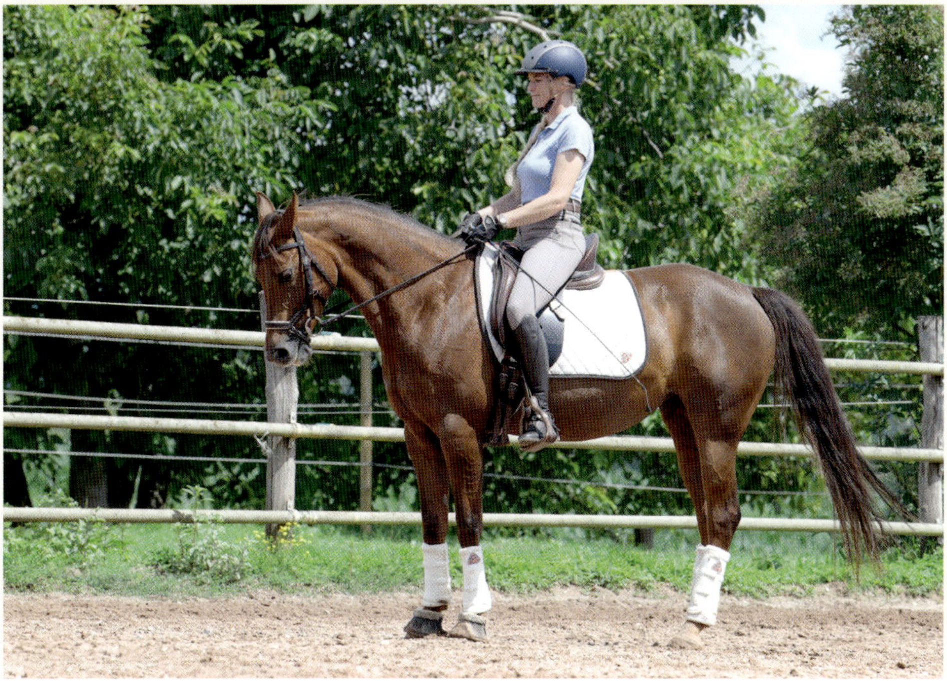

sondern ein Anhalten auf ein feines Signal an einem bestimmten Punkt hin. Gerade wenn Du im Gelände unterwegs bist und an eine Straße kommst, ist das natürlich extrem wichtig.
Ich bringe meinen Pferden zwei verschiedene Formen des Anhaltens bei: Beim Reining bedeutet »Beine auf«, dass das Pferd sofort anhalten soll. Unter dem Aspekt der Sicherheit habe ich aber noch eine andere Form gefunden, die ich meinen sowie den mir anvertrauten Pferden beibringe, nämlich das Anhalten auf Beindruck. Das resultiert aus meiner Beobachtung, dass viele Reiter mit dem Bein klammern, wenn das Pferd mal etwas flotter wird oder sogar durchgeht. Da man Pferden viele Dinge beibringen kann, bringe ich ihnen jetzt bei, auf diesen tendenziell eher zähen Druck hin einfach anzuhalten. Das klappt wunderbar und ich bin total glücklich, damit wieder ein Sicherheitsproblem gelöst zu haben!

Schaukeln

Schaukeln mit dem Pferd ist für mich wie Tanzen. Es ist eine sehr gute Übung, um das Pferd mehr auf die Hinterhand zu setzen und es leichter

Die Schaukel ist gar nicht so einfach! Chex me muss sich richtig anstrengen.

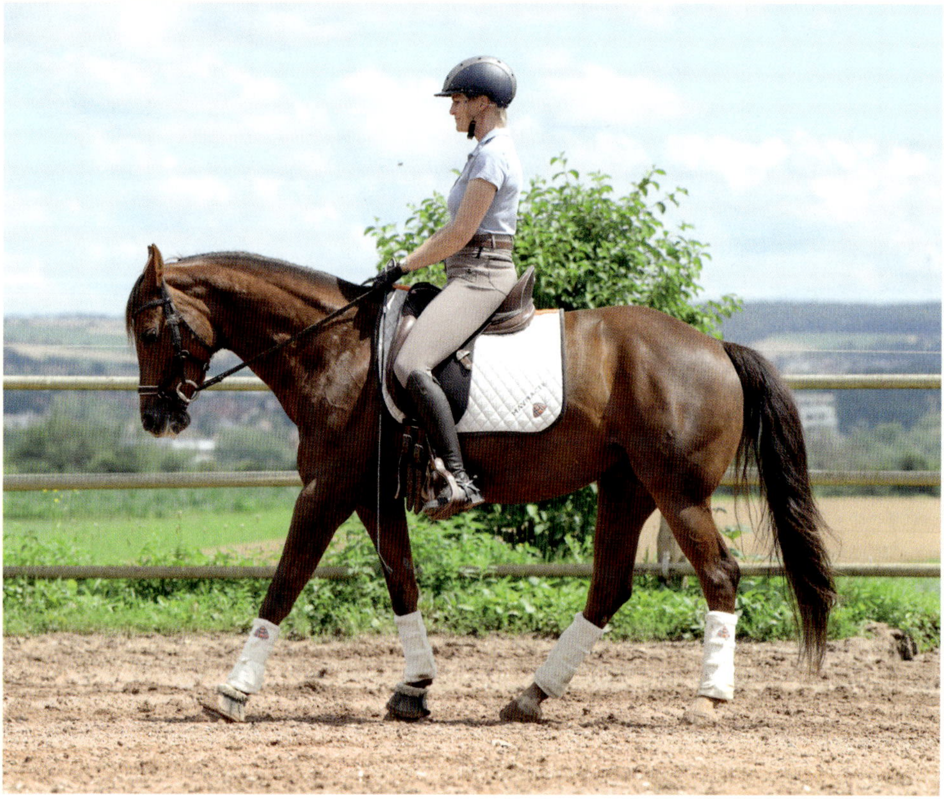

in der Schulter zu machen. Darüber hinaus finde ich, dass ruhiges, koordiniertes Schaukeln extrem gut die Balance unterm Sattel schult, die Hilfen verfeinert und allgemein ist es auch so, dass die Qualität vom Rückwärts das Vorwärts bestimmt. Also nichts wie ran an die Schaukel!
Am besten übst Du das Schaukeln auf einer geraden Linie an der Bande. Die Bande wirkt begrenzend und erleichtert Dir die Lektion.
Ich reite zunächst fünf Schritte vorwärts, stoppe kurz (ohne Zug am Zügel!) und reite fünf Schritte rückwärts. Aus dem Rückwärtstreten geht es dann fließend in vier Tritten wieder vorwärts. Danach wird wieder kurz angehalten und vier Schritte rückwärts gegangen. Dann kommen drei Schritte vorwärts und drei Schritt rückwärts und so weiter, bis Du in Balance komplett anhältst. Fertig!

Hinterhand- und Vorhandwendung
Diese beiden Übungen sind für mich auch ein absolutes Muss für jeden Reiter, der sich ein sicheres Pferd wünscht und an seiner Hilfengebung feilen möchte. Ich finde sie auch sehr gut, um das Pferd mit dem seitwärts treibenden sowie dem äußeren

Eine Hinterhandwendung in der Dressur …

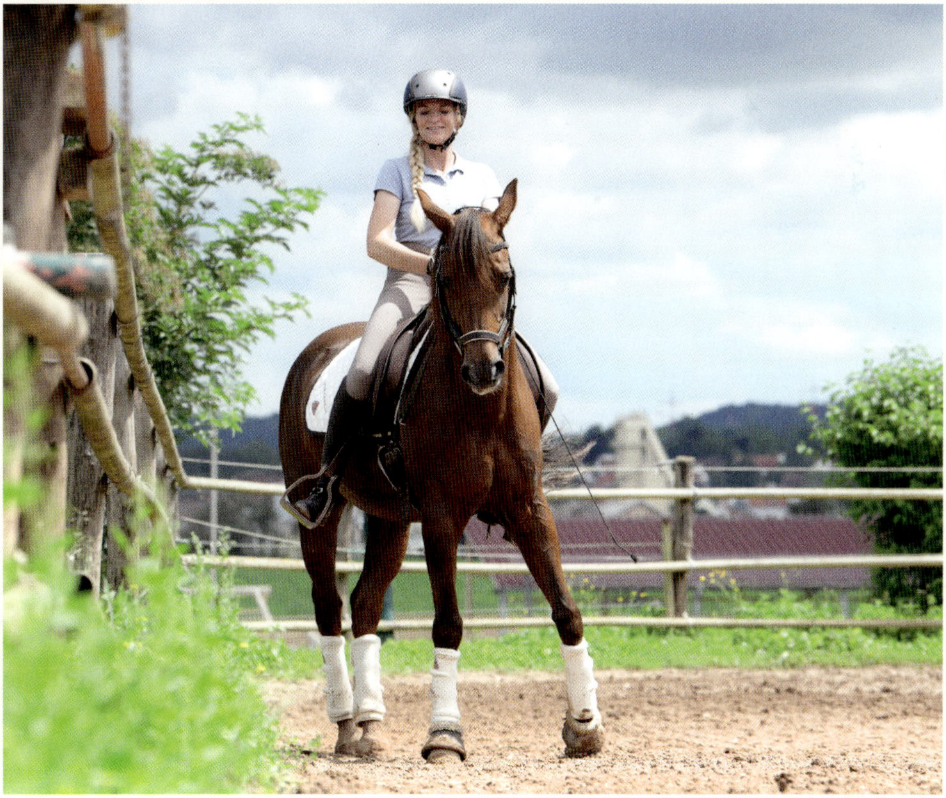

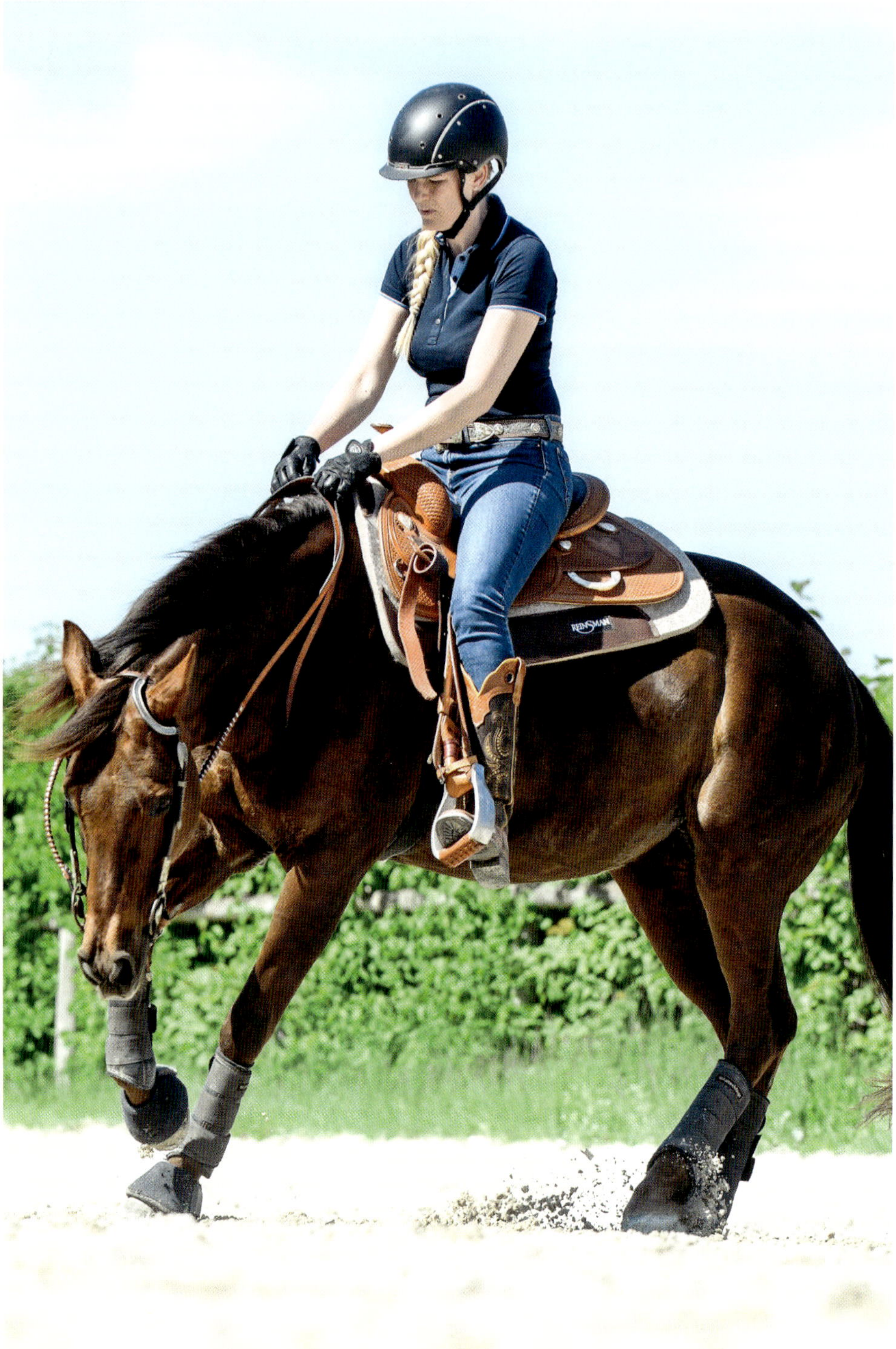

... und eine Hinterhandwendung im Westernreiten (Spin).

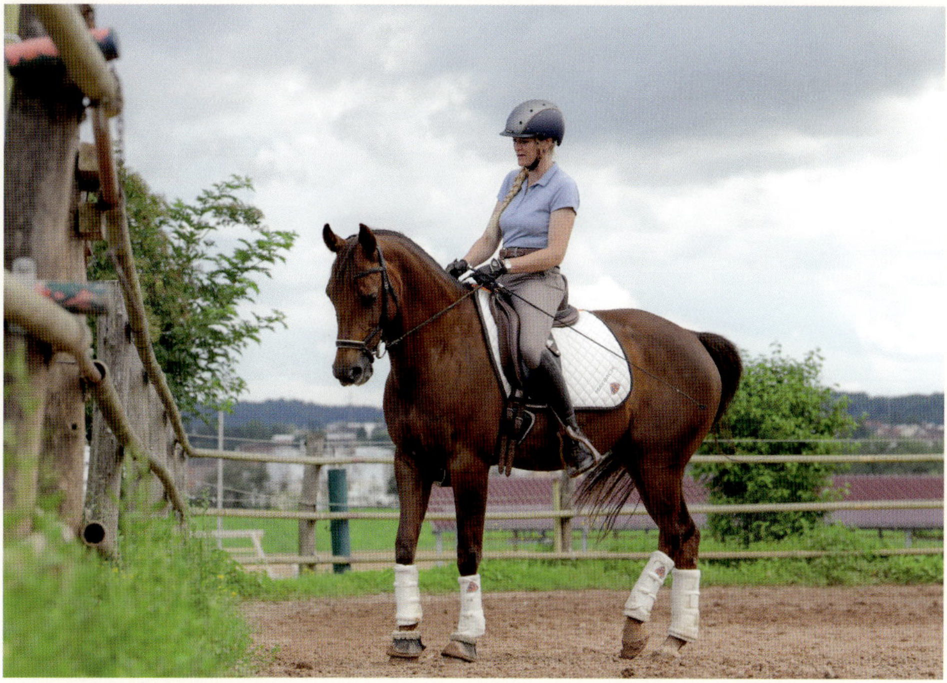

Eine Vorhandwendung.

begrenzenden Schenkel vertraut zu machen.

Hinterhandwendung

Die Hinterhandwendung ist eine Wendung um die Hinterhand. Bei dieser Übung sollten die Hinterbeine des Pferdes auf einer circa tellergroßen Stelle treten und die Vorderbeine gehen in einem Halbkreis (180 Grad) um die Hinterbeine herum.

Vorhandwendung

Die Vorhandwendung ist eine Wendung um die Vorhand. Hierbei tritt die Vorhand auf der Stelle und die Hinterbeine wenden in einem Halbkreis. Beide Wendungen werden mit einer leichten Stellung entgegen der Bewegungsrichtung geritten.

Der Double-Divide-Kegelklub

Und zum Abschluss möchte ich Euch gerne noch vorstellen ... den Double-Divide-Kegelklub! Ich reite sehr gerne mit optischen Hilfen wie Pylonen. Sie erleichtern das Training ungemein. Durch die optischen Markierungen verstehen Mensch und Pferd zum einen die Aufgaben besser und führen sie korrekter aus. Zum anderen wird auch das Reiten intuitiver. Pylonen zwingen mich als Reiter dazu, sich auf die Aufgabe genau zu konzentrieren. So fühle ich mich nicht nur besser in die Bewegung des Pferdes ein, auch das Zusammenspiel der Hilfen wird immer feiner.
Bei den vorangegangenen Übungen hatten wir bereits öfter das ein oder andere Hütchen dabei. Jetzt möchte

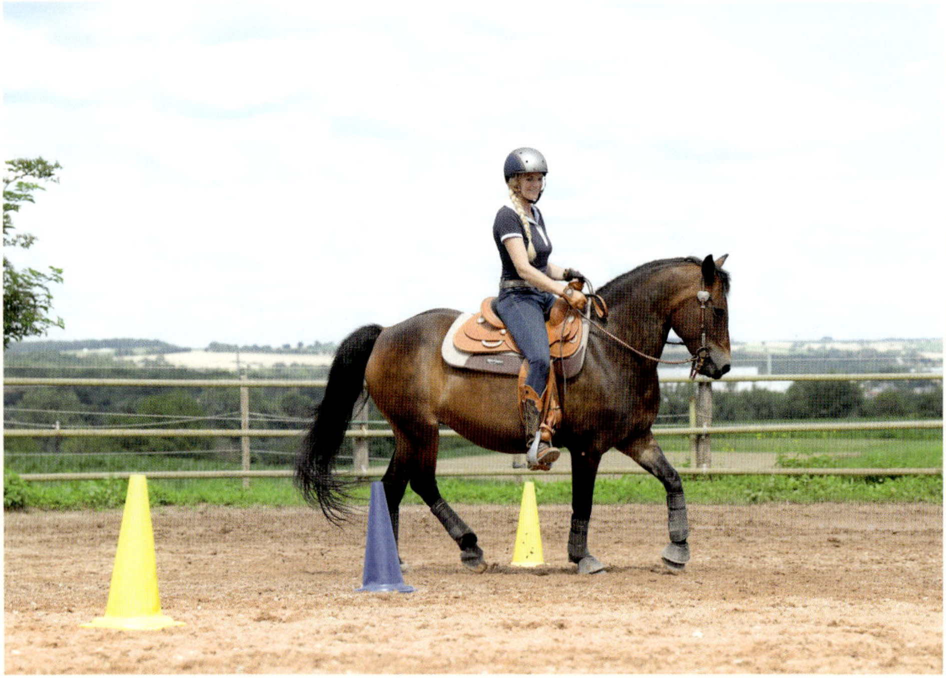

Und zum Abschluss: der Double-Divide-Kegelklub!

ich Euch als Abschluss noch meinen kleinen Double Divide-Kegelklub vorstellen!

So geht's: Du brauchst zwei Pylonen. Stelle sie im Abstand von einer Pferdebreite (eine Hufschlagbreite) zueinander auf – beispielsweise beim Hallenmittelpunkt X oder an einem anderen beliebigen Punkt (geht auch an der Bande). Dann reitest Du los und immer, wenn Du zwischen den beiden Kegeln bist, kommt etwas Neues fürs Pferd: Mal hältst Du an, mal wechselst Du Tempo oder Gangart und mal bleibst Du stehen und gehst rückwärts. Du wirst sehen, wie schnell Dein Pferd verstanden hat, dass an dem Punkt immer etwas Neues kommt. Das fördert Aufmerksamkeit, Motivation und ist super, um das Pferd auch kognitiv auszulasten! Auch für den Reiter ist die Übung super: Ich beobachte, dass Reiter, die so ein klares Ziel vor Augen haben, ihre Pferde sehr viel besser auf neue Lektionen vorbereiten und Pferd und Reiter ein richtig tolles Team werden!

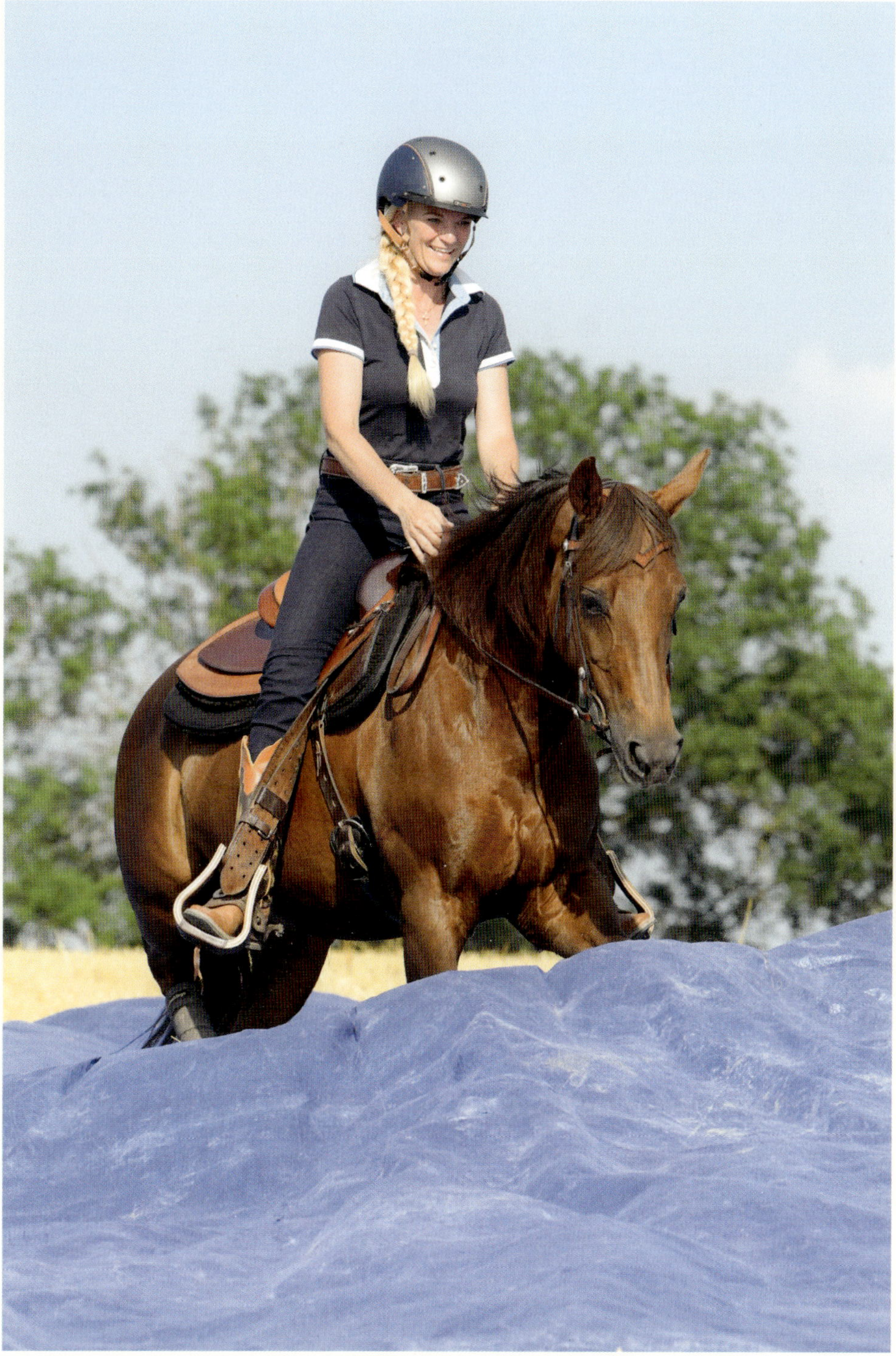

Auch Chex me wird langsam aber sicher ein richtig cooles Stunt-Pferd!

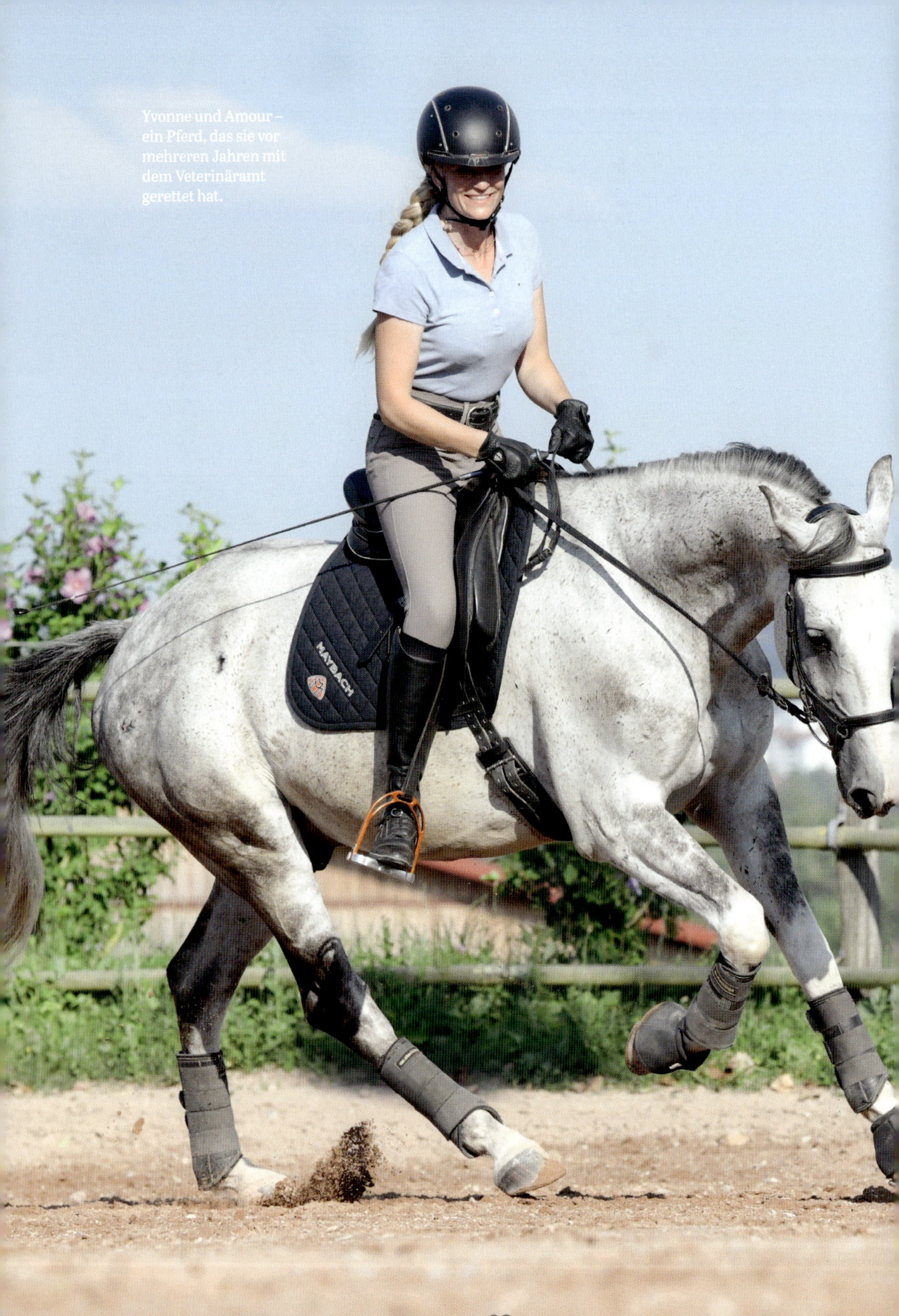

Yvonne und Amour – ein Pferd, das sie vor mehreren Jahren mit dem Veterinäramt gerettet hat.

5. Zum Schluss

Die Autorin und das Team dieses Buches

Yvonne Gutsche

Yvonne Gutsche ist spezialisiert auf das Training von Jungpferden, traumatisierten sowie verwahrlosten Pferden, die vom Veterinäramt beschlagnahmt wurden, Pferden, die mit irgendetwas Mühe haben, sowie auf die fortgeschrittene Ausbildung von Pferden.
Auf ihrer Anlage in Bad Wimpfen bei Heilbronn bildet sie Pferde und Menschen reitweisenübergreifend aus. Darüber hinaus gibt sie europaweit Kurse, Live-Trainings und tritt bei Galaveranstaltungen mit ihrer Stuntshow auf.
Ihre Philosophie: Im Training gibt es kein Schema F oder den einen richtigen Weg. **Was für das eine Pferd der Königsweg ist, kann für ein anderes kontraproduktiv sein.** Im Training ist für Yvonne Gutsche viel wichtiger, dass die Pferde passend zu ihrem Charakter, ihrem Lernverhalten und unter Berücksichtigung ihres Körperbaus ausgebildet werden. Der faire und feine Umgang mit den Tieren steht dabei für sie an erster Stelle.
Mehr Infos und Kontakt:
www.yvonne-gutsche.de

Wie ich Reiten gelernt habe

Ich komme aus einer nicht reitenden Familie. Dementsprechend kann ich die Sorgen und Nöte anderer Reiter mit ihren Pferden sehr gut verstehen. Schließlich ging es mir genauso. Ich habe auch Fehler gemacht und aus ihnen gelernt.

Meine reiterliche Karriere startete mit Windeln auf dem Pferd. Schon während meiner Schulzeit war ich total pferdeverrückt und lernte bei Reining-Urgestein Bernie Hoeltzel. Nach dem Schulabschluss durfte ich für mehrere Top-Trainer in Kanada und in den USA arbeiten und von ihnen lernen, darunter Wendy Hoelzel und François Gauthier. Für diese Erfahrungen bin ich ihnen bis heute sehr dankbar.

Allerdings habe ich für mich im Laufe der Zeit festgestellt, dass Reiten für mich viel mehr ist, als die acht Reining-Manöver wie ein Spin oder ein Sliding Stop. Und so habe ich angefangen, auch in andere Reitweisen hineinzuschnuppern. Dabei habe ich vieles gefunden, was mir sehr viel Freude macht und mein Training mit Pferden bereichert. Ob Dressur, Zirzensik oder Freiarbeit, ich schaue gerne über den sprichwörtlichen Tellerrand hinaus, lasse mich inspirieren und suche mir das Beste für das jeweilige Pferd heraus. Mein Training ist quasi die individuell auf jedes Pferd abgestimmte »Haribo-Color-Rado«-Packung!

Seit mehreren Jahren habe ich meine eigene Reitanlage in Bad Wimpfen bei Heilbronn und bilde Pferde sowie Reiter reitweisenübergreifend aus. Ich persönlich sage immer, dass ich mich in ein Pferd verliebt habe und nicht in eine Reitweise. Und wenn ein Pferd mit einer Reitweise besser vorankommt als mit einer anderen, dann bin ich aus Liebe zum Pferd bereit, mich anzupassen.

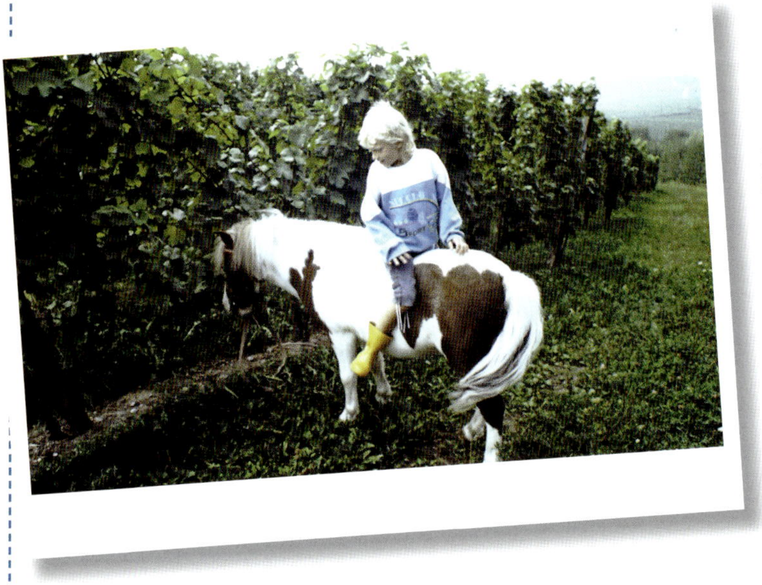

Mein Pony Rocky und ich beim Ausreiten.

Christiane Wehnert – Co-Autorin

Christiane unterstützte mich beim Schreiben dieses Buches. Die studierte Pferdewissenschaftlerin war einige Jahre fest angestellte Redakteurin beim Pferdemagazin Cavallo. Heute leitet sie ihr eigenes Büro für Kommunikation und Medien. Dabei arbeitet sie weiterhin als freie Autorin für Cavallo, organisierte mehrere Jahre die Cavallo Academy auf Schloss Wickrath, moderiert auf Messen wie der Pferd & Jagd in Hannover und unterstützt mehrere Pferdetrainer bei der Öffentlichkeitsarbeit und Eventorganisation.

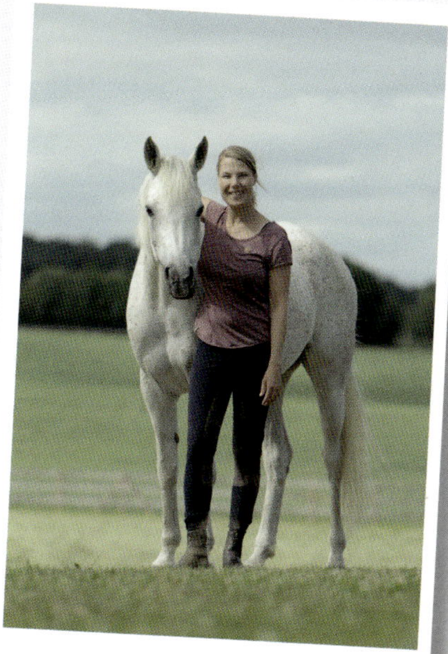

Co-Autorin Christiane Wehnert mit ihrer Araberstute Shimounah

Lisa Rädlein – Fotografin

Lisa arbeitet als fest angestellte Fotografin für das Pferdemagazin Cavallo. Ob Kenzie Dysli, Uta Gräf oder Ingrid Klimke, es gibt fast keinen berühmten Pferdeprofi, den Lisa noch nicht vor der Kamera hatte. Nebenbei fotografiert sie auch für andere Trainer, Züchter und Reiter und setzt Pferde gekonnt in Szene.

www.lisa-raedlein.de

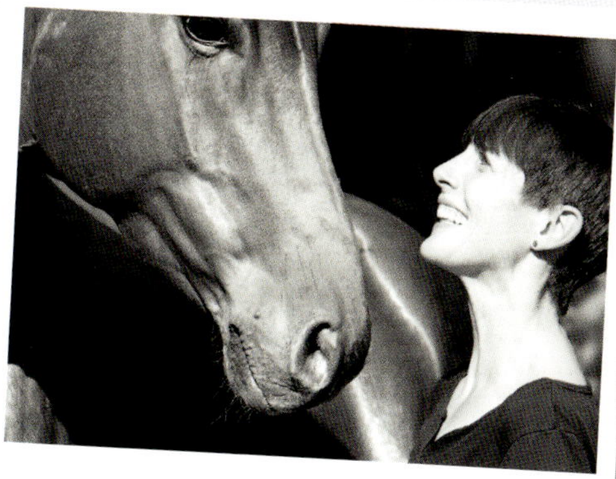

Fotografin Lisa Rädlein mit ihrer wunderschönen Juli.

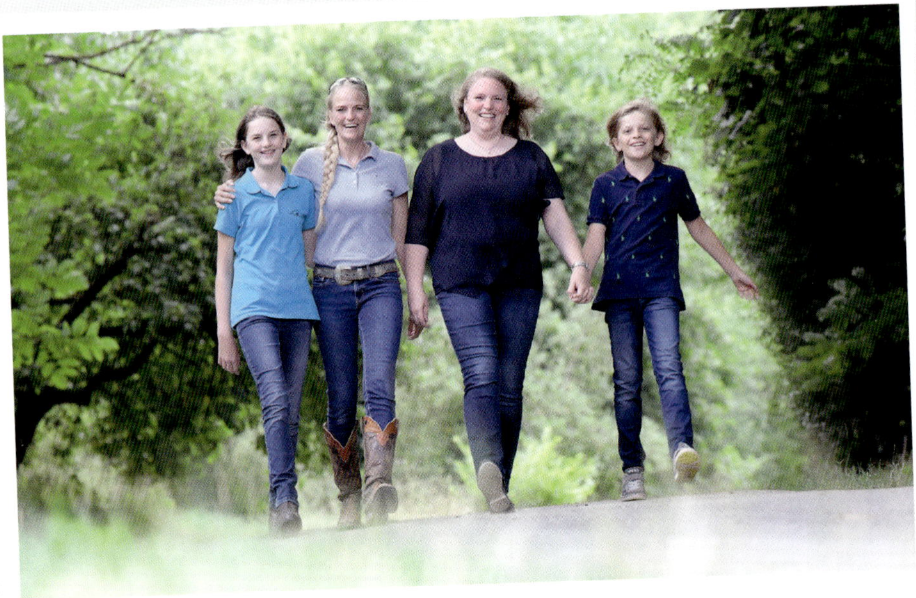

Meine Schwester Nadine und ihre Kinder Alea und Jona.

Danke

Getreu dem Motto »Einer für alle, alle für einen« sind wir nur gemeinsam stark. Aus diesem Grund möchte ich mich an dieser Stelle noch bei einigen Personen bedanken, die mir für dieses Buch den Rücken freigehalten, mich unterstützt und inspiriert haben.

Der größte Dank geht zunächst an meine Eltern, meine Schwester mit Jona und Alea sowie den Rest der Familie. Danke, dass Ihr immer für mich da seid. Ihr gebt mir Wurzeln und Flügel zugleich. Danke für alles!

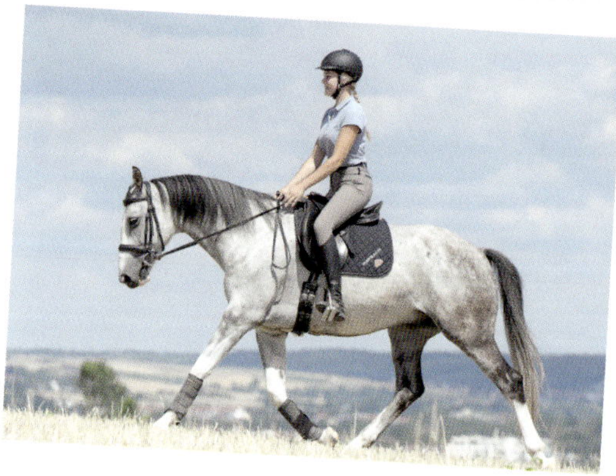

Meine Co-Trainerin Stephi mit Amour. Sie macht das so klasse!

Ein weiterer großer Dank geht an mein Stallteam, allen voran an meine Co-Trainerin Stephi. Ihr seid einfach

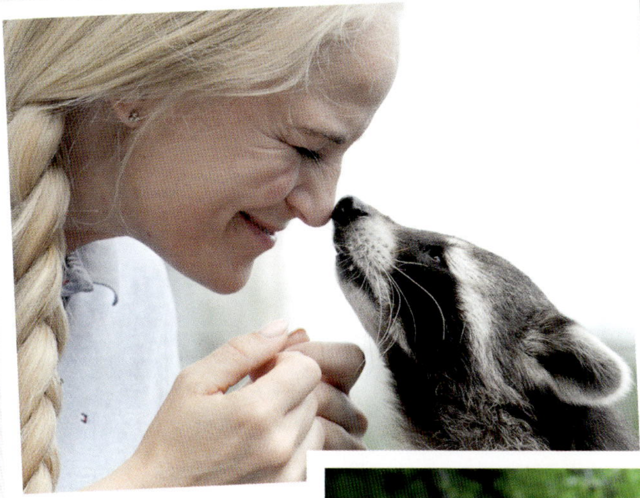

Mein kleiner Tobsy ...

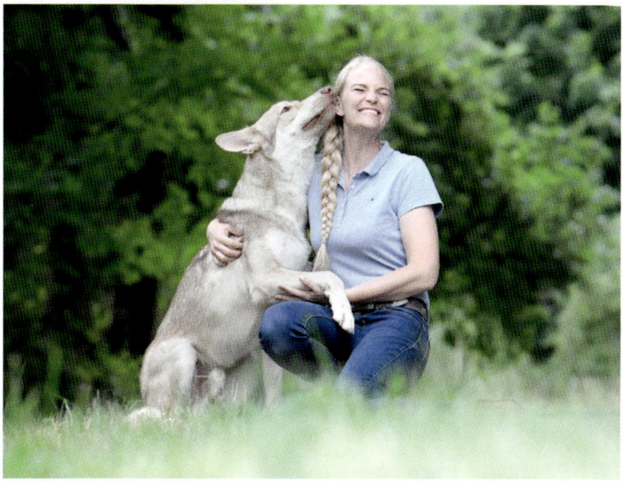

Ich hab Dich auch soooo lieb, Jesper!

spitze und ich bin Euch unendlich dankbar für Eure tolle Unterstützung! Ob beim Training, der Stallarbeit, Shootings, Veranstaltungen oder, oder – auf Euch ist immer Verlass.

Danke auch an meine Trainerkollegen Miriam Wittmann, Vivian Gabor und Horst Becker. Ich liebe den Austausch mit Euch und freue mich sehr, dass wir gemeinsam lernen dürfen.

Vielen Dank auch das Team vom Verlag Müller Rüschlikon, ganz besonders an Claudia König, die mich während der Entstehung dieses Buches betreut hat.

Last but not least: Was wäre dieses Buch ohne meinen Waschbären Tobsy und Saarloos Jesper. Die zwei sind meine absolut besten Feel-Good-Manager!

Verwendete und weiterführende Literatur

Becker, Horst:
Handbuch der Doppellongenarbeit,
Cadmos Verlag, 2004

Gabor, Dr. Vivian:
Mensch und Pferd auf Augenhöhe,
Verlag Müller Rüschlikon, 2018

Graf, Angelika:
Working Equitation Basics,
Angelika Graf Verlag, 2014

Graf, Angelika:
Working Equitation Advanced,
Angelika Graf Verlag, 2016

Gräf, Uta:
Feines Reiten auf motivierten Pferden,
FNverlag, 2012

Gutsche-Doebelin, Yvonne:
Gelassenheitstraining,
Verlag Müller Rüschlikon Verlag, 2016

Gutsche-Doebelin, Yvonne:
Probleme mit dem Pferd gemeinsam lösen,
Verlag Müller Rüschlikon, 2018

Higgins, Gillian:
Anatomie verstehen, gesundheitsfördernd reiten,
Kosmos Verlag, 2017

Möller, Katharina & Weingand, Claudia:
Dehnungshaltung,
2019, Müller Rüschlikon Verlag.

Möller, Katharina & Weingand, Claudia:
Biegung,
Verlag Müller Rüschlikon, 2020

Stodulka, Robert:
Medizinische Reitlehre,
Parey Medizinverlag, 2006

Swift, Sally:
Reiten aus der Körpermitte, Verlag Müller Rüschlikon, 2011

von Bismarck, Julie:
Zusammenhänge im Pferd,
Selbstverlag von Bismarck, 2019

von Bismarck, Julie:
Zusammenhänge im Pferd, Teil 2,
Selbstverlag von Bismarck, 2020

Zeitler-Feicht, Dr. Margit H.:
Handbuch Pferdeverhalten,
Ulmer, 2015

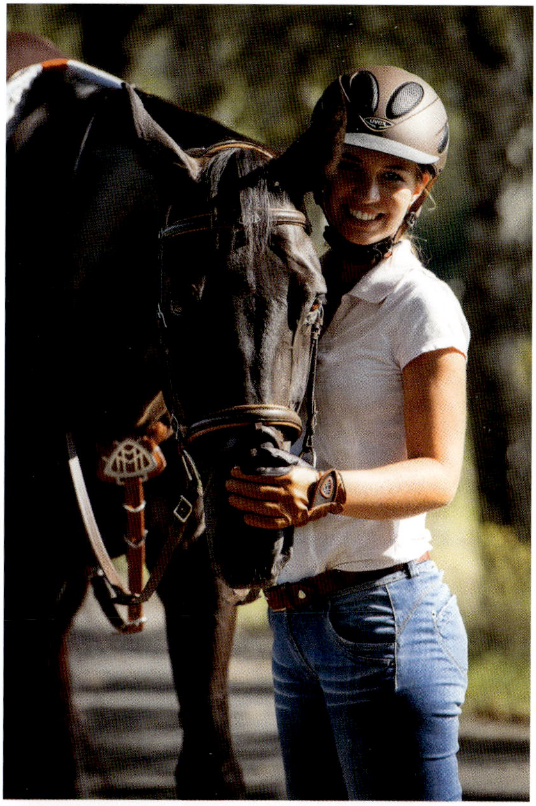

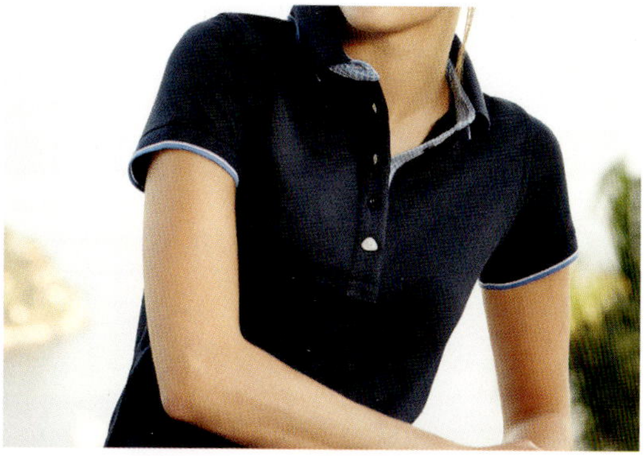

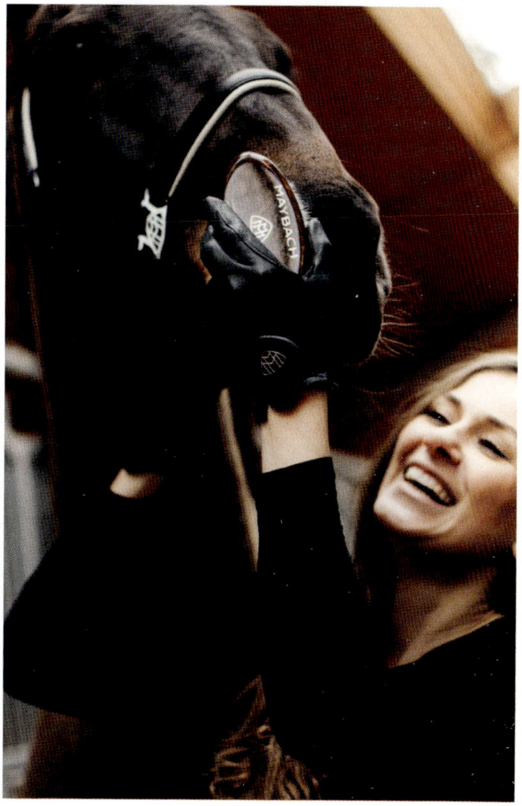
MAYBACH

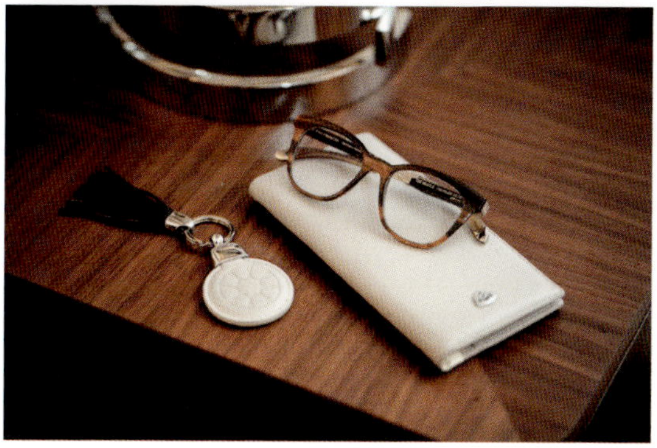